高等职业教育高速铁路系列教材

高速铁路轨道电路

冯琳玲　刘湘国　主编
陈　敏　邹　峰　主审

中国铁道出版社

2011年·北京

内 容 简 介

本书为高等职业教育高速铁路系列教材之一。全书共分 4 章：第 1 章介绍高速铁路信号系统的概念及轨道电路作用、特点和应用情况；第 2 章系统介绍 ZPW－2000 系列轨道电路原理、技术标准及维护；第 3 章全面系统地介绍 25 Hz 相敏轨道电路的原理和测试技术；第 4 章简要介绍高速铁路站内电码化技术。

本书为高职高专铁道信号、铁道通信、城市轨道交通自动控制专业的教学用书，也可作为现场技术人员的参考书。

图书在版编目(CIP)数据

高速铁路轨道电路/冯琳玲,刘湘国主编．—北京：
中国铁道出版社,2011.4
高等职业教育高速铁路系列教材
ISBN 978-7-113-12853-1

Ⅰ.①高…　Ⅱ.①冯…②刘…　Ⅲ.①高速铁路—轨道电路—高等职业教育—教材　Ⅳ.①U238

中国版本图书馆 CIP 数据核字(2011)第 063569 号

书　　名:高速铁路轨道电路	
作　　者:冯琳玲　刘湘国　主编	

责任编辑:刘红梅　　电话:010-51873133　　电子信箱:mm2005td@126.com
封面设计:崔丽芳　　　　　　　　　　　　　教材网址:www. tdjiaocai.com
责任校对:王　杰
责任印制:陆　宁

出版发行:中国铁道出版社(100054,北京市宣武区右安门西街 8 号)
网　址:http://www. tdpress.com
印　刷:北京鑫正大印刷有限公司
版　次:2011 年 6 月第 1 版　2011 年 6 月第 1 次印刷
开　本:787 mm×960 mm　1/16　印张:12.5　插页:1　字数:232 千
印　数:1~4 000 册
书　号:ISBN 978-7-113-12853-1
定　价:26.00 元

高等职业教育高速铁路系列教材
编审委员会

主　　任：戴力斌

副 主 任：曹　毅

委　　员：(按姓氏笔画排列)

邓昌大　　何奎元　　应夏晖　　李　宏

李章凤　　陈志雄　　陈建译　　周　伟

唐新权　　晔　亓　　郭飞跃　　谭墩枝

薛双纲

序

中国铁路一直认真贯彻党中央、国务院关于铁路技术装备现代化的部署，按照"先进、成熟、经济、适用、可靠"的技术方针，瞄准世界高速铁路最先进技术，通过原始创新、集成创新和引进消化吸收再创新的有机结合，取得了一系列重大技术创新成果，系统掌握了时速 250 km 和时速 350 km 速度等级的涵盖设计施工、装备制造、系统集成、运营管理等高速铁路成套技术，构建了具有自主知识产权和世界先进水平的高速铁路技术体系。目前，中国已经成为世界上高速铁路发展最快、系统技术最全、集成能力最强、运营里程最长、运行速度最高、在建规模最大的国家。

根据中长期铁路网规划，到 2020 年，铁路营业里程将达到 12 万 km 以上。其中，新建高速铁路将达到 1.6 万 km 以上；加上其他新建铁路和既有线提速线路，我国铁路快速客运网将达到 5 万 km 以上，连接所有省会城市和 50 万人口以上城市，覆盖全国 90% 以上人口。

为了建设和维护好高速铁路，确保其高效、安全、准时和舒适平稳运行，必须要有一大批掌握高速铁路建设、运用与维护等专业知识的工程技术人员，这些技术人员目前迫切需要一本适合他们要求的、同时具有一定理论深度的相关教材或技术参考书。

湖南高速铁路职业技术学院正是在上述背景下，在广泛收集国内外有关高速铁路的技术资料和调研的基础上，经过消化吸收和系统归纳整

理,结合高职学院教学特点以及国内高速铁路运营实际,组织教师和大量现场工程技术人员共同编写了高速铁路系列丛书,主要涵盖铁道工程、铁道运营管理、铁道通信、铁道信号等专业,可供高等职业院校相关专业教学使用,亦可供高速铁路施工、运营、维护等技术人员培训使用。

相信本套教材的出版会为进一步提高教学质量、帮助学生更快适应工作岗位、促进铁路职工更好地提高专业技能打下坚实的基础,为中国高速铁路的发展做出应有的贡献。

丛书编委会
2011 年 4 月

2

前　言

▶▶▶▶▶ ··

　　高速铁路是我国铁路发展的必然趋势,高速铁路信号系统是保证我国铁路提速线路和客运专线列车运行安全、提高列车运行效率的重要技术设备。它以有效可靠的技术手段对列车运行速度、追踪间隔距离进行实时监控和超速防护,同时能够减轻司机劳动强度、改善工作条件、提高旅客舒适度。

　　目前,铁路信号已经从传统的方式,即以地面信号显示传递行车命令,机车司机按行车规则操作列车运行的方式,发展到了根据地面发送的信息自动监控列车速度,并由车载列控系统实施运行控制的方式。列车运行自动控制系统是高速铁路信号系统的必备系统。而轨道电路系统的主要用途是检查轨道的占用与出清,以实现列车的自动追踪。同时,通过轨道电路系统向车载列控系统传输有关的用于列车控制的信息,是列车运行控制系统的重要基础和核心,是铁路行车安全的重要保障。为了满足越来越高的铁路运输速度要求,实现对列车运行速度的精确有效控制,对高速铁路轨道电路的认识和研究也成为摆在我们面前的重要课题。

　　为了适应铁路信号新技术的进步,以及对高技能人才需求增长的要求,急需编写高速铁路相关技术教材,为铁路信号的技术进步和人才培养提供支持和保证。我们编写的这本《高速铁路轨道电路》教材,适合于高职教学使用,可作为铁路大、中专院校铁道信号专业及相关专业教材,也可以作为各单位组织职工进行各级各类岗位培训、技能鉴定的必备用书,对铁路运输、

机务、电务等相关专业技术人员学习高速铁路信号系统也有重要的参考价值。

教材是劳动者终身教育和职业生涯发展的重要学习工具,教材建设是基于工作过程的课程体系开发和课程建设工作的重要组成部分,是提高教育培训质量的关键。课程建设应该从基于工作过程的角度出发,引入企业实用项目,更近距离的贴近工作岗位,教材的内容也应该更贴近真实工作任务。本教材正是基于这样的思路,在对专业岗位能力进行分析的基础上,征求现场专家的意见和建议,将知识点按工作过程重新整合,融学习过程与实际的工作过程,突出实践性和可操作性,并力求突出高职特点并注重培养学生综合应用能力以实现工学结合。本书从系统构成、理论基础、原理分析,以及实际运用等方面广泛认真地搜集资料,全面、系统和概要地阐述了高速铁路常见的几种制式的轨道电路的基本知识、基本概念和设备原理,体现了铁路信号系统集成的创新实践和成果。

全书共分4章:第1章介绍高速铁路信号系统的概念及轨道电路作用、特点和应用情况;第2章系统介绍ZPW-2000系列轨道电路原理、技术标准及维护;第3章全面系统地介绍25 Hz相敏轨道电路的原理和测试技术;第4章简要介绍高速铁路站内电码化技术。

本书由湖南高速铁路职业技术学院冯琳玲、刘湘国主编,广州铁路集团有限公司(以下简称"广铁集团")陈敏、长沙电务段邹峰主审。广铁集团干部处陈洁文、电务处鲁志鹰,湖南高速铁路职业技术学院肖湘红、李朝阳、刘孝凡参与编写。具体编写分工如下:第1章和第2章第5~6节由冯琳玲编写;第2章第1~4节由陈洁文、鲁志鹰编写;第3章由刘湘国编写;第4章第1节由李朝阳编写,第2节由刘孝凡编写,第3节由肖湘红编写。编写过程中,得到了广铁集团陈敏、长沙电务段邹峰、衡阳高铁车间唐志军及一些厂家、设计单位的大力支持,在此表示衷心感谢。

由于编者水平有限,资料搜集难免不全,教材中不可避免地存在疏漏、错误、不妥之处。恳请学院师生及其他读者提出批评和改进意见,以求不断提高教材质量,为高速铁路信号设备的优质运营提供技术支持,为铁路建设和发展的美好明天做出贡献。

编　者

2011年4月

目　录

> > > > > ......

1

高速铁路系列

2

1　高速铁路轨道电路概述

1.1　高速铁路列控系统概述

1.1.1　铁路信号与列控系统

1. 铁路信号

信号就是传递信息的符号。铁路信号是指向行车人员发布的命令,指示列车运行所规定的符号;又指铁路信号设备,利用各种信号显示,向列车或车列指示运行条件,铁路线路状况,列车或车辆的位置等。

铁路信号是铁路的重要技术设备,是组织指挥列车运行、保证运输安全、提高运输效率、传递信息、改善行车人员劳动条件的关键设施,也是创新运输组织形式、提高运输能力、实现铁路运输集中指挥的重要技术条件。

2. 铁路信号的分类

按信号的驱动方式,分为人工信号和自动信号。人工信号主要由信号工作人员,以人工方式向列车发送的行车信号,是铁路运输组织的原始形式,也是最后保障形式。自动信号由信号设备自动驱动,确认检查由设备自动完成,当前运输组织形式主要采用自动信号。

按照信号驱动设备装备的地点分为地面信号和车载信号。地面信号为传统的铁路信号形式,地面透镜式色灯信号机是我国铁路当前主要装备形式。伴随列车运行速度的提高,地面信号的缺点日渐暴露,车载信号逐渐发展成主要的列车控制依据。

车载信号按照显示形式可分为机车信号和控车模式曲线。机车信号主要是地面信号的复示。控车模式曲线是全新的信号表现形式,是铁路信号现代化的结果。

为实现铁路信号显示的自动驱动而设置的系统或设备,统称为信号系统。传统信号系统的设备包括信号机、信号继电器、轨道电路、计轴、联锁、机车信号等。

现代信号系统主要包括列控系统、联锁系统、行车指挥系统及其他辅助系统(包括集中监测系统、电源系统等)。高速铁路的信号系统见图 1.1。

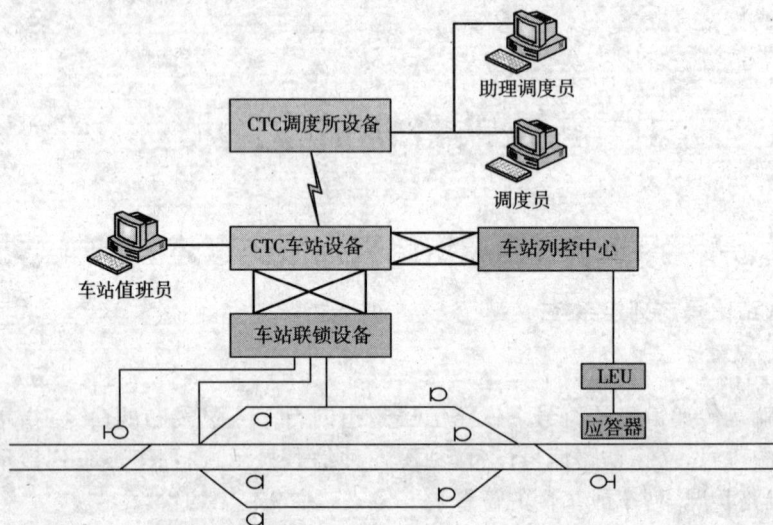

图 1.1　高速铁路的信号系统

3. 列控系统

列车运行控制系统(简称列控系统),就是对列车运行全过程或一部分作业实现自动控制的系统。其特征为:列车通过获取的地面信息和命令,控制列车运行,并调整与前行列车之间必须保持的距离。

列控系统是保证列车按照空间间隔法运行的技术方法,靠控制列车运行速度的方式来实现,是高速铁路的一个重要组成部分,是保障高速铁路运营安全、提高运营效率的核心技术装备。

一般列控系统包括地面设备、车载设备、信号数据传输网络和车地信息传输设备。地面设备提供线路信息、目标距离和进路状态。车载设备生成目标距离连续速度控制模式曲线。信号数据传输网络实现地面设备间数据信息的交互。车地信息传输设备完成地面设备和车载设备间信息的交互。

1.1.2　列控系统的关键技术

1. 闭塞制式

闭塞就是用信号或凭证,保证列车按照空间间隔法运行的技术方法。空间间隔法就是前行列车和追踪列车之间必须保持一定距离的行车方法。从各种不同的角度,闭塞可以有各种不同的分类,总的来说可分站间闭塞和自动闭塞两大类。

站间闭塞就是两站间只能运行一列车,其列车的空间间隔为一个站间。按技术

手段和闭塞方法又可分为：电话闭塞、路签闭塞、路牌闭塞、半自动闭塞、自动站间闭塞。

自动闭塞就是根据列车运行及有关闭塞分区状态，自动变换通过信号机显示，而司机凭信号行车的闭塞方法。其特征为：把站间划分为若干个闭塞分区，有分区占用检查设备，可以凭通过信号机的显示行车，也可凭机车信号或列控系统的模式曲线行车；站间能实现列车追踪；办理发车进路时自动办理闭塞手续，自动变换信号机的显示。

从保证列车运行而采取的技术手段角度来看，自动闭塞可分两大类：传统自动闭塞和装备列车运行控制系统的自动闭塞。

传统自动闭塞一般设地面通过信号机，装备机车信号，保证列车按照空间间隔法运行的技术方法用信号或凭证来实现。传统自动闭塞通常称自动闭塞，为方便与装备列车运行控制系统的自动闭塞区分，称为传统自动闭塞。传统自动闭塞一般适用于列车最高运行速度在 160 km/h 及以下，可分为：三显示自动闭塞、四显示自动闭塞、多信息自动闭塞。

列车运行控制系统保证列车按照空间间隔法运行的技术方法是靠控制列车运行速度来实现的。运行列车间必须保持的空间间隔首先满足制动距离的需要，并考虑适当的安全余量和确认信号时间内的运行距离。列控系统采取的不同控制模式，存在不同闭塞制式。列车间的追踪运行间隔越小，运输能力就越大。从闭塞制式的角度来看，装备列车运行控制的自动闭塞可分为三类：固定闭塞、准移动闭塞（含虚拟闭塞）和移动闭塞。

2. 速度控制模式

（1）分级速度控制

分级速度控制以一个闭塞分区为单位，根据列车运行的速度分级，对列车运行进行速度控制。分级速度控制系统的列车追踪间隔主要与闭塞分区的划分、列车性能和速度有关，而闭塞分区的长度是以最坏性能的列车为依据并结合线路参数来确定的，所以不同速度列车混合运行的线路采用这种模式能力是要受到较大的影响。分级速度控制又分为阶梯式和分段曲线式。

（2）目标距离速度控制

目标距离速度控制其采取的制动模式为连续式一次制动速度控制的方式，根据目标距离、目标速度及列车本身的性能确定列车制动曲线，不设定每个闭塞分区速度等级。连续式一次速度控制模式若以前方列车占用的闭塞分区入口为追踪目标点，则为准移动闭塞；若以前方列车的尾部为追踪目标点，则为移动闭塞。

3. 车地信息传输方式

车地信息传输媒介主要包括以下几种方式,不同列控系统处理方式不同,有的仅使用一种传输方式,有的以一种为主,辅以其他方式,还有的利用车载数据库来存储线路数据。

不同的信息传输方式,能够传输的最大信息量、信息更新方式是不同的,因此构成了不同等级的列控系统。

(1)轨道电路

列控系统信息基于轨道电路传输是传统方式。U/T 系统、日本 ATC 系统、CTCS-2 级列控系统等均采用轨道电路传输信息。

(2)轨道电缆

德国 LZB 系统采用轨道电缆实现了双向信息传输。

(3)点式设备

包括点式应答器和点式环线两种。在 ETCS-2 级中主要提供列控系统的辅助信息,如里程标、线路数据、切换点等;在 ETCS-1 级中利用点式设备提供全部控车信息。CTCS-2 级和 CTCS-3 级列控系统均采用点式应答器传输信息。

(4)无线传输

欧洲 ETCS-2 及 ETCS-3 级技术标准明确利用 GSM-R 无线系统进行列控信息车地双向传输,欧盟通过立法的形式确定了 ETCS 技术标准。CTCS-3 级列控系统确定采用 GSM-R 实现车地信息双向传输。

4. 人控与机控

人控优先模式与机控优先模式这两种模式的相同点是:在保证列车运行安全的最大常用制动(B7N)和紧急制动的计算上是一致的。在站内接车运行时,目前机控优先模式的车载设备也是转为人控优先的模式。

两种模式的不同之处在于:机控优先模式增加了常用 1 级制动(B1N)和常用 4 级制动(B4N),用于代替司机在区间运行的列车制动操作。

1.1.3 我国列控系统的发展

1. 机车信号与超速防护

20 世纪 80 年代初,全路大部分机车都安装了机车"三大件",即机车信号、自动停车和无线列调,行车安全形势大有好转。随后国内多家单位积极开展列车超速防护系统(ATP)的研究,探索中国铁路列控系统发展之路。但是,既有闭塞制式的复杂多样性大大增加了系统研制的难度,特别是既有观念上的束缚,使得列车超速防护系统的研究止步于试验阶段。

2. U/T 系统的引进

1985 年，我国开始酝酿引进国外的无绝缘轨道电路和车载 ATP 系统。郑武段电气化工程中率先引进 UM71 无绝缘轨道电路和 TVM300 超速防护系统，推动了我国多信息速差式自动闭塞和列车超速防护的发展。郑武段的引进不仅使我们接触到了国外的先进技术，更重要的是学习到了新的理念。作为车载超速防护的基础——地面 UM71 系统以及国产化的 UM71 系列设备，随着在郑武、京郑、广深、哈大、武广、京山、沈山等繁忙干线上的成功运用，以其轨道电路可做到一次调整、有断轨检查、抗干扰性强和工作稳定等显著优势，得到用户的广泛认可，逐步成为我国铁路自动闭塞制式的主流。

3. LSK 与 LCF 系统

1995 年，国家"八五"攻关项目"LSK 旅客列车速度分级控制系统"在广深线 160～200 km/h 的列车上投入运营。LSK 系统作为我国自行研制的准高速旅客列车超速防护系统，遵循"人机联控，人控优先"的设计原则，综合信号安全技术、机电控制技术、计算机和网络通信技术，以及可靠性与故障安全理论，构成了新型人机关系的信号安全防护系统，并首次以车载信号作为行车凭证，实现了我国超速防护系统历史性的突破。

北京交通大学研究的 LCF 模式曲线超速防护系统，在京九线进行了试验，但未得到推广应用。

4. 机车信号＋运行监控装置

1995 年以后，由列车运行记录器发展起来的列车运行监控装置，以其特有的车载线路数据存储方式，受到应用主管部门的肯定并迅速在全路推广。

但这种控制方式与国际公认的超速防护系统存在一定距离，作为列车运行监控记录装置(LKJ)控制的基础——机车信号(连续信息接收)系统，尚不能达到主体化的要求；作为连续信息的补充——点式信息，尚未在列控系统中广泛采用；作为安全的控制输出，还必须依赖司机的正确操作等，这些都是安全隐患，并随列车速度的提高而突出。

5. 提速和客运专线对列控系统的需求

随着既有线提速、准高速及客运专线的开工建设，ATP 在保证列车安全运行方面显得尤为重要。事实证明，在列车高速运行的条件下，地面信号难以辨认，没有 ATP 的车载信号方式难以适应缩小的行车间隔。以地面自动闭塞为基础、以车载信号为行车凭证的列车运行控制系统势在必行。随着既有线提速、高速线、客运专线开工建设的需要，深入研究欧洲 ETCS 标准，结合中国铁路现状，必须提出适合中国国情的 CTCS 标准。

1.1.4 CTCS规划

近年来,我国铁路建设飞速发展,为进一步适应铁路跨越式发展战略,满足日益增长的铁路运输的需求,参照欧洲列车控制系统(ETCS),结合我国国情,铁道部制定《中国列车控制系统(CTCS)技术规范总则(暂行)》和相应CTCS技术条件,以保证我国铁路运输安全,满足长交路运营的需求,适应提速战略的实施。

CTCS采用了标准化、模块化、一体化、网络化和数字化的设计原则,向下兼容、向上扩展;是集成了计算机、通信、网络等高新技术为一体的列车运行控制系统。

该系统以分级的原则来满足不同线路不同列车的运营需求。按照系统条件和功能CTCS可以划分为5级(0~4)。同条线路上可以实现多种应用级别,C2、C3和C4可向下兼容。

1. CTCS-0级

为了规范的一致性,目前干线铁路应用的地面信号设备和车载设备被定义为CTCS-0级。CTCS-0级由通用机车信号和列车运行监控记录装置组成。对这一定义,业内尚有不同的看法,认为CTCS-0级到底是在等级内还是在等级外不够明确。因为CTCS-0级尚未成为安全系统,适用于列车最高运行速度为160 km/h及以下,一般自动闭塞设计仍按固定闭塞方式进行,信号显示具有分级速度控制的概念,其目标距离式制动曲线可作为参考。该等级为一个过渡阶段。

2. CTCS-1级

CTCS-1级是在CTCS-0级基础上,进行安全升级的列车运行控制系统。CTCS-1级由主体机车信号、安全型运行监控装置和点式应答器组成,面向160 km/h及以下的区段,在既有设备基础上强化改造,达到机车信号主体化要求,增加点式设备,实现列车运行安全监控功能。利用轨道电路完成列车占用检测及完整性检查,连续向列车传送控制信息。

CTCS-1级的控制模式为目标距离式,采取大储存的方式把线路数据全部储存在车载设备中,靠逻辑推断地址调取所需的线路数据,结合列车性能计算出目标距离式制动曲线。在车站附近增加点式信息设备,传输定位信息,以减少逻辑推断地址产生错误的可能性。CTCS-1级全面提高了系统的安全性,是对CTCS-0级的全面加强,可称为线路数据全部储存在车载设备上的列车运行控制系统。

3. CTCS-2级

CTCS-2级为一体化的列车运行控制系统。CTCS-2级面向提速干线和高速

新线,是基于轨道电路和点式设备传输信息的列车运行控制系统,适用于各种限速区段,地面可不设通过信号机。是一种点-连式列车运行控制系统,功能比较齐全并适合国情。司机凭车载信号行车。轨道电路完成列车占用检测及完整性检查,连续向列车传送控制信息;点式设备传送定位信息、进路参数、线路参数、限速和停车信息。CTCS-2级采取目标距离控制模式,一次制动方式。CTCS-2级采取的闭塞方式称为准移动闭塞方式,其追踪运行间隔比固定闭塞小。

4.CTCS-3级

CTCS-3级基于无线传输信息并采用传统方式检查列车占用的列车运行控制系统。CTCS-3级面向提速干线、高速新线或特殊线路,基于无线通信的自动闭塞或虚拟自动闭塞,它可以叠加在既有干线信号系统上。CTCS-3级列控系统适用于各种限速区段,地面可不设通过信号机,司机凭车载信号行车,满足客运专线和高速运输的需求。轨道电路完成列车占用检测及完整性检查,点式设备提供列车用于测距修正的定位基准信息。无线通信系统实现地-车间连续、双向的信息传输,行车许可由无线闭塞中心产生,通过无线通信系统传送到车上。

CTCS-3级与CTCS-2级一样,采取目标距离控制模式和准移动闭塞方式。

5.CTCS-4级

CTCS-4级是完全基于无线通信(GSM-R)的列车运行控制系统。由地面无线闭塞中心(RBC)和车载设备完成列车占用检测及完整性检查,点式设备提供列车用于测距修正的定位基准信息。

CTCS-4级面向高速新线或特殊线路,基于无线通信传输平台,可实现虚拟闭塞或移动闭塞,CTCS-4级采取目标距离控制模式,其追踪运行间隔要比准移动闭塞更小一些。CTCS-4级由RBC和车载验证系统共同完成列车定位和列车完整性检查,使传统的信号设备减到最低。

CTCS-4级地面不设通过信号机,司机凭车载信号行车,满足客运专线和高速运输的需求。

1.1.5 CTCS-3级列控系统

1.CTCS-3级列控系统主要技术原则

CTCS-3级列控系统是采用无线闭塞中心(RBC)生成运行许可,GSM-R实现车地列控信息双向传输,应答器设备提供列车测距修正定位基准信息,轨道电路检查轨道占用及列车完整性,并具备CTCS-2级功能的列车运行控制系统。

CTCS-3级列控系统的构建主要遵循以下技术原则:

（1）CTCS-3级列控系统应满足最高运营速度350 km/h,列车正向运行最小追踪间隔时间3 min的要求。

（2）CTCS-3级列控系统按兼容CTCS-2级列控系统的要求,统一配置车载及地面设备。CTCS-2级作为当CTCS-3级无线通信系统故障时的备用系统使用。无线闭塞中心（RBC）或无线通信故障时,CTCS-2级列控系统控制列车运行。

（3）CTCS-3级列控系统车载设备采用目标距离连续速度控制模式、设备制动优先的方式监控列车安全运行。300 km/h及以上动车组不装设列车运行监控装置（LKJ）。

（4）CTCS-3级列控系统采用轨道电路进行列车占用及完整性检查,列车正向按自动闭塞追踪运行,反向按自动站间闭塞运行。

（5）CTCS-3级列控系统满足跨线运行的运营要求。

（6）全线RBC设备集中设置。

（7）GSM-R无线通信覆盖包括大站在内的全线所有车站。

（8）动车段及联络线均安装CTCS-2级列控系统地面设备。

（9）在300 km/h及以上线路,CTCS-3级列控系统车载设备速度容限规定为超速2 km/h报警、超速5 km/h触发常用制动、超速15 km/h触发紧急制动。

（10）RBC向装备CTCS-3级车载设备的列车,应答器向装备CTCS-2级车载设备的列车分别发送分相区信息,实现自动过分相。

（11）CTCS-3级列控系统统一接口标准,涉及安全的信息采用满足IEC 62280标准要求的安全通信协议。

（12）CTCS-3级列控系统安全性、可靠性、可用性、可维护性满足IEC 62278等相关标准的要求,关键设备冗余配置。

2.CTCS-3级列控系统构成

CTCS-3级列控系统由地面设备、车载设备、信号数据传输网络、GSM-R无线通信网络构成,如图1.2所示。

（1）地面设备

地面设备由调度集中系统（CTC）、临时限速服务器系统（TSR）、无线闭塞中心系统（RBC）、计算机联锁系统（CBI）、列控中心系统（TCC）、ZPW-2000轨道电路、LEU与应答器、信号集中监测系统（CSM）等组成,如图1.3所示。

（2）车载设备

车载设备由车载安全计算机（VC）、GSM-R无线通信单元（RTU）、轨道电路信息接收单元（TCR）、应答器信息传输模块（BTM）、记录单元（DRU）、人机界面（DMI）等组成。

车载设备根据地面设备提供的信号动态信息、线路参数、临时限速等信息和动车组参数，按照目标—距离模式生成控制速度曲线，监控列车安全运行。

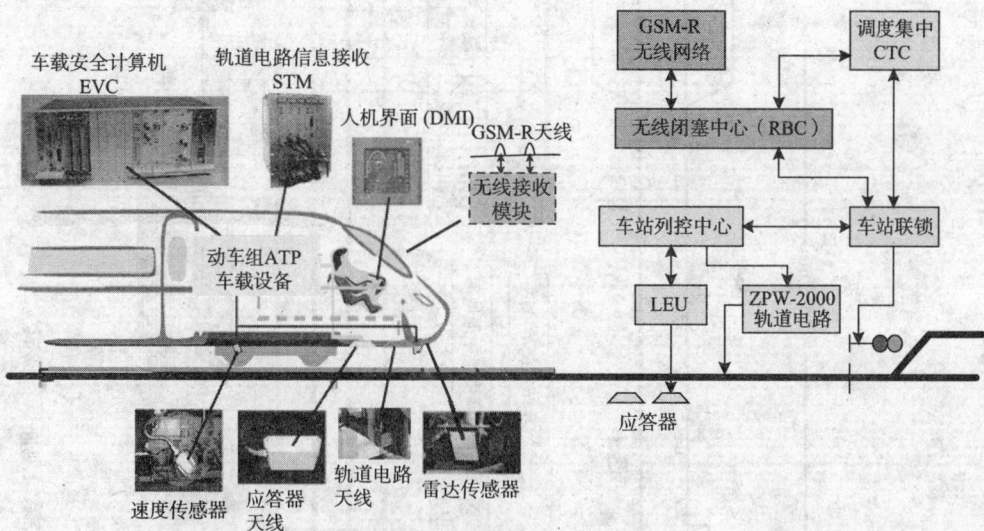

图1.2 CTCS-3级列控系统构成

（3）信号数据传输网络

信号数据传输网络由信号系统安全数据网、调度集中数据通信以太网、信号监测数据通信以太网等组成。

（4）GSM-R无线通信网络

GSM-R无线通信网络主要包括6个子系统：交换子系统（NSS）、基站子系统（BSS）、终端设备、移动智能网（IN）子系统、通用分组无线业务（GPRS）子系统和运行与支持子系统（OSS）。

通过固定接口与RBC连接，通过空中接口与车载设备接口，实现车地安全信息双向传输通道。

3.CTCS-3级列控系统特点

在铁道部统一部署和领导下，按照铁道部CTCS总体规划，依托武广、郑西、广深港等客运专线工程建设，通过引进列控系统关键技术，联合设计、联合开发、联合攻关，并结合成功应用的CTCS-2级列控系统技术，通过集成创新和对引进技术的消化吸收实现系统集成再创新，完成了CTCS-3级列控系统的构建。

高速铁路列系

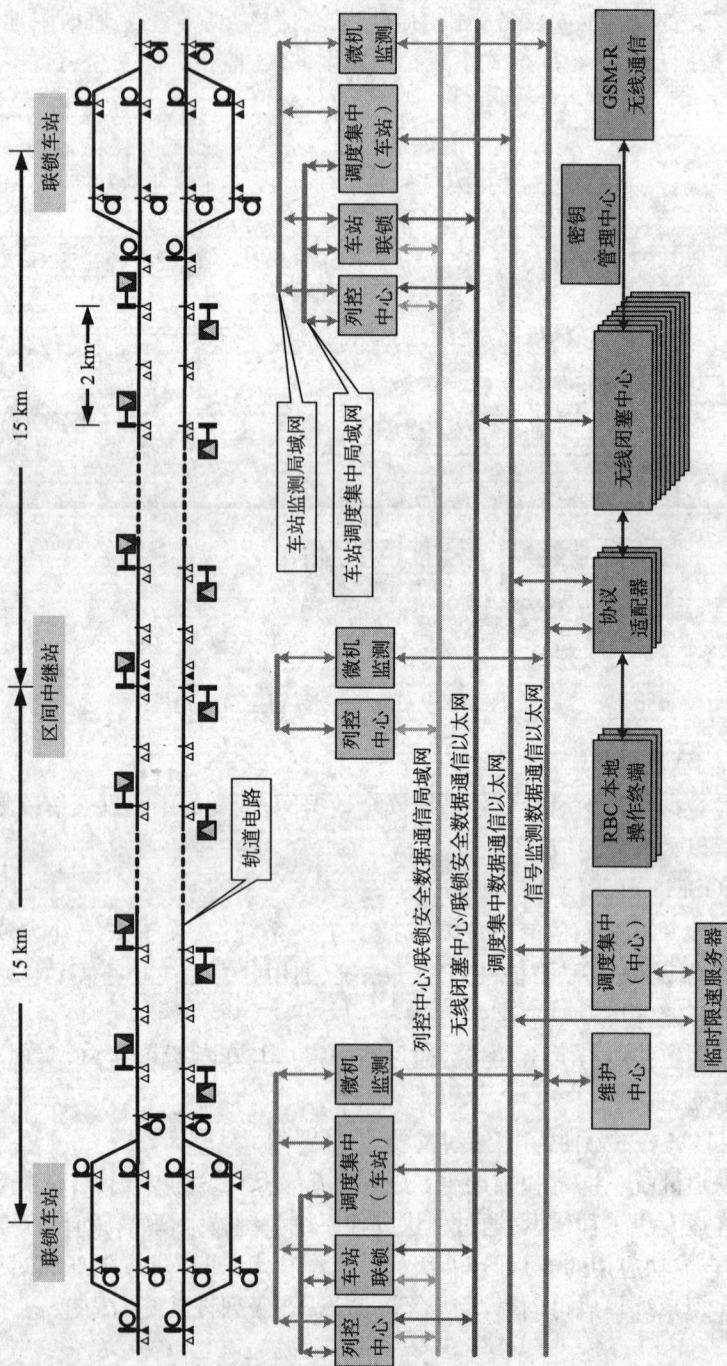

图 1.3 CTCS-3 级列控系统地面设备构成

CTCS-3级列控系统主要有以下特点：

(1)CTCS-3级列控系统是符合中国国情路情的、具有自主知识产权的、达到世界一流水平的先进列控运行控制系统；

(2)CTCS-3级列控系统是按照全路一张网原则规划的列控系统技术平台，能够满足最高运营速度380 km/h，列车正向运行最小追踪间隔时间3 min的要求，能够与200～250 km/h新建铁路和既有提速线路的互联互通；

(3)CTCS-3级列控系统成功采用目标距离连续速度控制模式、设备制动优先、GSM-R无线网络传输、信号安全数据网等先进技术，标志我国铁路列车运行安全控制技术达到世界先进水平；

(4)CTCS-3级列控系统基于CTCS-2级列控系统构建，大量采用成熟技术，整合适配大量既有系统设备，系统技术先进成熟、经济实用、安全可靠；

(5)CTCS-3级列控系统实现了我国列车运行控制的系统设计技术、生产制造技术、系统集成技术、工程应用技术、仿真测试技术、维护管理技术再创新和整体升级；

(6)CTCS-3级列控系统采用国际先进的系统设计实现手段，构建完善的系统标准、以运营场景作为导入、按照欧洲安全设计流程实现、采用系统评估作为系统确认手段，为我国铁路列车控制系统的可持续发展构建了完善的技术平台；

(7)CTCS-3级列控系统的创新实现，形成了铁道部CTCS技术管理人才队伍平台、以实验室为中心形成测试分析和理论研究平台、供应商和运用单位结合的运用管理平台、企业系统产品的设计、开发、制造、施工、测试等生产和施工人才队伍平台；

(8)CTCS-3级列控系统的技术攻关，构建了铁道部统一组织领导下，以项目为依托、以核心企业为主体，联合国外技术支持方、国内高校、科研单位和设计院，产、学、研一体的技术创新体系。

1.2 高速铁路轨道电路的作用与特点

轨道电路是利用钢轨线路和钢轨绝缘构成的电路，它用来监督线路的占用情况，以及将列车运行与信号显示等联系起来，即通过轨道电路向列车传递行车信息。轨道电路是铁路信号的重要基础设备，其性能直接影响行车安全和运输效率。

1.2.1 轨道电路的组成和基本原理

轨道电路是利用铁路线路的两条钢轨作导线，用以自动、连续检查有无列车、传递列车占用信息以及其他信号信息的电气回路。

1. 轨道电路组成

轨道电路一般由送电端、钢轨线路和受电端及钢轨绝缘四部分组成，如图 1.4 所示。

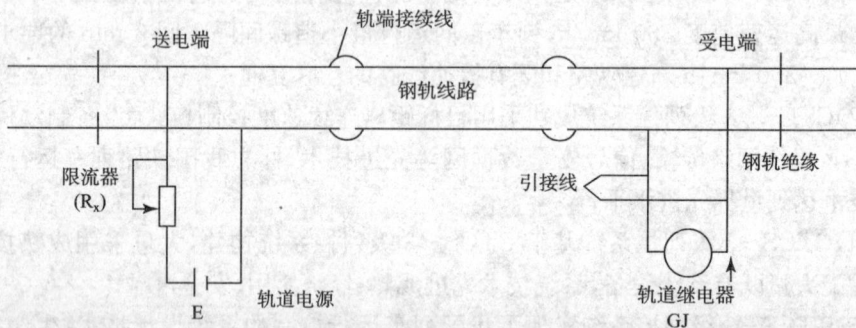

图 1.4　轨道电路的组成图

送电端（又称电源端或始端）由轨道电源和限流器组成。根据轨道电路的类型不同，轨道电源可以采用铅蓄电池浮充供电（或其他直流电源），也可以利用轨道变压器或信号发生器供电。限流器一般由电阻器或电抗器构成，它的作用是保护电源设备。当轨道电路被机车车辆分路时，可防止电流过大而损坏电源，并保证在列车占用轨道电路时，轨道继电器能可靠地落下，对某些交流轨道电路而言，它还兼有相位调整的功效。轨道电路在使用电子设备时，一般都不需要限流器。

钢轨线路由轨条、轨端接续线（又称轨端连接线或导接线）和钢轨绝缘组成。为了减少轨条连接处的接触电阻，采用了轨端接续线。钢轨绝缘安装于轨道电路分界处，是为了分隔或划分轨道回路而装设的。也可不安装钢轨绝缘，这时可根据轨道电流衰减到一定程度时作为轨道电路的分界处。当然，此时分界处的地点比较模糊。

受电端（又称继电器端或终端）的主要设备是轨道继电器（GJ），用它接收轨道信号电流来反映轨道电路的工作状态。电子轨道电路的接收设备一般都采用电子器件，其作用和轨道继电器相同。送、受电端的设备都是通过引接线（钢丝绳）接向钢轨。

两个绝缘节之间的钢轨线路（从送电端到受电端之间），称为轨道电路的控制区段，也就是轨道电路的长度。轨道电路的长度要受到轨道电路工作状态的制约，各种类型的轨道电路长度不同。

2. 轨道电路的基本原理

列车未进入轨道电路，即线路空闲时，电流流过轨道继电器线圈，使继电器保持在吸起状态，接通信号机的绿灯电路，允许列车进入轨道电路区段，如图 1.5 所示。

当列车进入轨道电路区段内,即线路被占用时,电流同时流过机车车辆轮对和轨道继电器线圈。由于轮对电阻比轨道继电器线圈电阻小的多,送向两根钢轨间的电压降低。为此流经轨道电路继电器线圈的电流减小到继电器的落下值,使轨道继电器释放衔铁,用继电器的后接点接通信号机的红灯电路,向后续列车发出停车信号,以保证列车在该轨道电路区段内运行的安全,其原理如图 1.6 所示。

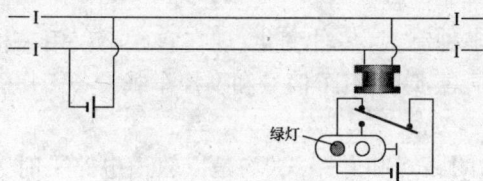

图 1.5 轨道电路工作原理一   图 1.6 轨道电路工作原理二

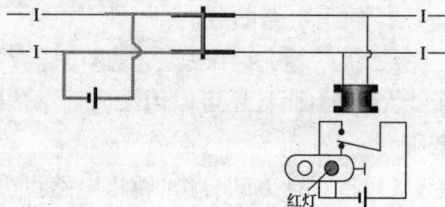

从以上分析可见,轨道电路能否正常工作,直接关系到行车安全和行车效率。为此对轨道电路提出了以下 4 个要求:

(1)当轨道电路无列车占用时,轨道继电器应可靠吸起,保持正常工作。

(2)轨道电路在任何一点被列车占用时,即使只有一根车轴进入轨道电路,轨道继电器的衔铁应可靠落下。

(3)当轨道电路设备发生故障(如钢轨折断、绝缘破损等)时,轨道继电器应立即失磁,使之关闭信号。

(4)对某些轨道电路,还应实现由轨道向机车传递信息的要求。

1.2.2 轨道电路的发展史及分类

1. 轨道电路发展史

铁路最初的雏形是没有轨道电路的,在铁路信号发展的初期,主要依靠工作人员的观察和判断来确定线路的占用情况,有时因观察和判断失误而造成车辆冲突事故。由于不能实时自动实现列车位置检测,也不可能实现信号控制的自动化,但随着列车对数的增加和运行速度的提高,火车事故率开始飞速增加,不能明确反映列车空闲与占用轨道是导致火车事故频发的主要因素,为了检查列车占用钢轨线路状态,美国人鲁宾逊 1870 年发明了开路式轨道电路,1872 年研制成功了闭路式轨道电路,于 1873 年首先在宾西法尼亚铁路试用,从此,自动、实时检查线路占用的课题才得到解决,用轨道电路将列车运行与信号显示联系起来,诞生了铁路自动信号,开创了自动信号的新时代。

我国铁路在建国前采用的轨道电路传输信息少,分布也极不平衡,1924 年,我国

首先在大连—金州、沈阳—苏家屯建成自动闭塞,采用了交流 50 Hz 二元三位式相敏轨道电路,这是我国最早采用的轨道电路。建国后从 50 年代中期开始,轨道电路技术在我国有了长足的发展,经历了直流轨道电路、交流连续式轨道电路和交流计数电码、移频、高频轨道电路(包括计轴设备)、无绝缘轨道电路等阶段。不仅传输的信息量增加而且它的使用已遍及全国铁路各线,构成了我国铁路信号技术发展的基础。

2. 轨道电路的分类

经历了一百多年发展,轨道电路有了多种制式、多种变化,现在它已不仅用来检查线路空闲,而且还可以用来向列车传输信息,成为机车信号和列控车载设备工作的基础。

(1)按接线方式分类,轨道电路可分为闭路式和开路式(均是以轨道电路平时无车占用时所处的状态来确认)。

(2)按供电方式分类,轨道电路可分为直流轨道电路和交流轨道电路,其中直流轨道电路又分为直流连续式轨道电路和直流脉冲式轨道电路(包括极性脉冲轨道电路、极频脉冲轨道电路和不对称脉冲轨道电路);交流轨道电路又分为交流连续式轨道电路(包括工频 50 Hz 整流轨道电路、25 Hz 相敏轨道电路、工频二元二位感式轨道电路、75 Hz 轨道电路、音频轨道电路也叫移频或无绝缘轨道电路)和交流电码式轨道电路(包括 50 Hz 交流计数电码轨道电路、75 Hz 交流计数轨道电路、25 Hz 电码调制轨道电路)。

(3)按传送的电流特性分类,轨道电路可分为连续式、脉冲式、计数电码式、频率电码式、数字编码式轨道电路。

(4)按轨道电路作为通道的方式分类,轨道电路可分为单轨条轨道电路和双轨条轨道电路。

(5)按有无分支分类,分为一送一受和一送多受轨道电路,道岔区段均为一送多受区段。

(6)按轨道电路结构分类,可分为并联式和串联式轨道电路。

(7)按分割方式分类,轨道电路分为有绝缘轨道电路和无绝缘轨道电路。

(8)按使用处所分类,轨道电路分为区间轨道电路和站内轨道电路。

1.2.3 高速铁路轨道电路的特点

1. 高速铁路信号控制设备的基本方案

高速铁路行车速度快、密度大,与既有铁路有着很大的差别。由于高速铁路列车运行速度较高,列车制动距离与列车制动初速的平方成正比。制动初速高,制动距离就会长,见表 1.1。

表 1.1 制动初速与列车制动距离的关系

列车制动初速(km/h)	120	240	300
列车制动距离(m)	800	3 200	5 000

普通信号机的显示距离为 1 000 m,时速为 120 km 的火车走过这段距离需要 30 s,如果时速为 320 km 的火车走过这段距离只需 11 s。在铁路沿线设置的闭塞分区长 1.5～2 km,则高速列车司机每十几秒就要辨认一次信号显示。日本、法国铁路曾做过试验,当列车速度超过 200 km/h 时,司机识别信号的错误率会显著增加。因此高速铁路不能再靠地面信号显示驾驶列车。

司机靠地面信号驾驶列车有三个过程:识别信号;理解信号;按照信号要求操纵列车。如果其中任何一个环节出现错误,都可能造成列车事故。传统的地面信号机显示作为指挥列车运行的凭证已不能适用,必须以列车控制系统来保障高速列车安全运行。该系统必须能够安全、可靠、连续地工作。并能保证以车载显示作为行车凭证,用速度命令代替色灯显示,信号直接控制列车制动。

原来的信号设备已不能满足高速铁路的要求。首先是地面信号的显示距离和显示数量不能给司机一个准确的速度限制,同时,固定的闭塞分区特别影响区间的行车效率。因此,在高速铁路的列车运行中将采用新的区间设备。其主要设备功能和工作内容为:①取消分散安装在线路两侧的区间传统信号设备,列车运行控制功能集中于车上;②列车位置由车上设备进行自身检测,地面设备根据由车上传送的位置信息实现间隔控制;③列车运行安全速度是根据地面设备传递的信息,由车上设备进行自动控制;④地面、列车之间的信息传递可采用应答器,多信息无绝缘轨道电路及无线传输信道来实现。

我国高速铁路普遍采用的基于轨道电路、点式应答器和智能化车载设备的列控系统的基本方案为:基于数字编码轨道电路和点式设备的列控系统,实现连续速度控制模式。数字编码轨道电路和点式设备实现地对车信息传输,并进行列车占用检查,无线通信或点式设备实现车对地信息传输,智能化车载信号设备能兼收各种信息传输。系统升级为无线列控时,数字编码轨道电路实现列车占用检测及完整性检查,同时作为无线降级、冗余列控系统,对工程投资不会造成浪费。无车载信号时,降级为自动站间闭塞。每站设列控中心和计算机联锁设备(或两者一体化),列控中心和控制中心之间以广域网连接;列控中心和计算机联锁设备与轨旁设备之间用以太网连接;轨旁设备有数字轨道电路和点式设备;智能化车载信号设备进行列车运行的自动控制。

2. 高速铁路轨道电路的特点

对高速行驶列车的控制,列控车载设备需要获得从地面控制中心发送的行车控

制命令、前方列车的位置、速度、前方线路条件等信息，这些信息都是从地面发送到列车上，因此，地-车信息传输通道是列车运行自动控制系统的重要组成部分，没有良好的地-车信息传输通道，自动控制列车是不可能的。然而，纵观欧洲列车控制系统（ETCS）和中国列车控制系统（CTCS）的应用情况，可见轨道电路是实现地-车信息传输系统的基础。CTCS 与 ETCS 的系统构成见表 1.2。

表 1.2　CTCS 与 ETCS 的系统构成

列控系统类型	列车完整检查	地面系统组成	车载设备组成	地面与车载设备之间的信息传输		适应最高速度	相当于 ETCS 系统
CTCS-0	轨道电路	联锁＋自动闭塞	通用机车信号＋运行监控记录装置（LKJ）	基于自动闭塞信息向车载感应传输		160 km/h	
CTCS-1	轨道电路	联锁＋自动闭塞＋进、出站口出应答器及地面电子单元（LEU）	主体机车信号＋安全型监控装置＋应答信息车载接收器设备（RTM）	基于自动闭塞信息向车载感应传输	应答器提供进路号信息和公里标信息	160 km/h	
CTCS-2	轨道电路	联锁＋自动闭塞＋进、出站口出应答器及地面电子单元＋列控中心	LKJ＋列车自动防护（ATP）（含有机车信号、应答信息接收功能）	基于自动闭塞信息向车载感应传输	应答提供进路、线路参数及允许速度（含临时限速、过分相等信息）	250 km/h（理论分析可以适应 300 km/h）	ETCS-1 可知环线或无线传输方式（补充点式不足）
CTCS-3	轨道电路	联锁＋自动闭塞＋进、出站口出应答器及地面电子单元＋列控中心＋RBC	ATP＋GSM-R 接收模块	基于自动闭塞信息向车载感应传输（兼容 CTCS-2 时）	应答器提供进路、线路参数、无线传输列车移动命令（含临时限速命令）	适应 350 km/h	ETCS-2
CTCS-4	列车自身进行完整性检查	列车定位（应答器或 GPS）＋RBC＋列控中心	ATP＋GSM-R 接收模块	经无线传输列车移动命令		低速、低密度等特殊区段	ETCS-3

列控系统类型	列车完整检查	地面系统组成	车载设备组成	地面与车载设备之间的信息传输		适应最高速度	相当于ETCS系统
ETCS-1	轨道电路或计轴器	联锁＋自动闭塞＋点式应答器（可注入补充连续信息）	ATP（接应答器的信息，通过STM模块可接收既有信息）	面兼容既有列控时可通过接收轨道电路提供连续信息	由应答器向车载设备提供移动允许、线路参数等信息	250 km/h以下	
ETCS-2	轨道电路或计轴器	联锁＋占用检查＋RBC	ATP＋GSM-R接收模块	连续信息经GSM＋R传输	应答器提供公里标信息	350 km/h以下	
ETCS-3	列车自身实现完整性检查	列车定位（应答器或GPS）＋RBC	ATP＋GSM-R接收模块		无线传输的列车移动命令	低速、低密度等特殊区段	

但是,既有线上传统的轨道电路远远不能满足列控系统的要求,原因是:

(1)普通铁路是用轨道绝缘节来划分轨道电路分区的。当车速增加,钢轨的绝缘断点的阻力更加速了钢轨与车轮的磨损,若绝缘节破损还会造成行车的不安全因素。

(2)传统的轨道电路仅传递"占用/出清"两种信息,远远不能满足高速列车的要求。

(3)由于受到轨道电路传输特性的限制,传输距离也受到限制。

(4)只能进行地—车信息传输,无法实现双向传输。

作为地—车信息传输通道,高速铁路的轨道电路必须具备以下特点:

(1)能检测列车占用、空闲和完整性,并能将信息连续、可靠的传输。

(2)高速铁路大量采用无缝线路和长钢轨,为了免去切断钢轨加绝缘垫的麻烦,降低高速列车的噪音、振动,提高线路质量,应采用无绝缘的轨道电路。

(3)由于高速铁路上运行的列车牵引电流大大增加,牵引回路的不平衡电流也将大大增加,为了使列控车载设备能抗住各种干扰的影响,达到动作稳定可靠、确保列车运行安全舒适,对轨道电路抗干扰方面提出了更高要求。

(4)能向车载设备传送与前行列车之间的距离、运行区间线路坡道信息、线路条件(曲线、道岔)、区间允许速度等多种类、多制式的信息。

(5)适应无砟道床的使用环境,能满足轨道电路传输长度的要求。

(6)采用高精度、高稳定的集成电路,提高轨道电路的可靠性,减少维修。

1.3 高速铁路轨道电路的应用

基于高速铁路列控系统的技术要求，国内外的高速铁路普遍选用数字编码多信息无绝缘轨道电路，常用的有 UM71、UM2000、ZPW-2000 和 WG-21A 等几种。

1.3.1 国内三种无绝缘轨道电路对比

UM71 是从法国引进的，最早应用于提速区段技术改造的无绝缘轨道电路，以其无机械绝缘、抗干扰性强、工作稳定及可升级为数字轨道电路（430 系统）等特点，在世界 21 个国家有 4 万余套的广泛运用，韩国首尔—釜山高速线路也含其中。有了时速 300 km 高速铁路及 1 700 A 牵引电流重载线路的长期、成熟运用经验。机车信号做为主体信号已运用 20 余年。但存在造价高、调谐区无断轨检查、调谐区存在死区段（20 m）等问题。UM2000 是法国 CSEE 公司在原 UM71 系统基础之上，结合现代化通信技术、网络技术发展而成的一种新型高速铁路系统，在 1993 年用于法国第三条北方线高速铁路，低频信号增加到 28 种，其中一种为轨道占用信息，其余 27 种低频信号可进行编码处理。它在我国秦沈客运专线、石太客运专线信号系统中得到了应用。WG-21A 系统是北京信号厂根据 UM71 系统在中国铁路的使用情况，结合中国的国情，进行一对一国产化而来的，它在哈大线电气化铁路中得到了应用。

ZPW-2000A 系统是通信信号公司根据前述两种系统的不同特点，进行了适合中国铁路的现行发展的需求，既考虑了铁路速度发展的需要，又兼顾了降低成本的需求，适合中国的国情，在我国应用非常广泛。我国 CTCS-1 级采用 ZPW-2000 型轨道电路，CTCS-2 级也采用 ZPW-2000A 型轨道电路。在既有线 ZPW-2000A 无绝缘轨道电路的基础上，通号集团针对客运专线的应用进行了适应性改进，开发生产了客运专线 ZPW-2000A 轨道电路，也称为 ZPW-2000A/K 型轨道电路，它保留了既有线 ZPW-2000A 轨道电路稳定、可靠的特点，具有我国自主知识产权，适用于客运专线列控系统，目前已应用于京津城际、合宁、合武、武广、沪宁等客运专线。

下面就三种系统的施工中的异同点作一分析

1. 三种轨道电路设备的组成

（1）UM2000 系统轨道电路设备组成

室外设备：补偿调谐单元 DB、调谐单元 BU、空芯线圈 SVAC、补偿电容 C、匹配变压器 TAD、钢轨及电缆。

室内设备：维护柜 SILM、机柜 BIV、轨道组匣 DPIV（内含发送板、接收板、调整板等）。

（2）ZPW－2000A 系统轨道电路设备组成

室外设备：调谐单元 BA、空芯线圈 SVAC、补偿电容 C、匹配变压器 TAD 等。

室内设备：发送盒、接收盒、模拟网络盒。

ZPW－2000A/K 型轨道电路增加通信功能，实现了与列控中心通信及向微机监测系统上传设备工作状态信息的功能。同时增加了相应的通信接口板。

（3）WG－21A 系统轨道电路设备组成

室内设备：发送器、接收器、模拟网络组匣、机柜。

室外设备：匹配变压器 BP、调谐单元 T、空芯线圈 XK、补偿电容 CBG。

2. 三种系统的共同点

三种系统均在法国 UM71 系统基础之上发展而来的，均采用了无绝缘轨道电路，继承了原系统的优点，克服了原系统的不足。

3. 三种轨道电路的不同点

（1）UM2000 系统是数字编码轨道电路，而 WG－21A 和 ZPW－2000A 是模拟轨道电路，ZPW－2000A/K 是数字型轨道电路。

（2）调谐区长度均不同：UM2000 调谐区长度：19.2 m，ZPW－2000A 调谐区长度：29 m，WG－21A 调谐区长度：26 m。

（3）补偿电容的安装型号、规格、节距不同，UM2000 轨道电路的采用一种型号 22 μF 补偿电容，ZPW－2000A 轨道电路采用多种补偿电容，根据频率、节距不同有多种不同类型的补偿电容。WG－21A 轨道电路采用一种 33 μF 型号补偿电容。

（4）允许室外轨道设备安装误差不同，由于 UM2000 是建立在数字基础之上的，各种轨道设备的安装尺寸相于后两种来说，要求较为严格。

（5）调谐区设备安装方式不同。UM2000 调谐区设备安装在钢轨中间，而后两种安装在钢轨外侧。

（6）UM2000 采用区间站内一体化轨道电路，而 WG－21A 及 ZPW－2000A 还是站内电码化叠加模式。

（7）地线设备要求不同。UM2000、ZPW－2000A 地线要求严格，要求所有信号设备一个地线，全部等电位，而 WG－21A 是采用传统的三种地线分接的模式。

（8）UM2000 站内道岔区段轨道电路只有一送一受方式，道岔区段通过跳线实现一送一受，另两种还是采用传统跳线模式。

1.3.2 高速铁路轨道电路应用情况

根据国际铁道联盟定义："高速铁路"是指提速改造后时速 200 km 以上，新建时速 250 km 以上的铁路系统。而在我国，铁路运输需求巨大，因此产生了"客运专线"

这一名词,即客货分线运输。我国的"客运专线"是指时速 250km 以上的客运铁路系统,因此客运专线属于高速铁路。"城际铁路"都是客运专线,比如京津城际。我国的城际铁路时速均大于 250 km,因此均属高速铁路。目前在我国,时速 200～350 km 的铁路统称为客运专线。目前已建成的有秦沈客运专线、京津城际客运专线、石太客运专线、郑西高速铁路、武广高速铁路、甬台温客运专线、温福州客运专线、海南东环、福厦客运专线;正在建设的项目有:合武、合宁、广深港、广珠、宁杭、杭甬、长吉、九昌、哈大、胶济、大西、成绵等客运专线。到 2012 年底,全国将有 1.3 万 km 高速客运专线建成投产,其中,时速 300～350 km 的客运专线达到 8 000 km。客运专线将对中国的经济社会发展起到巨大的促进作用。

从目前已开通和已动工建设的高速铁路列控系统的构成情况来看,石太、秦沈客运专线使用的是法国的 TVM 列控系统和 UM2000 轨道电路设备,哈大线采用的是 WG－21A 轨道电路系统,大部分高速铁路项目采用的是 CTCS－2 级、CTCS－3 级列控系统,以 ZPW－2000A 轨道电路＋点式应答器作为地车传输通道,如郑西高速铁路、武广高速铁路、甬台温客运专线、温福州客运专线、海南东环客运专线、福厦客运专线、胶济客运专线东段,合武、合宁、广深港、广珠等项目都是采用 ZPW－2000A (K)型无绝缘轨道电路设备为主体,辅以 25 Hz 相敏轨道电路、站内电码化设备构成的列控地面设备。以武广高速铁路为例,其信号系统主要由调度集中控制系统(CTC)、列车运行控制系统、车站联锁系统、信号集中监测系统等构成。信号系统满足设计速度 350 km/h、运营速度 300 km/h 及以上、验收速度 350 km/h 的要求和正向 3 min 的运行间隔的设计要求。其轨道电路的应用方案是:

1. 区间轨道电路

区间轨道电路采用计算机编码控制的 ZPW－2000 型无绝缘移频轨道电路,为满足高速线路 300 km/h 的速度 3 min 列车追踪运行的要求,并考虑轨道电路传输长度等条件,CTCS－3 级列控系统闭塞分区一般按不大于 2 000 m 进行设计(为便于闭塞分区标志牌的安装,闭塞分区分界点考虑与某个接触网支柱同里程)。

2. 站内轨道电路

复杂大站:武汉站、新广州站、新长沙站、新衡阳站,正线及股道区段采用计算机编码控制的 ZPW－2000 型无绝缘移频轨道电路,其他区段采用 97 型 25 Hz 相敏轨道电路。

新乐昌站、新英德站以及 2 个线路所,全站采用与区间同制式的计算机编码控制的 ZPW－2000 型无绝缘移频轨道电路。

为避免轨道电路机车信号邻线干扰,当站内横向相邻同方向载频的轨道电路长度超过 650 m(线间距不小于 5 m)时,应对轨道电路进行分割。

　　ZPW-2000 轨道电路最小长度应满足列车以最高运行速度通过时,车载设备仍能够正常接收轨道电路信息(按 2.5 s 计算),特殊困难区段由集成商负责解决短轨道电路问题。

　　道岔区段 ZPW-2000 型无绝缘移频轨道电路长度一般小于 400 m,包含 1~2个道岔分支。特殊情况不应超过 600 m。

　　轨道电路采用追踪码序,满足 CTCS-2 级列车安全运行的要求。

　　发送器采用 N+1 冗余方式,接收器采用双机并用方式,实现轨道电路系统的高可靠性。

　　轨道电路连接线、道岔区段轨道电路并联线采用双线双塞方式。

　　鉴于高速铁路的设备现状,本教材拟讲述 ZPW-2000A、ZPW-2000A/K 型无绝缘轨道电路,97 型 25 Hz 相敏轨道电路和站内轨道电路电码化技术等内容。

复习思考题

1. CTCS-3 级列控系统由哪些设备构成?
2. 简述轨道电路的基本原理。
3. 简述我国高速铁路普遍采用的列控系统的基本方案。
4. 武广高速铁路信号系统中的轨道电路有什么特征?

2 ZPW－2000A 型无绝缘轨道电路

2.1 ZPW－2000A 型无绝缘轨道电路概述

ZPW－2000A 型无绝缘移频自动闭塞是在对法国 UM71 无绝缘轨道电路技术引进、国产化基础上,结合中国国情进行的技术再开发。在轨道电路传输安全性、传输长度、系统可靠性、可维修性以及提高技术性能价格比、降低工程造价等方面上都有了显著提高。

ZPW－2000A 型无绝缘移频自动闭塞无论在电气还是在机械绝缘节轨道电路中,较法国 UM71 轨道电路都有着长得多的传输距离,满足我国 $0.25\sim1.5\ \Omega\cdot km$ 的道床电阻道床传输、$20\sim30\ km$ 的站间距离及采用国产 SPT 数字信号电缆,使系统技术性能价格比大幅度提高。

当前,在评价轨道电路传输问题时已不再局限于简单的调整、分路、机车信号入口电流几项传统要求。国外轨道电路现状及国内多年运用中几度出现的重大安全问题,如:断轨检查、钢轨对地不平衡分路、轨道电路运用中接收器固有信干比,以及钢轨对地不平衡时的断轨、分路死区、轨道电路的隔离性能及故障条件下的检测等诸多问题,都已逐步成为评价轨道电路传输,特别是传输安全性的重要因素,并得到普遍认同。这些问题也构成了考虑"机车信号做为主体信号"安全性的必然前提条件。

在轨道电路传输安全性上,ZPW－2000 型无绝缘轨道电路已具备全程断轨检查、调谐区≤5 m 的分路死区、调谐单元断线轨道电路隔离性能丧失的检查、拍频干扰防护、钢轨对地不平衡条件下的列车分路及断轨检查及约 5 mW 的接收器端信号功率等涉及传输安全性的优良性能。

该系统自 1998 年开始研究。2000 年 10 月底,针对郑州局、南昌局接连两次发生因钢轨电气分离式断轨、轨道电路得不到检查、客车脱轨的重大事故,该系统提出了解决"全程断轨检查"等四项提高无绝缘轨道电路传输安全性的技术创新方案,获得了铁道部运输局、科技司的肯定。2001 年,针对郑—武线 UM71 轨道电路雨季多处"红光带"的现象,该系统围绕"低道床电阻道床雨季红光带"问题,通过对轨道电路计算机仿真系统的开发,提出了提高轨道电路传输性能的一系列技术

方案,在理论和实践结合的基础上实现了传输系统的技术优化。2002 年 5 月 28 日,该系统通过铁道部技术鉴定,确定推广应用。2002 年 10 月 17 日至今,该系统对适用于地下铁道短调谐区 ZPW－2000 技术方案进行了运用试验,情况良好。2008 年 9 月开始在高速铁路运用,情况良好。国家知识产权局已受理了有关"钢轨断轨检查"、"多路移频信号接收器"等 8 项专利,成为我国目前安全性高、传输性能好、具有自主知识产权的一种先进自动闭塞制式,为"机车信号做为主体信号"创造了必备的安全基础条件。

2.1.1　ZPW－2000A 型无绝缘移频自动闭塞系统特点

ZPW－2000A 系统与原 UM71 设备相比,其主要特点是:

(1)充分肯定并保持 UM71 无绝缘轨道电路整体结构上的优势。

(2)解决了调谐区断轨检查,实现轨道电路全程断轨检查。

(3)减少调谐区分路死区。

(4)实现对调谐单元断线故障的检查。

(5)实现对拍频干扰的防护。

(6)通过系统参数优化,提高了轨道电路传输长度。

(7)提高机械绝缘节轨道电路传输长度,实现了与电气绝缘节轨道电路等长传输。

(8)轨道电路调整按固定轨道电路长度与允许最小道床电阻方式进行。既满足了 $1\,\Omega\cdot km$ 标准道床电阻、低道床电阻最大传输长度要求,又为一般长度轨道电路最大限度提供了调整裕度,提高了轨道电路工作稳定性。

(9)用 SPT 国产铁路数字信号电缆取代法国 ZCO3 电缆,减小铜芯线径,减少备用芯组,加大传输距离,提高系统技术性能价格比,降低工程造价。

(10)采用长钢包铜引接线取代 $75\,mm^2$ 铜引接线,利于维修。

(11)系统中发送器采用"N＋1"冗余,接收器采用成对双机并联运用,提高系统可靠性,大幅度提高单一电子设备故障对系统正常工作时间的影响。

2.1.2　ZPW－2000A 型无绝缘轨道电路系统构成

1. 室外部分

(1)调谐区(JES－JES)

按 29 m 设计,实现两相邻轨道电路电气隔绝。

(2)机械绝缘节

由"机械绝缘节空芯线圈"与调谐单元并接而成,其节特性与电气绝缘节相同。

以电气—机械绝缘节为例的 ZPW - 2000A 型无绝缘轨道电路系统构成图如图 2.1 所示。

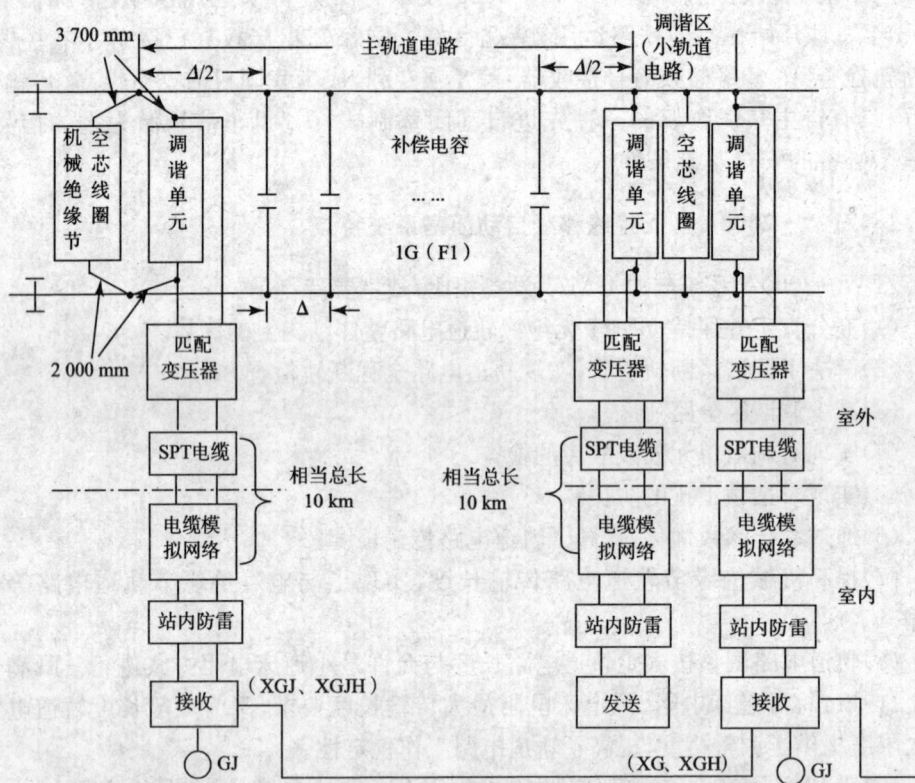

图 2.1　ZPW - 2000 无绝缘轨道电路系统构成图

（3）匹配变压器

一般条件下,按 $0.25 \sim 1.0 \ \Omega \cdot km$ 道床电阻设计,实现轨道电路与 SPT 传输电缆的匹配连接。

（4）补偿电容

根据通道参数兼顾低道床电阻道床传输,考虑容量。使传输通道趋于阻性,保证轨道电路良好传输性能。

（5）传输电缆

SPT 型铁路信号数字电缆,$\phi 1.0 \ mm$,一般条件下,电缆长度按 10 km 考虑。根据工程需要,传输电缆长度可按 $12.5 \ km$、$15 \ km$ 考虑。

（6）调谐区设备引接线

其采用 3 700 mm、2 000 mm 钢包铜引接线构成。用于调谐单元（BA）、空芯线圈（SVA）、机械绝缘节空芯线圈（SVA′）等设备与钢轨间的连接。

2. 室内部分

（1）发送器

用于产生高精度、高稳定移频信号源。系统采用"N＋1"冗余设计。故障时，通过 FBJ 接点转至"＋1"FS。

（2）接收器

ZPW－2000A 型无绝缘轨道电路将轨道电路分为主轨道电路和调谐区小轨道电路两个部分，并将小轨道电路视为列车运行前方主轨道电路的所属"延续段"。

接收器除接收本主轨道电路频率信号外，还同时接收相邻区段小轨道电路的频率信号。接收器采用 DSP 数字信号处理技术，将接收到的两种频率信号进行快速傅里叶变换（FFT），获得两种信号能量谱的分布，并进行判决。

上述"延续段"信号由运行前方相邻轨道电路接收器处理，并将处理结果形成小轨道电路轨道继电器执行条件（XG、XGH）送至本轨道电路接收器，做为轨道继电器（GJ）励磁的必要检查条件（XGJ、XGJH）之一，如图 2.2 所示。

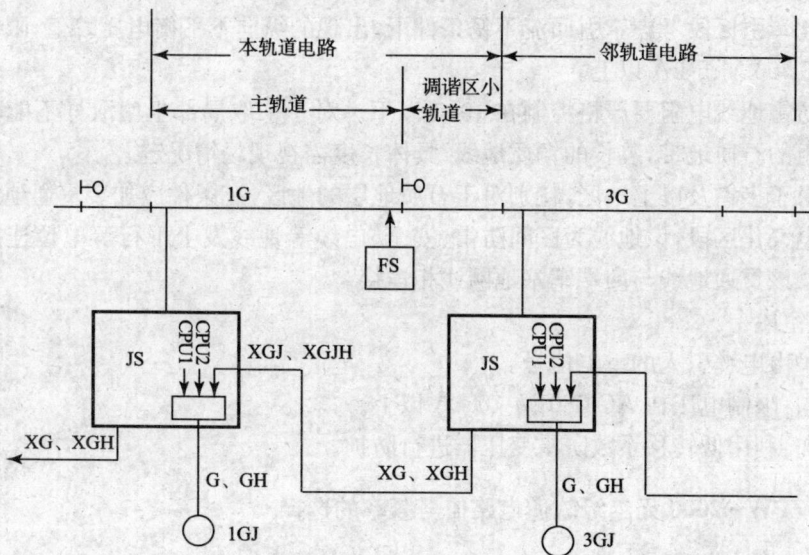

图 2.2　主轨道和调谐区小轨道检查原理图

综上,接收器用于接收主轨道电路信号,并在检查所属调谐区短小轨道电路状态(XGJ、XGJH)条件下,动作本轨道电路的轨道继电器(GJ)。另外,接收器还同时接收邻段所属调谐区小轨道电路信号,向相邻区段提供小轨道电路状态(XG、XGH)条件。

系统采用成对双机并联(0.5+0.5)运用方式。

(3)衰耗

用于实现主轨道电路、小轨道电路的调整。

给出发送接收故障、轨道占用表示及发送、接收用+24 V电源电压、发送功出电压、接收 GJ、XGJ 测试条件。

(4)电缆模拟网络

设在室内,按 0.5、0.5、1、2、2、2×2 km 六段设计,用于对 SPT 电缆的补偿,总补偿距离为 10 km。

3. 系统防雷

系统防雷可分为室内室外两部分:

(1)室外

①一般防护从钢轨引入雷电信号,含横向、纵向。具体要求如下:

横向:限制电压在 AC 75 V、10 kA 以上。

纵向:a. 通过空芯线圈中心线直接接地进行纵向雷电防护。b. 在不能直接接地时,通过空芯线圈中心线与地线间加装横纵向防雷元件。

电化牵引区段考虑牵引回流不畅条件下,出现的纵向不平衡电压峰值,限制电压选在 AC 500 V、5 kA 以上。

②防雷地线电阻要严格控制在 10 Ω 以下。对于采取局部土壤取样不能真实代表地电阻的石质地带,装长的铜质地线,具体长度需视现场情况定。

③对于多雷及以上地区,特别对于石质地层的地区,有条件应加装贯通地线。

在电气化区段,该地线为区间防雷、安全、电缆等地线及上下行等电位连接线共同使用。该贯通地线与两端车站地网线相连接。

(2)室内

防护由电缆引入的雷电信号。

横向:限制电压在 AC 280 V、10 kA 以上。

纵向:利用低转移系数防雷变压器进行防护。

2.1.3 ZPW-2000 无绝缘轨道电路信号频率的选择

1. 载频频率的选择

机车采用晶闸管进行列车无级调速时,将产生大量奇次谐波电流。当正负半波

产生非对称失真时,又将产生较大的偶次谐波电流。

由于机车启动、制动及升降弓操作时要构成牵引电流的突变,又形成丰富的连续频谱的牵引电流。当两根钢轨在平衡条件下,上述奇偶次谐波电流、突变的连续频谱电流连同基波电流均不构成对地面及机车接收设备的干扰。当两根钢轨不平衡时,上述干扰就将突现出来。

法国 UM71 轨道电路信号适用 1 650～2 650 Hz 频段,将有效地提高使用条件下的固有信干比,有利于系统工作的稳定。

2. 低频频率的选择及在频域中谱线能量的分析

由于抗干扰原因,原有 UM71 移频自动闭塞已选用 FSK 移频键控调制方式。抗干扰性能与频率参数有密切关系,而频率参数有载频、频偏和调制频率三种。FSK 移频信号在相位特征上存在两种波形。一种是两频率在过渡区的相位是连续的,另一种在过渡区相位是不连续的。为了充分发挥系统的抗干扰能力,ZPW-2000 系统采用相位连续式移频信号。

在低频调制频率 F_c 已知的情况下,对各谱线特征的分析:

(1)各种低频在载频中心频率上都有很高的相对能量幅值,并随着低频信号频率的增高而增高。从 10.3～29 Hz,其中心频率相对能量幅值占总能量幅值由 0.592 7 增高至 0.941 9。该现象表明,中心频率频点特征可用作各低频判断的共同特征。

(2)根据原 UM71 轨道电路低频信号最大频率(29 Hz)频偏值(11 Hz)及通频带的选取(±40 Hz),表明在±40 Hz 范围内,各低频信号均有甚高的总相对能量幅值。从 10.3～29 Hz,±40 Hz 范围内的低频信号总相对能量幅值为 0.997 2～0.998 1。该现象表明,该频率范围内各低频信号特征可作为各低频判断的有效特征。

(3)移频信号能量主要集中在中心频率及两边一次边频分量上,从 10.3～29 Hz,三根谱线相对信号幅值占总能量幅值 0.939 5～0.998 1。

在±40 Hz 范围内谱线有较高的相对能量幅值,从 10.3～29 Hz 占总能量幅值的 0.997 2～0.998 1。对于不同的低频,除中心频率可作为最强且一致可利用特征外,其余特征均为以中心频率 F_0 为中心,以低频频率 F_c 整数倍,左右对称排列。

2.1.4 ZPW-2000 无绝缘移频轨道电路传输安全性

1. 发送器

用于产生高稳定、高精度的移频信号源。采用微电子器件构成该设备,考虑了同

27

一载频、同一低频控制条件下，双 CPU 电路。为实现双 CPU 的自检、互检，两组 CPU 及一组用于产生 FSK 移频信号的可编程控制器各自采用了独立的石英晶体源。发送设备的放大器均采用了射极输出器方式构成，防止故障时输出电压的升高。设备考虑了对移频载频、低频及幅度 3 个特征的检测。两组 CPU 对检测结果符合要求时，以动态信号输出通过"安全与门"控制执行环节——发送报警继电器（FBJ）将信号输出。

2. 接收器

用于对接收移频信号特征的解调，控制执行环节——轨道继电器（GJ 及小轨道执行条件）。接收设备也采用双 CPU 电路。在同一设定载频条件下，双 CPU 对接收信号的载频、低频及幅度 3 个特征进行解调判断。为保证故障—安全，双 CPU 除需对载频控制条件进行比较查对外，还需检查载频、低频信号，满足通频带及能量谱相对幅值要求时，以动态信号输出，通过"安全与门"控制执行环节。

3. 电缆模拟网络

为防止电容断线时，电压升高，采用四端头电容。电感线圈采用高强度漆包线等工艺加强措施。

4. 调谐区小轨道电路安全性的一般分析

（1）对小轨道电路"零阻抗"、"极阻抗"的分析，如图 2.3 所示。

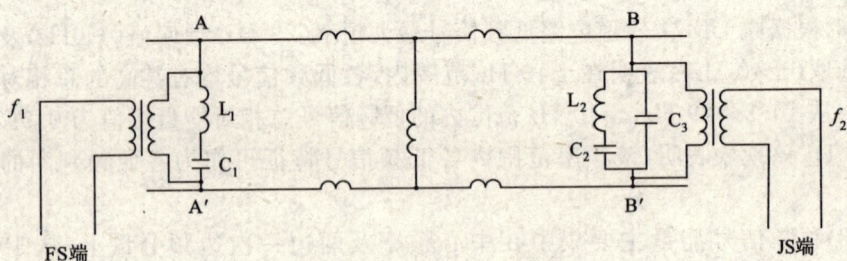

图 2.3　调谐单元原理图

对 f_2 而言，L_1C_1 构成"零阻抗"。

对 f_1 而言，L_2C_2 构成"零阻抗"。

当构成"零阻抗"的元件故障时，均会造成"零阻抗"值的升高，降低两相邻轨道电路信号间的隔离性能，构成信号的越界传输。

对 f_1 而言，L_1C_1 与 L_v 构成"极阻抗"。

对 f_2 而言，$L_2C_2C_3$ 与 L_v 构成"极阻抗"。

当构成极阻抗回路元件故障时，一般均会构成并联谐振电路工作的破坏，使"极

阻抗"值降低。极阻抗降低一般在发送端造成送端轨面电压降低,同时也在接收端造成受端轨面电压降低及室内接收电压的降低,使故障导向安全。

(2)小轨道电路接收能量

接收端对于主轨道电路频率信号呈现高的"极阻抗",阻抗高,但信号电流较小。接收端对于小轨道电路频率信号则呈现低的"零阻抗",阻抗低,但信号电流较大。对于略呈容性的 BA 两端,接收器可以获得一定程度的能量。

(3)小轨道电路工作稳定性及与故障检测判断的关系

①轨道电路阻抗变化的影响

主轨道电路发送器信号通过处于"极阻抗"的 BA 将信号送至主轨道电路和小轨道电路,轨道电路端阻抗由主轨道电路及小轨道电路的阻抗构成。

其中,主轨道电路的阻抗由于补偿电容的作用受道床电阻 r_d 的变化影响较小,约 1 Ω 左右,小轨道电路阻抗受道床电阻 r_d 的变化影响更小。这样送到轨面的送端信号电压基本处于恒定状态,小轨道电路工作较为稳定。

②小轨道电路工作的温度稳定性

考虑到构成零阻抗的电感为较小的正温度系数,电容为较小的负温度系数,在温度升高时感抗升高容抗亦升高,在温度降低时,感抗降低容抗亦降低,二者差值大体保持恒定,使小轨道电路接收信号较为稳定。

③小轨道电路工作值的储备系数

在小轨道电路参数及送端轨面电压稳定的条件下,接收端工作值设定为"1.4×灵敏度",使轨道电路正常工作有较大的裕度。

④小轨道电路的接收端

由于将调谐区视为一个短小轨道电路,接收器同时接收从主轨道电路及相邻区段小轨道电路来的两种不同频率的信号,并同时进行 FFT 频谱分析及对分析结果的判断。以上两信号,主轨道电路信号幅度随道床电阻变化而变化,小轨道电路信号幅度在道床电阻变化时基本保持恒定。

以上条件对保证小轨道电路故障检测判断创造了较好的条件。

5. 调谐区断轨检查

(1)将调谐区做为一段仅 29 m 长的短小轨道电路,正常工作时,接收端电流属于并联谐振槽路大电流的一部分。在规定道床电阻条件下,调谐区钢轨断轨时,该电流大幅度下降,使轨道继电器失磁。

(2)经理论计算:在最不利道床电阻条件下,断轨地点在距离送端 7.25 m 处断轨残压最高。以 2 600 Hz 为例,断轨时接收残压为 0.041 27 mV。为调谐区轨道电路落下值的 1/508.84,有断轨保证。

6. 减小调谐区 0.15 Ω 分路死区

(1)0.15 Ω 分路对本频率信号的分路死区

发送设备为恒压源,轨道电路特性阻抗较低,且受道床电阻变化影响甚小,该调谐区工作较为稳定,便于做调整处理。由于接收端阻抗较低,充份考虑该轨道电路工作稳定性,将造成一段 0.15 Ω 的分路"死区"。

该"死区"长度与接收端工作电压值的设定有关。当工作值储备系数

$\left(\dfrac{\text{工作值}-\text{灵敏度}}{\text{灵敏度}}\times 100\%\right)$ 大时,分路死区长,如图 2.4 所示。

在工作值储备系数为 40% 的条件下(即灵敏度 71.4 mV,工作值100 mV),分路死区＜5 m,系数 30%,死区约 3 m。

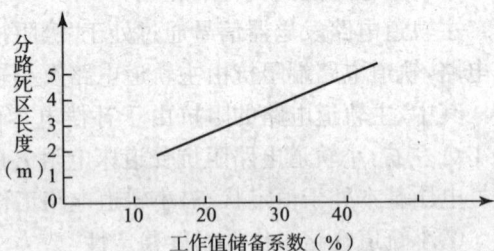

(2)0.15 Ω 分路对相邻主轨道电路的提前分路

0.15 Ω 分路逐渐接近接收端时,将逐渐加剧降低相邻主轨道电路接收

图 2.4　工作值储备系数与分路死区长度关系

端的总阻抗,造成主轨道接收端信号 V_{R1R2} 逐渐下降,直至主轨道继电器失磁。在最不利的条件下,0.15 Ω 分路使相邻主 GJ↓ 点距 BA 约 2～3 m。该分路性质为对相邻轨道电路的提前分路。

(3)0.15 Ω 分路死区长度

系统中,调谐区为两主轨道电路构成电气绝缘节。0.15 Ω 分路时,只要使调谐区本身接收轨道继电器,两相邻主轨道电路轨道继电器三者其中之一失磁(1G、1XG、3G),即表示对 0.15 Ω 有分路。

故系统中 0.15 Ω 分路死区长度应为上述(1)、(2)两项长度之差。从室内室外试验可看出该死区长度为:−6～2 m(负值为重叠分路)。

(4)经理论计算,2 600 Hz 1 300 m 轨道电路的分路死区

①在∞ Ω·km 条件下,若不设置短小轨道电路,29 m 内,0.15 Ω 分路死区长 21.5 m(距送端 4 m,距受端 3.5 m)。

②设置短小轨道电路条件下,分路死区 5 m。

7. 调谐单元 BA 断线的检查

调谐区轨道电路工作较为稳定。利用 BA 断线对本区段频率信号绝缘节阻抗降低,对相邻区段频率信号绝缘节阻抗升高的原理,用调谐区轨道电路工作门限值即可实现对 BA 断线的检测。

经计算和试验表明：

(1)送端 BA 断线,接收端电压降低约 50%。

(2)受端 BA 断线,接收端电压升高约 500%~700%。

接收器据 1、2 两项变化设置接收门限进行检测。

8. 轨道电路全程断轨检查

轨道电路全程断轨检查包括主轨道电路及与发送端相连的调谐区轨道电路两部分。调谐区断轨检查的原理、方法及其效果前已叙及,以下仅就主轨道电路进行分析。

(1)主轨道电路在不利的断轨条件下,具有断轨检查保证,且有足够余量(断轨的接收器残压约为可靠落下值的 50% 以下)。

(2)主轨道电路在较长的传输长度条件下,具有断轨检查,其中补偿电容的设置起到关键的作用。

(3)在不设置补偿电容条件下,ZPW-2000 载频频率满足断轨检查的轨道电路长度仅约 700 m。

(4)ZPW-2000 轨道电路在钢轨同侧两端接地条件下,仍具有断轨检查及 0.15 Ω 的分路。

9. 钢轨对地不平衡对传输安全的影响及防护

钢轨对地不平衡系指轨道电路钢轨同侧两端部接地或与其他金属物相通形成第三轨的情况。

在实际运营中,现场已出现多次钢轨通过送受电端引接线、金属机箱外壳与地线相通,亦出现过与线路旁待更换长轨相碰形成第三轨的情况。

在 ZPW-2000 轨道电路中两运用钢轨由于电容补偿,已近似呈阻性传输状态。"第三轨"的出现因与原二运用钢轨无补偿作用,对高频信号均呈感性线路(含两长运用钢轨及"第三轨")。故"第三轨"对 ZPW-2000 轨道电路传输调整、分路、甚至断轨检查,机车信号入口电流等均无显著影响。

ZPW-2000 轨道电路在钢轨对地不平衡条件下,仍具有较高的安全性。

10. 补偿电容

钢轨呈现感性,在 1 700~2 600 Hz 有着甚高的感抗值,阻碍了信息的传输。为此,在钢轨上一段距离内加装有补偿电容,如图 2.5 所示。

该补偿电容根据载频频率 f_0 进行选择,其等效电路如图 2.6 所示。

由于 L 与 C 的补偿,抵消了钢轨电感。使 AB、A'B'、BC、B'C' 均呈现阻性,并在 BB'、CC' 呈现较高的阻抗和较高的电压。

当电容断线故障时,由于补偿作用的消失,钢轨感性的作用,使信号在钢轨上产生较大的衰减,从而降低了接收端电压,使系统导向安全。

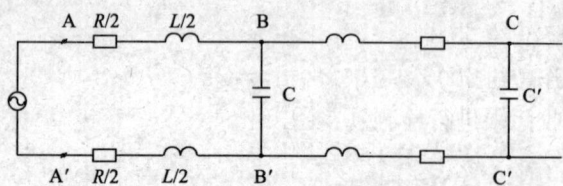

图 2.5　补偿电容原理示意图

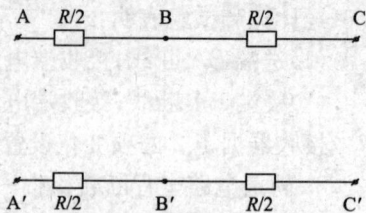

图 2.6　补偿电容等效电路图

11. ZPW 无绝缘轨道电路机械绝缘节的安全性

进站口、出站口机械绝缘节处，按照电气绝缘节参数设置 ZPW 的机械绝缘节时，用特制的 SVA' 替代 29 m 调谐区参数 L_v，与 BA 并联构成极阻抗。

当 BA 及 SVA' 任一环节发生故障时，均会造成"极阻抗"值的下降。对于进站口，将造成发送端轨面电压下降，从而使接收器输入信号下降，对于出站口，则造成受端轨面电压下降。使故障导向安全。

2.2　ZPW－2000A 型无绝缘轨道电路原理

2.2.1　电气绝缘节

1. 作用

电气绝缘节由调谐单元、空芯线圈及 29 m 钢轨组成。用于实现两相邻轨道电路间的电气隔离，即完成电气绝缘节的作用。

2. 简要工作原理

电气绝缘节长 29 m，在两端各设一个调谐单元（下称 BA），对于较低频率轨道电路（1 700、2 000 Hz）端，设置 L_1、C_1 两元件的 F_1 型调谐单元；对于较高频率轨道电路（2 300 Hz、2 600 Hz）端，设置 L_2、C_2、C_3 三元件的 F_2 型调谐单元，如图 2.7 所示。

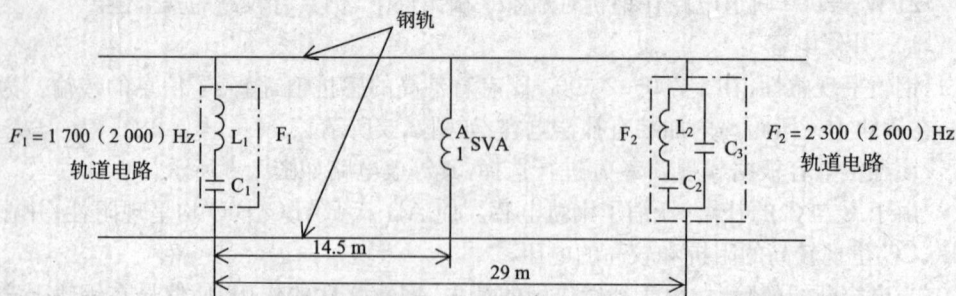

图 2.7　电气绝缘节构成

"f_1"(f_2)端 BA 的 L_1C_1(L_2C_2)对"f_2"(f_1)端的频率为串联谐振,呈现较低阻抗(约数十毫欧),称"零阻抗"相当于短路,阻止了相邻区段信号进入本轨道电路区段,如图 2.8(c)左端[图 2.8(b)右端]。

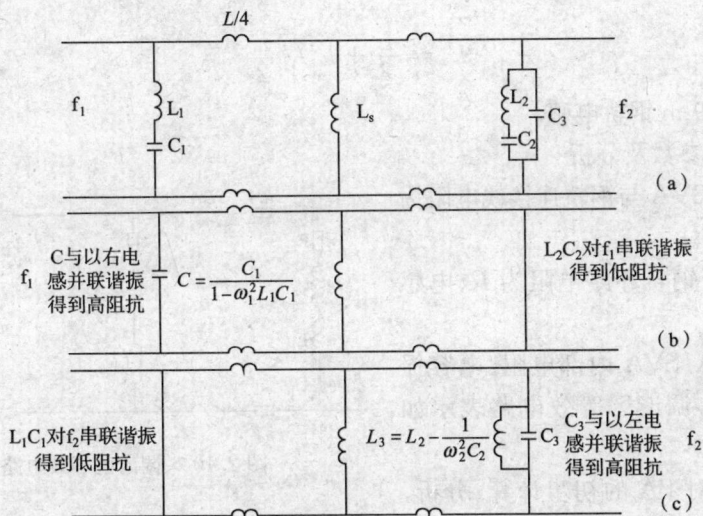

图 2.8 电气绝缘节工作原理框图

"f_1"(f_2)端的 BA 对本区段的频率呈现电容性,并与调谐区钢轨、SVA 的综合电感构成并联谐振,呈现较高阻抗,称"极阻抗"(约 2 Ω),相当于开路。以此减少了对本区段信号的衰耗。

3. 电气绝缘节电路环节分析和计算

(1)构成电气绝缘节的基本电路包含有 LC 串联谐振电路、LC 并联谐振电路,尚有部分电感、电阻串联并联电路。

(2)在电气绝缘节的两端,从钢轨通过引接线接向,BA,对应于相邻区段的频率呈现为"零阻抗",约数十毫欧。由于引接线具有一定的电感,所以 BA 呈一定的容性,进行补偿。以保证钢轨两端的"零阻抗",如图 2.9 所示。

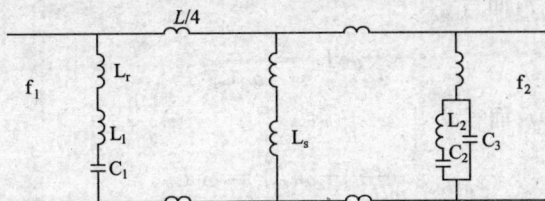

图 2.9 电气绝缘节电路图

L_y 为 BA、SVA 钢轨引接线电感。L_y 与 L_1 之和与 C_1 串联谐振于 f_2,构成"零阻抗"。

(3)调谐区对于某一载频形成的电感 L_v,设钢轨电阻为零,"零阻抗"为零的理想条件下,

$$L_v = \frac{L}{2} + L_s // \frac{L}{2}$$

式中,L 为 29 m 钢轨电感。

4. 电路参数及分析

设 BA、SVA 与钢轨连接线电阻为 R_r、电感为 L_r;

29 m 长钢轨环路电阻为 R、电感为 L;

忽略 BA、SVA 内部电阻、电容损耗角等因素,调谐区等效电路表示如图 2.10 所示。

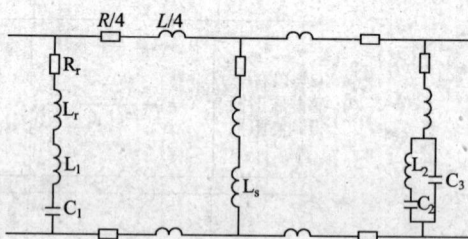

图 2.10 调谐区等效电路

为便于对 BA 的初步计算、分析,在忽略 R_r、L_r 及 R 的情况下,调谐区简化等效电路如图 2.11 所示。

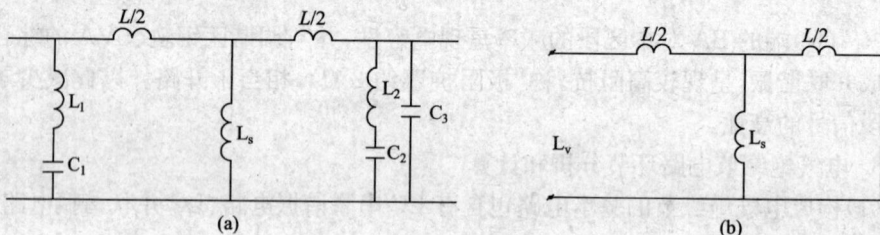

图 2.11 调谐区简化等效电路

(1)F_1 型调谐单元

①元件参数

F_1 单元对频率 f_2 而言,

$$\omega_2 L_1 = \frac{1}{\omega_2 C_1} \tag{2.1}$$

F_1 单元对频率 f_1 而言,

$$\frac{1}{\omega_1 C_1} - \omega_1 L_1 = \omega_1 L_v \tag{2.2}$$

式中,L_v 为钢轨与 SVA 综合电感,按图 2.11 计算。

高速铁路系列

$$L_v = \frac{1}{2}L + \frac{1}{2}L//L_s$$

将 1 435 mm 轨距,60 kg 钢轨电感值 1.3 μH/m,$L_s = 33$ μH 代入得:

$$L_v = \frac{1}{2} \times (29 \times 1.3) + \frac{\frac{1}{2} \times (29 \times 1.3) \times 33}{\frac{1}{2} \times (29 \times 1.3) + 33} = 30.847 \approx 31 (\mu H)$$

由(2)式,等式两边同乘 $\frac{C_1}{\omega_1}$ 得:

$$L_v C_1 = \frac{1}{\omega_1^2} - L_1 C_1 = \frac{1}{\omega_1^2} - \frac{1}{\omega_2^2}$$

$$C_1 = \frac{\frac{1}{\omega_1^2} - \frac{1}{\omega_2^2}}{L_v}$$

将 C_1 代入式(2.1)得:

$$L_1 = \frac{L_v}{\left(\frac{\omega_2}{\omega_1}\right)^2 - 1}$$

②元件参数分析

a. 当调谐区长度确定(即 L_v 确定)的情况下,C_1、L_1 已成定值。

在实际设备中,当 L_1 确定情况下,应十分注意 L_1 线圈内阻 R_1。当 R_1 较大时,对 f_2 串联谐振后阻抗也较大。从而加大了 f_1 端 f_2 信号的压降。不利于对相邻区段信号的电气隔离。

b. 调谐区长度选择问题

(a)设调谐区长度选择较长,$L_v \uparrow \to C_1 \downarrow \to L_1 \uparrow$。

同样,L_1 加大,线圈电阻随之加大,不利于对相邻区段的电气隔离。

(b)调谐区长度选择较小,$L_v \downarrow \to C_1 \uparrow \to L_1 \downarrow$。

对 f_1 言,使与 L_v 的并联谐振阻抗降低,从而加大了 f_1 信号在调谐区的衰耗。Z 的降低可以从下式看出:

$$Z = QL_v \omega_1 = \frac{\omega_1^2 L_v^2}{R}$$

设:调谐区长度降至 14.5 m,$L_v' = 15.177 = 0.492 L_v$,$R'$ 较原 R 阻值降低 50%,则有 $R' = \frac{1}{2}R$。

14.5 m 调谐区并联谐振阻抗 Z' 为:

$$Z' = \frac{\omega_1^2 L_v'^2}{R'} = \frac{\omega_1^2 \times (0.492 \times L_v)^2}{\frac{1}{2}R} = 0.484Z \approx \frac{Z}{2}$$

即调谐区长度减少 50%，调谐区的并联谐振阻抗也随之大幅度下降，从而增大了 f_1 信号的衰耗。

由此可见，调谐区长度应综合多种因素，适当的选取。

(2)F_2 型调谐单元

F_2 单元对频率 f_1 而言：

$$\omega_1 L_2 = \frac{1}{\omega_1 C_2} \tag{2.3}$$

F_2 单元对频率 f_2 而言，应满足与 L_v 构成并联谐振。

但是，由于 $f_2 > f_1$，在 f_2 时，L_2、C_2 串联电路电抗值 X 为感性，即：

$$X = \omega_2 L_2 - \frac{1}{\omega_2 C_2} > 0$$

其等效电感为：

$$L = \frac{X}{\omega_2} = L_2 - \frac{1}{\omega_2^2 C_2}$$

为此，F_2 单元应再并联一个电容器 C_3。该 C_3 与电感 L、L_v 并联，构成对 f_2 频率的并联谐振。

以上叙述可用图 2.12 表示。

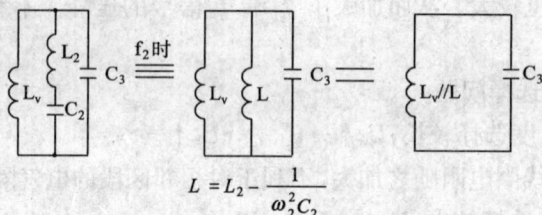

图 2.12　F_2 调谐单元等效电路

f_2 时，C_3 与 $L//L_v$ 为并联谐振，可表示为：

$$\left(\omega_2 L_2 - \frac{1}{\omega_2 C_2}\right)//\omega_2 L_v = \frac{1}{\omega_2 C_3}$$

$$\frac{\dfrac{\omega_2^2 L_2 C_2 - 1}{\omega_2 C_2} \times \omega_2 L_v}{\dfrac{\omega_2^2 L_2 C_2 - 1}{\omega_2 C_2} + \omega_2 L_v} = \frac{1}{\omega_2 C_3}$$

$$\frac{(\omega_2^2 L_2 C_2 - 1) \times \omega_2 L_v \times \omega_2 C_3}{\omega_2 C_2} = \frac{\omega_2^2 L_2 C_2 - 1}{\omega_2 C_2} + \omega_2 L_v$$

$$C_3 = \frac{\dfrac{\frac{\omega_2^2}{\omega_1^2} - 1}{\omega_2 C_2} + \omega_2 L_v}{\dfrac{\frac{\omega_2^2}{\omega_1^2} - 1}{\omega_2 C_2} \times \omega_2^2 L_v} = \frac{1}{\omega_2^2 L_v} + \frac{C_2}{\frac{\omega_2^2}{\omega_1^2} - 1}$$

$$C_3 = \frac{1}{\omega_2^2 L_v} + \frac{C_2}{\left(\dfrac{f_2}{f_1}\right)^2 - 1} \qquad (2.4)$$

由式(2.3)与式(2.4)联立方程中可看出,有 L_2、C_2 和 C_3 三个未知数。

在参数确定上,可依据 F_1 单元原则,选取 L_2、C_2 数值,进而选取 C_3。

C_2 选择较小,L_2 较大,不利于相邻区段信号的电气隔离。

C_2 选择较大,L_2 较小,虽利于"电气隔离",但是 L_2 减小,又使得 F_2 对 f_2 的并联谐振阻抗降低,增大了信号的衰耗。另外,C_3 容量随着 C_2 增大而增大(C_3 较 C_2 容量大 3 倍左右),体积过大,增加了制造上的困难。

故 C_2、L_2、C_3 三元件要兼顾轨道电路隔离,本区段信号衰耗及元件制造等因素,综合考虑确定。

L_2、C_2、C_3 参数计算:

C_2 为设定,

$$L_2 = \frac{1}{\omega_1^2 C_2}$$

$$C_3 = \frac{1}{\omega_2^2 L_v} + \frac{C_2}{\left(\dfrac{f_2}{f_1}\right)^2 - 1}$$

5. 调谐区阻抗频率特性

前述计算分析均按中心频率进行,实际信号有 ± 11 Hz 的频偏,占用通频带不少于 ± 40 Hz。另外 BA 参数既要考虑到移频信号规定的频率变化,又要考虑自身参数的变化。

在调谐区中部设置的 SVA,其 50 Hz 的交流阻抗仅约 10 mΩ,其电阻分量也改善了并联谐振槽路的 Q 值,使调谐区并联谐振阻抗约为 2 Ω,该考虑对提高电气绝缘节工作稳定性带来好处。

6. BA 工作稳定性

在 BA 制作过程中考虑了:

（1）L_1、L_2采用 U 行磁性瓷，为降低温度系数，间隙垫有环氧薄片，其厚度约为：

1 700 Hz	4. 35 mm
2 000 Hz	3. 35 mm
2 300 Hz	1. 15 mm
2 600 Hz	1. 09 mm

（2）为使电感与电容（C_1、C_2、C_3）达到较好的温度补偿，U 型磁性瓷上下固定采用了金属弹簧方式。当温度升高时，弹簧拉力减弱，使电感增加受到一定程度抵消。

（3）电容选择应具有温度系数小，工作稳定，损耗角小，高频工作可靠的特点。

（4）电感线圈选用多股电磁线绕制，以减少高频下的电阻。

（5）与钢轨的引接线采用 3 700 mm，2 000 mm 钢包铜引接线，与钢轨采用塞钉连接方式，接触电阻<50 $\mu\Omega$。

7. 空芯线圈

（1）空芯线圈 SVA 结构特点

SVA 由直径 1.53 mm、19 股电磁线绕制，截面为 35 mm^2。在 20 ℃时，以 1 592 Hz信号测试，电感量为 L＝33 μH，电阻值为 25 m$\Omega \geqslant$R$\geqslant$14 mΩ，直流电阻为 R_0＝(4.5±0.5) mΩ。

铜线敷有耐高温的玻璃丝包。

SVA 设有中心线，每半个线圈可通过 100 A 电流。即在 100 A 不平衡电流或 200 A 中点流出牵引电流情况下可以长期工作。在 500 A 4 min 的不平衡电流下（或中心点通过 1 000 A 平衡电流下），SVA 均可正常工作。不同牵引电流下，SVA 温度曲线如图 2.13 所示。

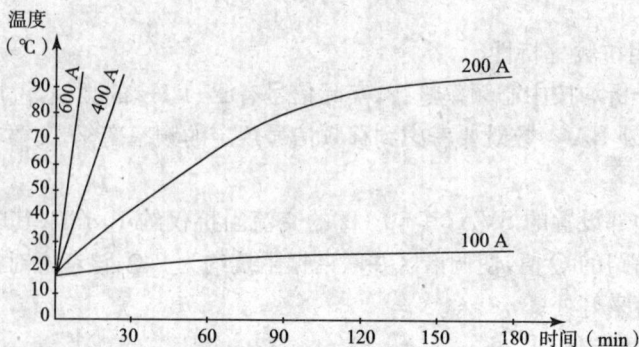

图 2.13　SVA 温度曲线

由于没有铁芯,大电流情况下,不存在磁路饱和问题。

(2)SVA 作用

①平衡牵引电流回流。SVA 设置在 29 m 长调谐区两个调谐单元的中间,由于它对于 50 Hz 牵引电流呈现甚小的交流阻抗(约 10 mΩ),故能起到对不平衡牵引电流电动势的短路作用,如图 2.14 所示。

设 I_1、I_2 有 100 A 不平衡电流,可近似视为短路,则有:

$$I_3 = I_4 = \frac{I_1 + I_2}{2} = 450(A)$$

由于 SVA 对牵引电流的平衡作用,减小了工频谐波对轨道电路设备的影响。

②对于上、下行线路间的两个 SVA 中心线可做等电位连接。一方面平衡线路间牵引电流,一方面可保证维修人员安全。如图 2.15 所示。

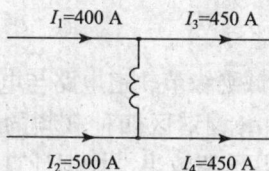

图 2.14 SVA 牵引电流平衡示意图

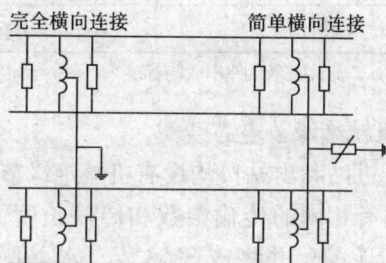

图 2.15 横向连接示意图

③做抗流变压器

如在道岔斜股绝缘两侧各装一台 SVA,二中心线连接。

应该指出,SVA 做抗流变压器时,其总电流≤200 A(长时间通电)。如图 2.16 所示。

④SVA 对 1 700 Hz 感抗值仅有 0.35 Ω,对 2 600 Hz 也只有 0.54 Ω。在调谐区中,不能把它简单作为一个低阻值分路电抗进行分析,而应将其作为并联谐振槽路的组成部分。SVA 参数的适当选择,可为谐振槽路提供一个较为合适的 Q 值,保证调谐区工作的稳定性。

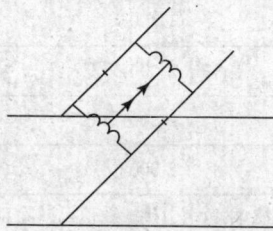

图 2.16 抗流作用示意图

(3)做调谐区两端设备纵向防雷的接地连接

①当复线区段设有完全横向连接线时,通过 SVA 中心点直接接入地线。

②当设有简单横向连接或无横向连接的 SVA 中心点,则经过防雷元件接地。

（4）调谐区设备纵向防雷元件的选择

ZPW - 2000 系统中对该元件的选择：除模块化、阻燃、劣化指示、带电插拔及可靠性高的一般要求外，还必须具备热熔断功能。

为此，选用 V20 - C/1　385×2 或 DEHNgusrf　385×2。

其特性见表 2.1。

表 2.1　调谐区防雷元件特性表

项目　　特性　　型号	V20 - C/1 385×2	DEHNgusrf 385×2
标称放电电流 In	20 kA	15 kA
最大连续工作电压 Uc	AC(385×2)V	AC(385×2)V
限制电压	≤1.5×2 kV	≤15×2 kV

注：385×2 表示两个元件串联指标。

8. 机械绝缘节空芯线圈

对于进站和出站口均设有机械绝缘节。为使机械绝缘节轨道电路与电气绝缘节轨道电路有相同的传输参数和传输长度。根据 29 m 调谐区四种载频的综合阻抗值，设计 SVA′。并将该 SVA′与 BA 并联，即可获得预期效果。根据计算和室内外试验，SVA′标称数值见表 2.2。

表 2.2　SVA′标称数值

载频(Hz)	$L(\mu H)$	$R(m\Omega)$
1 700	29.6	29.6
2 000	28.44	33.58
2 300	28.32	33.75
2 600	28.25	35.7

注：钢包铜引接线数值已减除。

9. 匹配变压器

（1）作用

用于钢轨（轨道电路）与 SPT 铁路数字信号电缆的匹配连接。

（2）电路分析

①V_1V_2经调谐单元端子接至轨道，E_1E_2经 SPT 电缆接至室内，如图 2.17 所示。

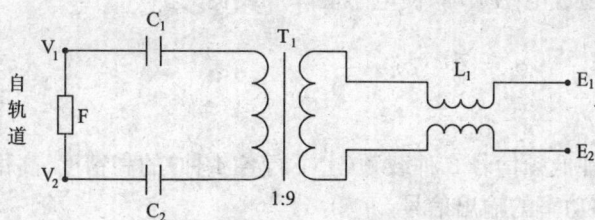

图 2.17　匹配变压器原理

②考虑到 $1.0\ \Omega\cdot km$ 道床电阻，并兼顾低道床电阻道床，该变压器变比优选为9：1。

③钢轨侧电路中，串联接入两个 16 V、4 700 μF 电解电容（C_1、C_2），两电容按相反极性串接，构成无极性联结，起到隔直及交连作用。保证该设备在直流电力牵引区段运用中，不致因直流成分造成匹配变压器磁路饱和。

④F 为匹配变压器的雷电横向防护元件。

该压敏电阻选择～75V 防护等级。

该压敏电阻典型型号及特性见表 2.3。

表 2.3　压敏电阻典型型号及特征表

特性 项目	型号	V20－C/1 75	DEHNguard 75	SLP－V 75
标称放电电流 In		15 kA	10 kA	15 kA
最大连续工作电压 Uc		AC 75 V	AC 75 V	AC 75 V
限制电压 U_1		≤400 V	≤450 V	≤400 V

注：国外手册

In：代号为 Isn，又译作"标称通流容量"；

Uc：又译作"最大持续运行电压"、"最大持续操作电压"；

U_1：代号为 Up，又译作"电压保护水平"、"电压保护级别"。

⑤10 mH 的电感器 L_1 用作 SPT 电缆表现出容性的补偿。同时，与匹配变压器相对应处轨道被列车分路时，它可作为一个阻抗（1 700 Hz 时约为 106.8 Ω）。

该电感器由设在同一线圈骨架两个槽上的单独线圈组成，以便在两条电缆线的每一条线上表现出同样的阻抗。

该电感器阻抗的降低将造成接收器电平的增高，故电感由富于弹性物质灌封，以

41

高速铁路系列

防止振动或撞击造成电感损坏,使电感值降低或丧失。

2.2.2 发送器

1. 作用

(1)产生 18 种低频信号 8 种载频(上下行各 4 种)的高精度、高稳定的移频信号。

(2)产生足够功率的输出信号。

(3)调整轨道电路。

(4)对移频信号特征的自检测,故障时给出报警及"N+1"冗余运用的转换条件。

2. 原理框图及原理说明

(1)原理框图(图 2.18)

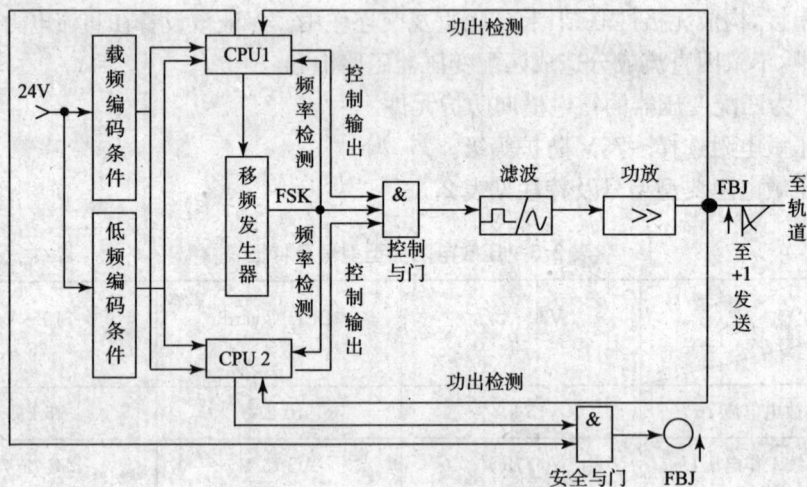

图 2.18 通用型发送器原理框

同一载频编码条件、低频编码条件源,以反码形式分别送入两套微处理器 CPU1、CPU2 中,其中 CPU1 控制"移频发生器"产生低频控制信号为 Fc 的移频信号。移频键控信号 FSK 分别送至 CPU1、CPU2 进行频率检测。检测结果符合规定后,即产生控制输出信号,经"控制与门"使"FSK"信号送至"滤波"环节,实现方波—正弦波变换。功放输出的 FSK 信号,送至两 CPU 进行功出电压检测。两 CPU 对 FSK 信号的低频、载频和幅度特征检测符合要求后,使发送报警继电器 FBJ 励磁,并使经过功放的 FSK 信号输出至轨道。当发送输出端短路时,经检测使"控制与门"有 10 s 的关闭(装死或称休眠保护)。

（2）微处理器、可编程逻辑器件及作用

①采用双 CPU、双软件、双套检测电路、闭环检查。

②CPU 采用 80C196，其中 CPU1 控制产生移频信号。CPU1、CPU2 还担负着移频输出信号的低频、载频及幅度特征的检测等功能。

③FPGA 可编程逻辑器件，由它构成移频发生器，并行 I/O 扩展接口、频率计数器等。

（3）低频和载频编码条件的读取

低频和载频编码条件读取时，为了消除配线干扰采用"功率型"电路。考虑到"故障—安全"原则，应将 24 V 直流电源变换成交流，呈动态检测方式，并将外部编码控制电路与 CPU 等数字电路有效隔离，如图 2.19 所示。

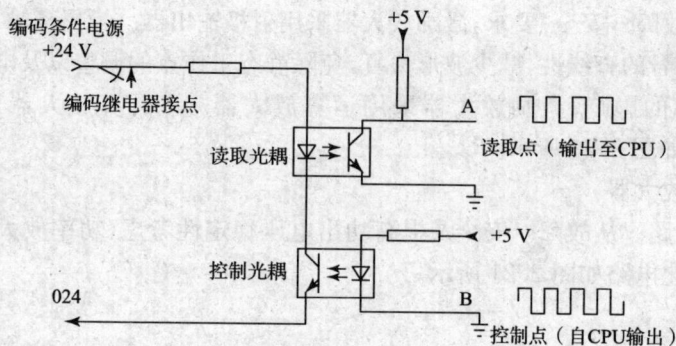

图 2.19 编码条件的读取

该图为 CPU 对 18 路低频或 8 路载频编码条件的读取电路。依"编码继电器接点"接入"编码条件电源"（＋24 V）为消除配线干扰，采用＋24 V 电源及电阻 R 构成"功率型"电路。考虑故障—安全，电路中设置了读取光耦、控制光耦。由 B 点送入方波信号，当＋24 V 编码条件电源构通时，即可从"读取光耦"受光器 A 点获得与 B 点相位相同的方波信号，送至 CPU，实现编码条件的读取。

"控制光耦"与"读取光耦"的设置，实现了对电路元件故障的动态检查。任一光耦的发光源，受光器发生短线或击穿等故障时，"读取光耦"A 点都得不到动态的交流信号。以此实现"故障—安全"，电路详细分析略。另外，采用光电耦合器也实现了外部编码控制电路与 CPU 数字电路的隔离。对于 18 路低频选择电路，该电路分别设置，共 18 个。对于载频电路则接四种频率及 1、2 型设置，共 6 个。

（4）移频信号产生

低频、载频编码条件通过并行 I/O 接口分别送到两个 CPU 后，首先判断该条件是否有，且仅有一路。满足条件后，CPU1 通过查表得到该编码条件所对应的上下边频数值，控制移频发生器，产生相应 FSK 信号。并由 CPU1 进行自检，由 CPU2 进行互检，条件不满足，将由两个 CPU 构成故障报警。

为保证"故障—安全"，CPU1、CPU2 及用于"移频发生器"的"可编程逻辑器件"分别采用各自独立的时钟源。经检测后，两 CPU 各产生一个控制信号，经过"控制与门"，将 FSK 信号送至方波正弦变换器。

方波正弦变换器：该变换器是由可编程低通滤波器 260 集成芯片构成其截止频率，同时满足对 1 700 Hz、2 600 Hz 三次及以上谐波的有效衰减。

（5）激励放大器

为满足"故障—安全"要求，激励放大器采用射极输出器。为提高输入阻抗，提高射极输出器信号的直线性，减少波形失真，免除静态工作点的调整以及电源电压对放大器工作状态的影响，激励放大器采用运算放大器。该运算放大器采用 +5 V、−5 V 电源。如图 2.20 所示。

（6）功率放大器

①简化电路。从故障—安全及提高功出电压稳定性考虑，功率放大器采用射极输出器，其简化电路如图 2.21 所示。

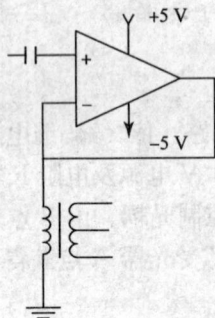

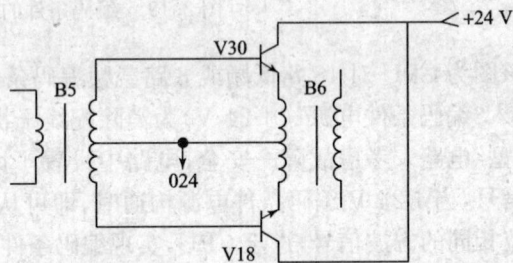

图 2.20　激励放大器　　　　图 2.21　功率放大器简化电路

FSK 信号经过 B5 输入至共集电极乙类推挽放大器，V30、V18 分别对输入信号正负半波进行放大。

②实际电路的构成。功率放大器如图 2.22 所示。

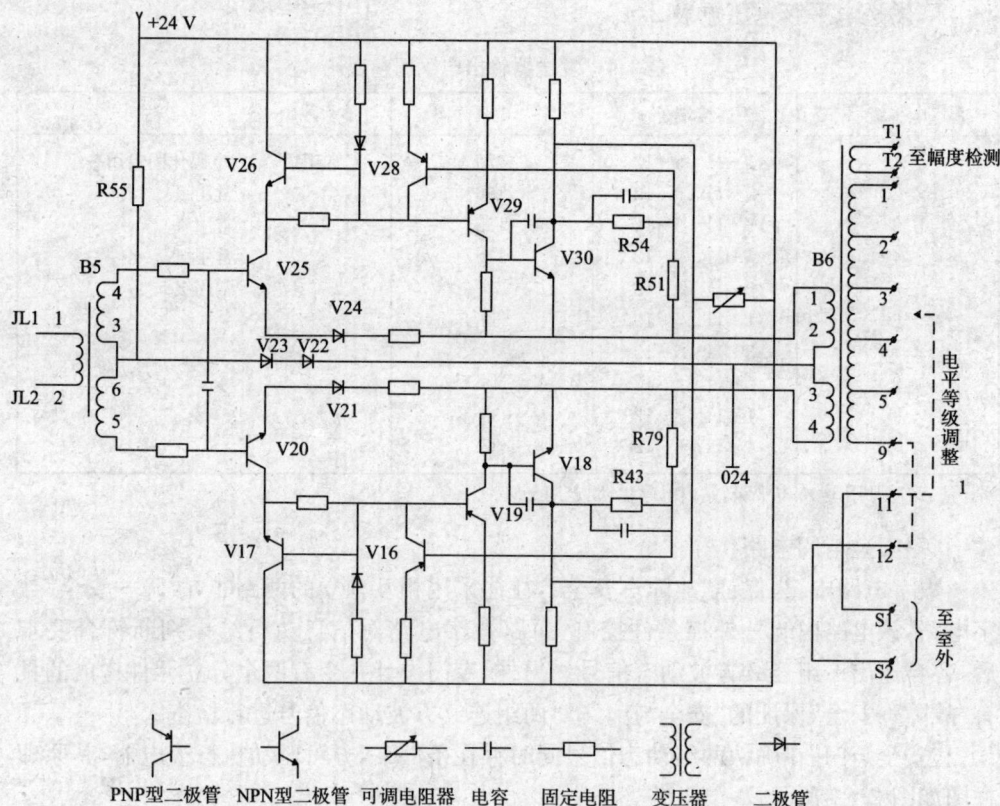

图 2.22 功率放大器

在电路设计中,考虑了以下情况:

a. 鉴于输出功率较大,直接由 B5 通过功率管推动 B6,需要 B5 有较大的输出功率,增加了前级电路负荷。为此,在构成功率放大器过程中,V30(V18)选用达林顿大功率三极管。并由 V25、V29 与 V30(V20、V19 与 V18)构成多级复合放大。这样,大大减轻了前级的负荷。

b. 二极管 V24(V21)用于 V25(V20)反向过压的保护。

c. V26(V17)也构成过电流保护。当 V25(V20)I_c 过高时,V26(V17)将导通,构成对后级的"钳位"控制。

d. V28(V16)用于 V30(V18)输入过流的保护。当过流时,通过 R54、R51(R43、R79)分压使 V28(V16)导通,使 V29(V19)截止。

e. 为了解决 eb 死区所造成的交越失真,由 R55 和二极管 V23、V22 给定的偏压,使得 V25(V20)的 eb 结处于放大状态。

高速铁路系列

f. 发送电平级电压见表 2.4。

表 2.4　发送器输出电平调整表

电平级	连接端子		电压	备　注
1	1 - 11	9 - 12	170	常用级,站内电码化固定用一级
2	2 - 11	9 - 12	156	常用级
3	3 - 11	9 - 12	135	常用级
4	4 - 11	9 - 12	110	常用级
5	5 - 11	9 - 12	77	常用级
6	1 - 11	4 - 12	62	
7	3 - 11	5 - 12	58	
8	2 - 11	4 - 12	46	
9	1 - 11	9 - 12	35	
10	4 - 11	5 - 12	33	

注:区间常用 1~5 电平级,站内电码化:固定用 1 级。

(7)安全与门电路

数字电路中,为保证"故障—安全",往往采用相互独立的两路非"故障—安全"数字电路,该电路由统一外控条件控制,每路数字电路对信息执行结果判断符合要求后,各自送出一组连续方波动态信号。另外,专门设计一个有两个分立元件构成的具有"故障—安全"保证的"安全与门",对两组连续方波动态信号进行检查。

"安全与门"在确认两组动态信号同时存在条件下,方可驱动执行继电器,其原理框图如图 2.23 所示。

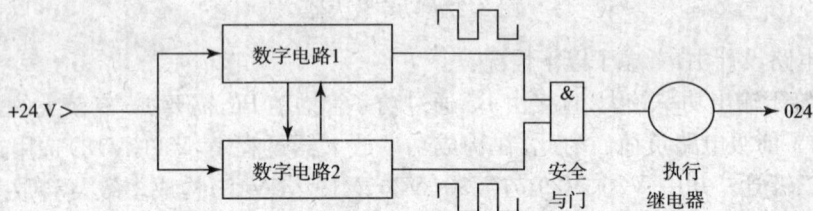

图 2.23　安全与门电路原理框图

两数字电路间的联系为数字交换或自检、互检及闭环检查等。发送器"安全与门"电路如图 2.24 所示。

方波 1、方波 2 分别表示由 CPU1、CPU2 单独送出的方波动态信号。"光耦 1"、"光耦 2"用于模拟电路与数字电路间的隔离。

变压器 B_1 将"方波 1"信号变化读出,经"整流桥 1"整流及电容 C_1 滤波,在负载 R_0 上产生一个独立的直流电源 U_0。该独立电源反映了方波 1 的存在,并做为执行电

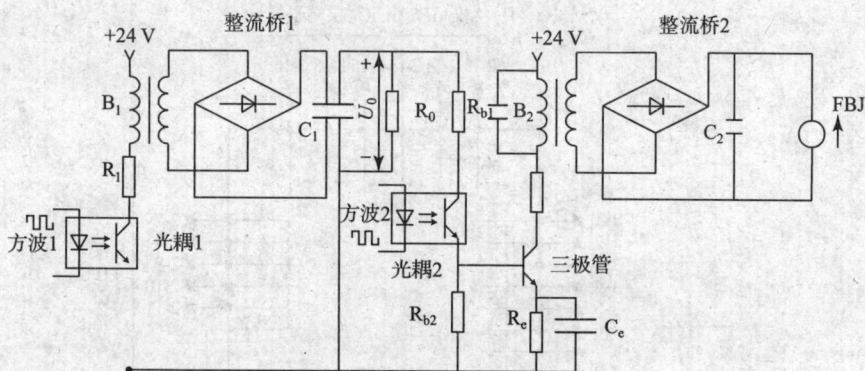

图 2.24　发送器安全与门电路

路开关三级管的基级偏置电源。

"方波 2"信号通过"光耦 2"控制开关三极管偏置电路。在"方波 1"、"方波 2"同时存在的条件下，通过变压器 B_2，"整流桥 2"整流及电容滤波使发送报警继电器 (FBJ)励磁。

由以上分析可以看出，FBJ↑反映"方波 1""方波 2"的同时存在。电路中，R_1 用于限流。C_1 采用四端头，为检查电容断线，防止独立电源 U_0 出现较大的交流纹波。R_{b1} 为上偏置电阻，R_{b2} 做为漏泄电阻，保证无"方波 2"信号时，三极管的可靠关闭。R_e 做为"光耦 2"长期固定导通时的恒流保护，同时做为 FBJ 继电器电压的调整。C_e 为交流旁路电容。采用 B_1、B_2 变压器耦合提取交流信号、都为了保证电路的"故障—安全"。

(8)表示灯设置及故障检测

"工作"表示灯设在衰耗盘内，与 FBJ 线圈条件相并联，如图 2.25 所示。

R 用作限流，"N"为"工作"指示灯，光耦提供发送报警接点。

发送工作正常：工作表示灯亮，报警接点通。

发送故障：工作表示灯灭，报警接点切断车站移频报警继电器 YBJ 电路。

3. 发送器"N＋1"冗余系统原理

(1)发送器外线联接示意图(图 2.26)

(2)发送器端子代号及用途说明(表 2.5)

(3)发送器插座板底视图(图 2.27)

(4)发送器"N＋1"冗余系统原理接线图(图 2.28)

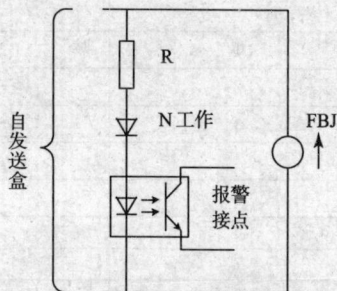

图 2.25　发送报警电路图

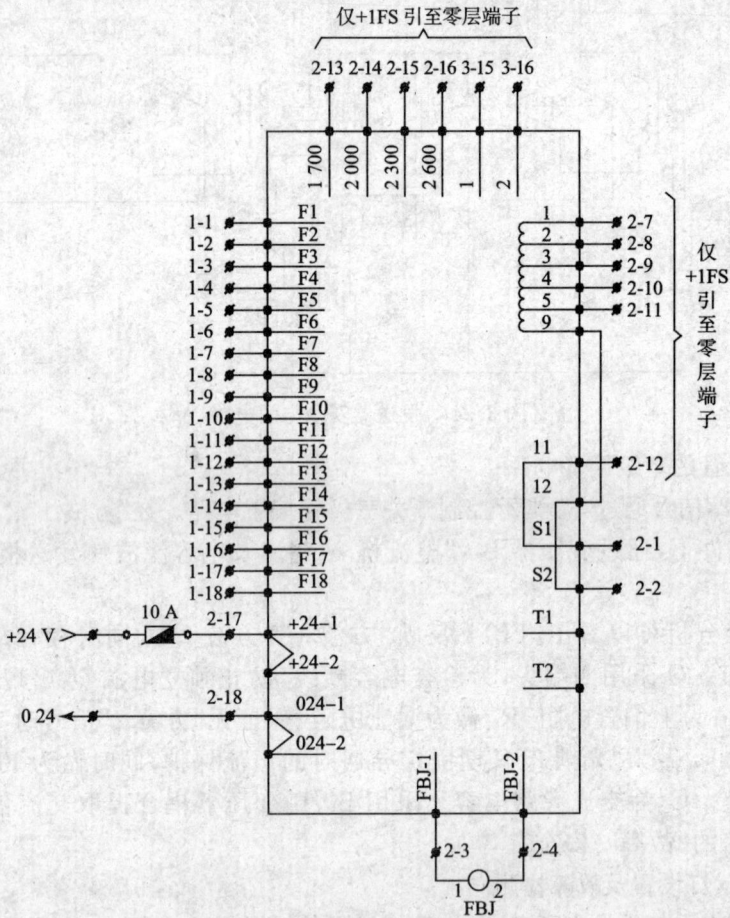

图 2.26　发送器外线联接示意图

表 2.5　发送器端子代号及用途说明

序　号	代　号	用　途
1	D	地线
2	＋24－1	＋24 V 电源外引入线
3	＋24－2	载频编码用＋24 V 电源（＋1FS 除外）
4	024－1	024 电源外引入线
5	024－2	备用
6	1 700	1 700 Hz 载频
7	2 000	2 000 Hz 载频
8	2 300	2 300 Hz 载频
9	2 600	2 600 Hz 载频

续上表

序　号	代　号	用　途
10	-1	1 型载频选择
11	-2	2 型载频选择
12	F1～F18	10.3～29 Hz 低频编码选择线
13	1～5、9、11、12	功放输出电平调整端子
14	S1、S2	功放输出端子
15	T1、T2	测试端子
16	FBJ-1 FBJ-2	外接 FBJ(发送报警继电器端子)

注:低频编码及+1FS 载频编码电源取自 2-17 端子。

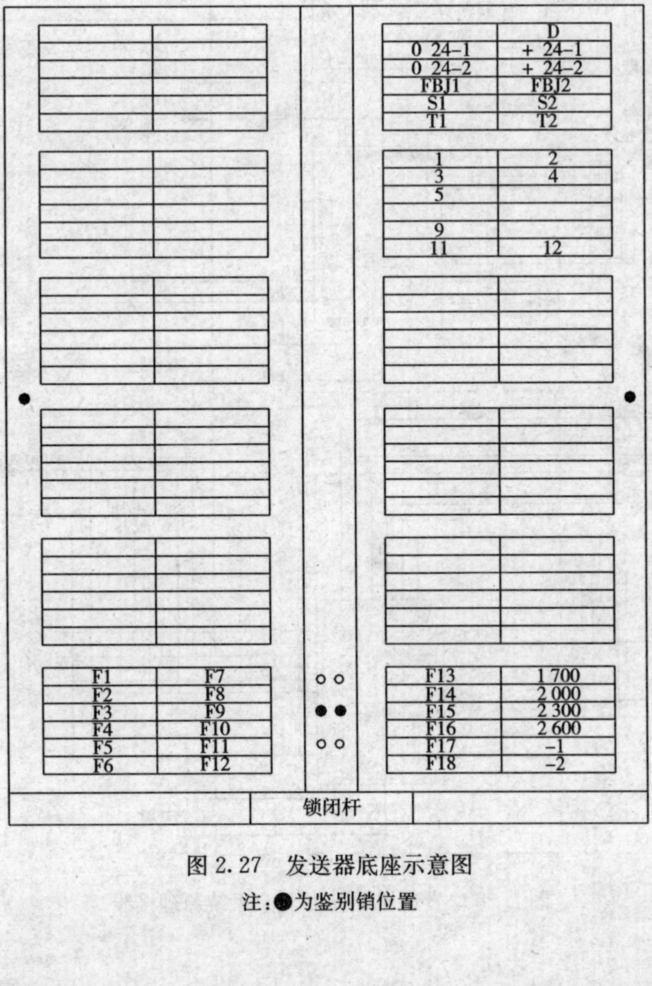

	D
0 24-1	+ 24-1
0 24-2	+ 24-2
FBJ1	FBJ2
S1	S2
T1	T2

1	2
3	4
5	
9	
11	12

F1	F7
F2	F8
F3	F9
F4	F10
F5	F11
F6	F12

F13	1 700
F14	2 000
F15	2 300
F16	2 600
F17	-1
F18	-2

锁闭杆

图 2.27　发送器底座示意图

注:●为鉴别销位置

[注]:
1. 图例发送器载频及输出电平设置:
1FS为2300-1, 一级电平;
2FS为1700-1, 二级电平;
3FS为2300-2, 三级电平;
+1FS为2600-2。
2. 1FS低频设置为29 Hz。
3. 电接点线路均为组合架内配线。
4. ⓐ及ⓒ接至相应衰耗盘, 用做发送电源测试; ⓑ及ⓒ接至相应衰耗盘, 用做发送功出测试; ⓓ及ⓔ接至相应衰耗盘, 用做发送故障报警指示。

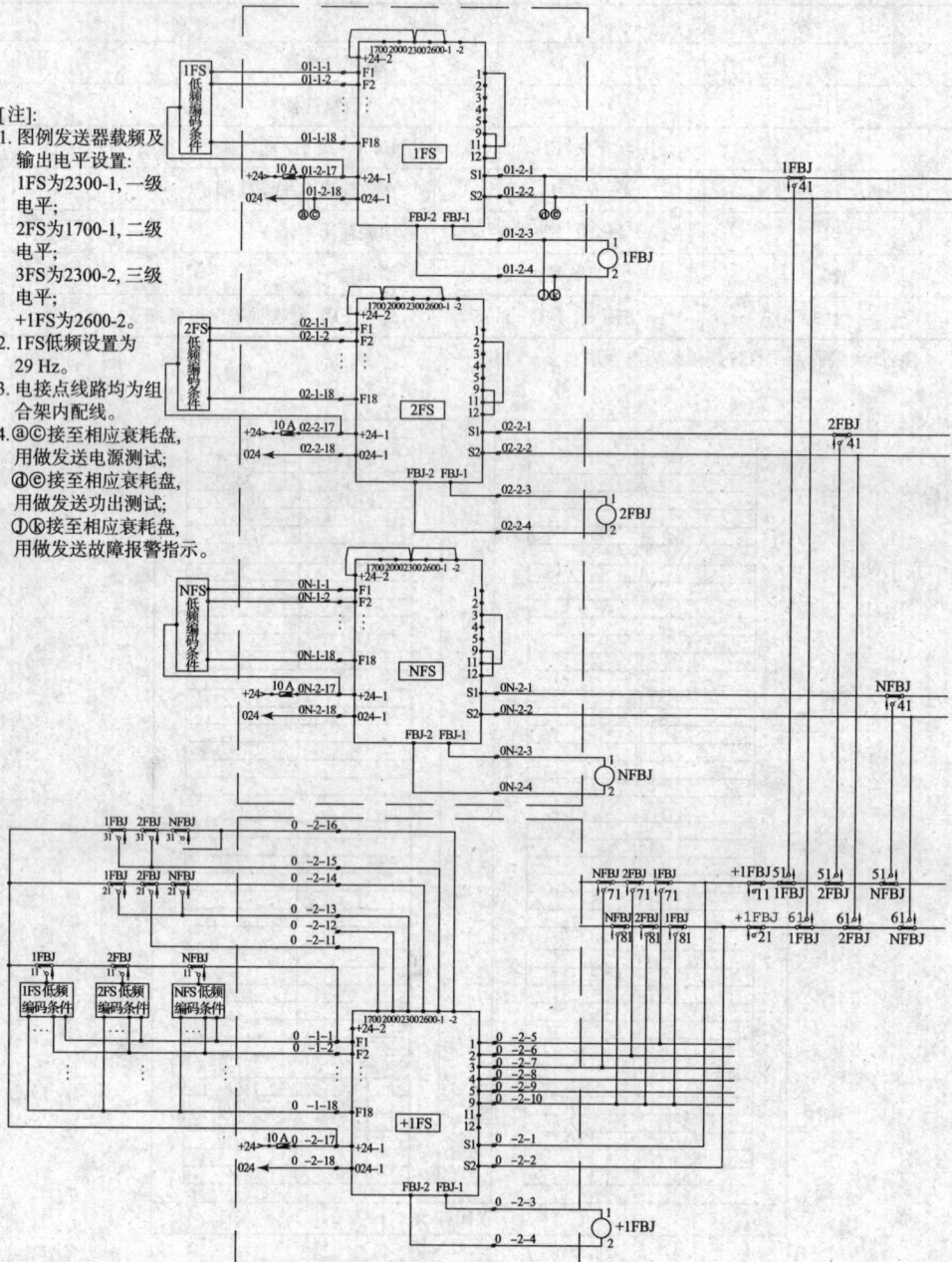

图 2.28　发送器"N+1"冗余系统原理接线

2.2.3 接收器

1. 作用

接收器接收端及输出端均按双机并联运用设计，与另一台接收器构成相互热机并联(0.5＋0.5)运用系统，保证接收系统的高可靠运用。

(1)用于对主轨道电路移频信号的解调，并配合与送电端相连接调谐区短小轨道电路的检查条件，动作轨道继电器。

(2)实现对与受电端相连接调谐区短小轨道电路移频信号的解调，给出短小轨道电路执行条件，送至相邻轨道电路接收器。

(3)检查轨道电路完好，减少分路死区长度，还用接收门限控制实现对 BA 断线的检查。

2. 原理框图及原理说明

(1)接收器双机并联运用原理框图(图 2.29)

接收器由本接收"主机"及另一接收"并机"两部分构成。

ZPW－2000A 系统中 A、B 两台接收器构成成对双机并联运用，即：A 主机输入接至 A 主机，且并联结至 B 并机；B 主机输入接至 B 主机，且并联结至 A 并机。A 主机输出与 B 并机输出并联，动作 A 主机相应执行对象(A GJ)；B 主机输出与 A 并机输出并联，动作 B 主机相应执行对象(B GJ)。

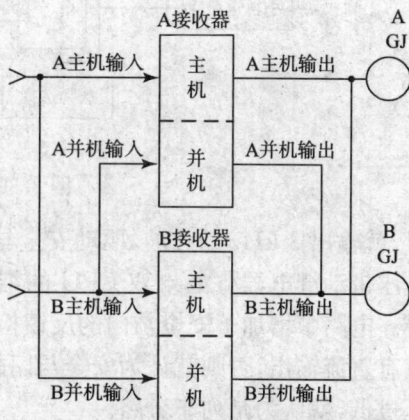

图 2.29　双机并联运用原理框图

(2)接收器原理框图(图 2.30)

主轨道 A/D、小轨道 A/D：模数转换器，将主机、并机输入的模拟信号转换成计算机能处理的数字信号。CPU1、CPU2：是微机系统，完成主机、并机载频判决、信号采样、信息判决和输出驱动等功能。

安全与门 1～4：将两路 CPU 输出的动态信号变成驱动继电器(或执行条件)的直流输出。

载频选择电路：根据要求，利用外部的接点，设定主机、并机载频信号，由 CPU 进行判决，确定接收盒的接收频率。接收盒根据外部所确定载频条件，送至两 CPU，通过各自识别，并通信、比较确认一致，视为正常，不一致时，视为故障并报警。外部送进来的信号，分别经过主机、并机两路模数转换器转换成数字信号。两套 CPU 对外部四路信号进行单独的运算，判决处理。表明接收信号符合幅度、载频、低频要求

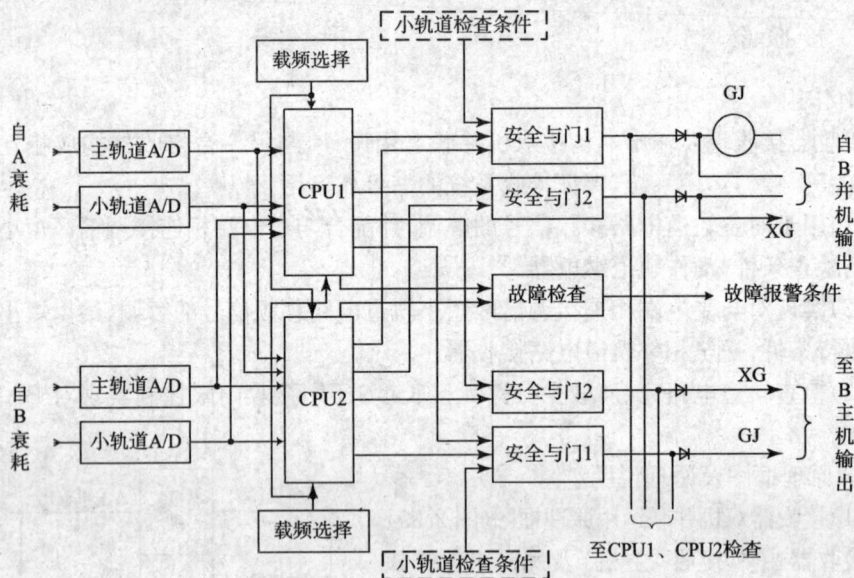

图 2.30　接收器原理框图

时,就输出 3 kHz 的方波,驱动安全与门。安全与门收到两路方波后,就转换成直流电压带动继电器。如果双 CPU 的结果不一致,安全与门输出不能构成,且同时报警。电路中增加了安全与门的反馈检查,如果 CPU 有动态输出,那么安全与门就应该有直流输出,否则就认为安全与门故障,接收盒也报警。如果接收盒收到的信号电压过低,就认为是列车分路。

(3)载频读取电路(图 2.31)

接收载频读取电路与发送低频载频读取电路类似,载频通过相应端子接通 24 V 电源确定,通过光电耦合器将静态的直流信号转换成动态的交流信号,由双 CPU 进行识别和处理,并实现外界电路与数字电路的隔离。

(4)微机处理器电路(图 2.32)

微处理器电路采用双 CPU、双软件。两套软件硬件对信号单独处理,把结果相互校核,实现故障—安全。其原理框图见图 2.32。CPU 采用数字信号处

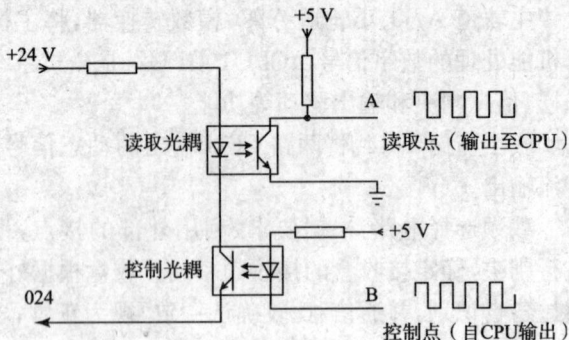

图 2.31　接收器载频选择电路

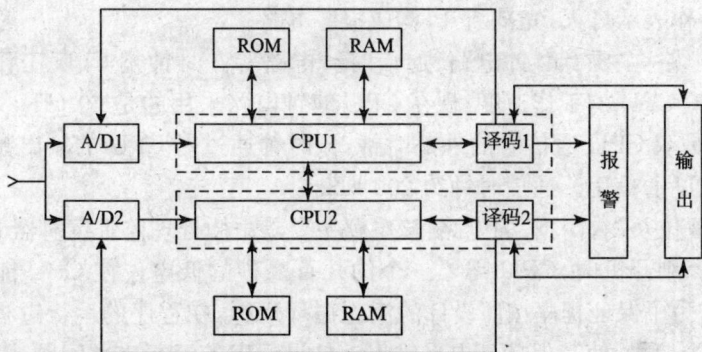

图 2.32 接收器微处理器电路

理器 TMS320C32。

①CPU 完成信号的采样、运算判决和控制功能。该 CPU 每秒钟能完成 1 千万次浮点加法、减法或乘法运算。

②数据存储器(RAM):用于存放采集的数据和运算的结果。数据存储器供电后可以对其进行读写处理,断电后其内部数据就消失不保存。

③程序存储器(EPROM):是程序的载体,CPU 执行的指令和运算需要的常数存储在其中。ROM 中的信息通过编程写入,断电后数据仍能保持。如果需要擦除其中的信息,可通过紫外线照射擦除。可反复使用。

④译码器:完成 CPU 与 EPROM、RAM、A/D 及输入输出接口(I/O)等之间的逻辑关系。

⑤输出电路:根据 CPU 对输入信号分析的结果,经过通信相互校核后,输出动作相应的继电器。

⑥报警电路:CPU 定时对 RAM、EPROM 和 CPU 中的存储器进行检查,也对载频电路和安全与门电路进行检查,根据检查的结果和双 CPU 进行通信相互校核的结果,决定给出相应告警条件,如图 2.33 所示。

来自两个 CPU 的信号,经过一个与非门后,控制报警电路。如果正常,CPU 就输出一个高电平 1,与非门输出一个低电平(0),这时衰耗盘接收工作表示灯点亮,光耦导通。给外部提供一个导通的条件,构成总移频报警电路。如果发现故障,CPU 就输出低电平(0),与非门输

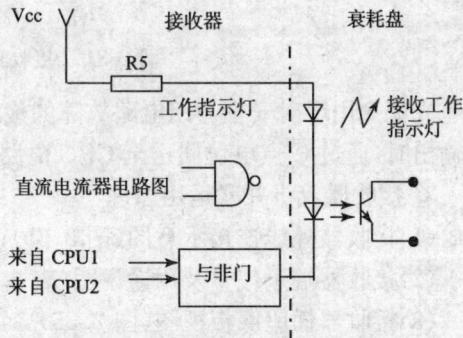

图 2.33 接收器报警电路

出高电平,工作表示灯灭,光耦断开,构成报警电路。

⑦辅助电路:主要有时钟电路、通信时钟电路等。时钟是 CPU 工作的动力,其大小也反映了 CPU 的工作速度,现在 CPU 时钟电路采用的是 40 MHz 的晶振。通信时钟电路是双 CPU 通信时的外部时钟,该时钟通过对 CPU 的输出频率分频后,再提供给 CPU 通信用。通信时钟约 200 kHz。

⑧上电复位及"看门狗"的电路:该电路主要是由微处理监督定时器 MAX705 和与非门组成。刚开机时,CPU 需要一个约几百毫秒的低电位使 CPU 能进行复位。正常工作后,为了保证程序按照设计的流程循环运行,在程序的运行过程中,定时给 MAX705 一个信号,使其保持高电平输出。如果程序的运行出了问题或接收盒出现了"死机",MAX705 没有收到 CPU 的定时信号,就输出一个低电平,使 CPU 重新复位,使其重新开始执行。

(5)安全与门电路

安全与门电路有四个,分别带动主机轨道继电器,并机轨道继电器以及提供主机小轨道继电器、并机小轨道继电器的执行条件。其电路原理与发送器 FBJ 电路类似,故不详述,如图 2.34 所示。

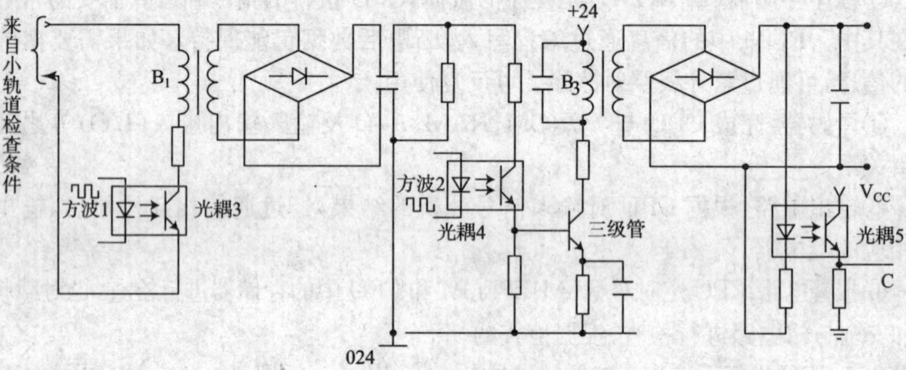

图 2.34 接收器安全与门电路

光耦 5 用于对安全与门电路故障的检测。当"方波 1""方波 2"存在,安全与门没有输出时,通过 C 点电位回送至 CPU 电路,构成报警。

3. 接收器双机并联运用原理

(1)接收器外线连接示意图(图 2.35)

(2)接收器端子代号及用途说明(表 2.6)

(3)接收器插座底板视图(图 2.36)

(4)接收器双机并联运用原理接线图(图 2.37)

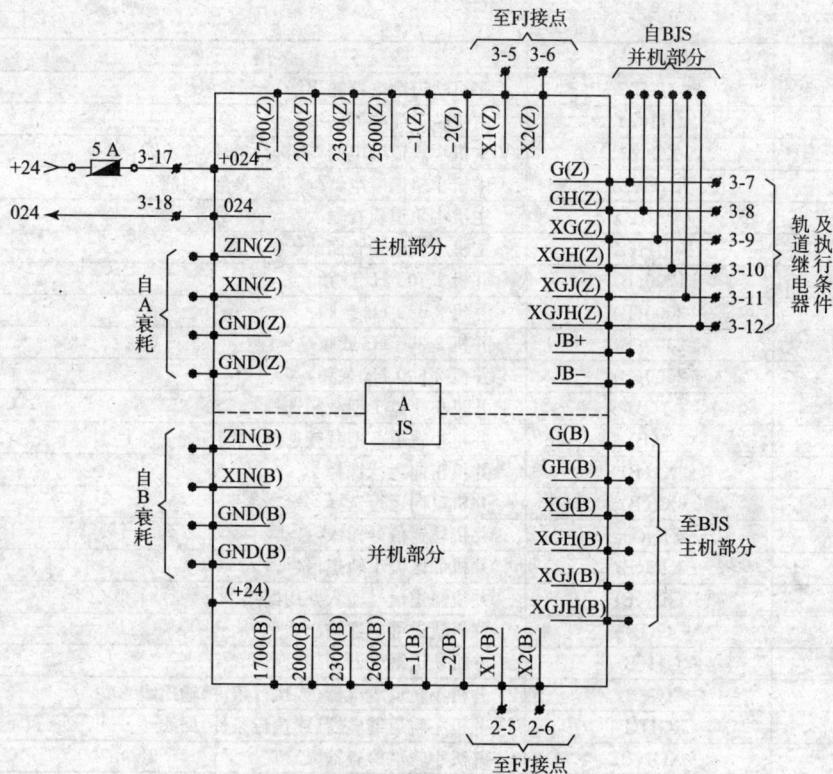

图 2.35 接收器外线连接示意图

表 2.6 接收器端子代号及用途说明

序号	代 号	用 途
1	D	地线
2	+24	+24 V 电源
3	（+24）	+24 V 电源(由设备内给出,用于载频及类型选择)
4	024	024 V 电源
5	1700(Z)	主机 1 700 Hz 载频
6	2000(Z)	主机 2 000 Hz 载频
7	2300(Z)	主机 2 300 Hz 载频
8	2600(Z)	主机 2 600 Hz 载频
9	1(Z)	主机 1 型载频选择
10	2(Z)	主机 2 型载频选择
11	X1(Z)	主机小轨道 1 型载频选择
12	X2(Z)	主机小轨道 2 型载频选择
13	ZIN(Z)	主机轨道信号输入
14	XIN(Z)	主机邻区段小轨道信号输入
15	GIN(Z)	主机轨道信号输入共用回线

续上表

序号	代　号	用　　途
16	G(Z)	主机轨道继电器输出线
17	GH(Z)	主机轨道继电器回线
18	XG(Z)	主机小轨道继电器(或执行条件)输出线
19	XGH(Z)	主机小轨道继电器(或执行条件)回线
20	XGJ(Z)	主机小轨道检查输入
21	XGJH(Z)	主机小轨道检查回线
22	1700(B)	并机 1 700 Hz 载频
23	2000(B)	并机 2 000 Hz 载频
24	2300(B)	并机 2 300 Hz 载频
25	2600(B)	并机 2 600 Hz 载频
26	1(B)	并机小轨道 1 型载频选择
27	2(B)	并机小轨道 2 型载频选择
28	X1(B)	并机正向运行选择
29	X2(B)	并机反向运行选择
30	ZIN(B)	并机轨道信号输入
31	XIN(B)	并机邻区段小轨道信号输入
32	GIN(B)	并机轨道信号输入共用回线
33	G(B)	并机轨道继电器输出线
34	GH(B)	并机轨道继电器回线
35	XG(B)	并机小轨道继电器(或执行条件)输出线
36	XGH(B)	并机小轨道继电器(或执行条件)回线
37	XGJ(B)	并机小轨道检查输入
38	XGJH(B)	并机小轨道检查回线
39	JB+	接收故障报警条件"+"
40	JB-	接收故障报警条件"-"

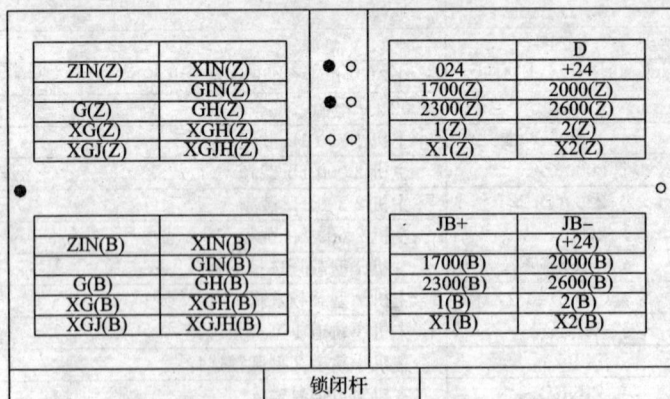

图 2.36　接收器底座示意图

注：●为鉴别销位置

2.2.4　衰耗盘

1. 作用

(1)用做对主轨道电路的接收端输入电平调整。

(2)对小轨道电路的调整含正反向。

(3)给出有关发送、接收用电源电压、发送功出电压、轨道输入输出 GJ,XGJ 测试条件。

(4)给出发送、接收故障报警和轨道占用指示灯等。

(5)在 N＋1 冗余运用中实现发送器故障转换时主轨道继电器和小轨道继电器的落下延时。

2. 衰耗盘面板布置图(图 2.38)

3. 电路原理说明(图 2.39)

(1)轨道输入电路

主轨道信号 V_1V_2 自 C_1C_2 变压器 B_1 输入,B_1 变压器其阻抗约为 $36\sim55\ \Omega(1\ 700\sim2\ 600\ Hz)$,以稳定接收器输入阻抗,该阻抗选择较低,以利于抗干扰。

变压器 B_1 其匝比为 $116:(1\sim146)$。次级通过变压器抽头连接,可构成 $1\sim146$ 共 146 级变化,按调整表调整接收电平。

(2)小轨道电路输入电路

根据方向电路变化,接收端将接至不同的两端短小轨道电路。故短小轨道电路的调整按正、反两方向进行。正方向调整用 $a_{11}\sim a_{23}$ 端子,反方向调整用 $c_{11}\sim c_{23}$ 端子,负载阻抗为 $3.3\ k\Omega$。

为提高 A/D 模数转换器的采样精度,短小轨道电路信号经过 $1:3$ 升压变压器 B_2 输出至接收器。

(3)表示灯电路

①"发送工作"灯通过发送器输入 FBJ－1、FBJ－2 条件构成,并通过"光耦1"接通发送报警条件(BJ－1、BJ－2)。

②"接收工作"灯通过输入接收器 JB＋、JB－条件构成,并通过"光耦2"接通接收报警条件(BJ－2、BJ－3)。

③"轨道占用"灯通过输入接收器 G、GH 条件构成,轨道占用时,通过"光耦4"的受光器关闭,使"轨道站用灯"点灯。

(4)测试端子

○ 发送工作
○ 接收工作
○ 轨道占用

○	○	接收工作
○	○	发送工作
○	○	发送电源
○	○	发送功出
○	○	接收电源
○	○	输入
○	○	主轨出
○	○	小轨出

注:发送工作灯:绿色
　　接收工作灯:绿色
　　轨道占用灯:红色

图 2.38　衰耗盘面板布置图

58

高速铁路系列

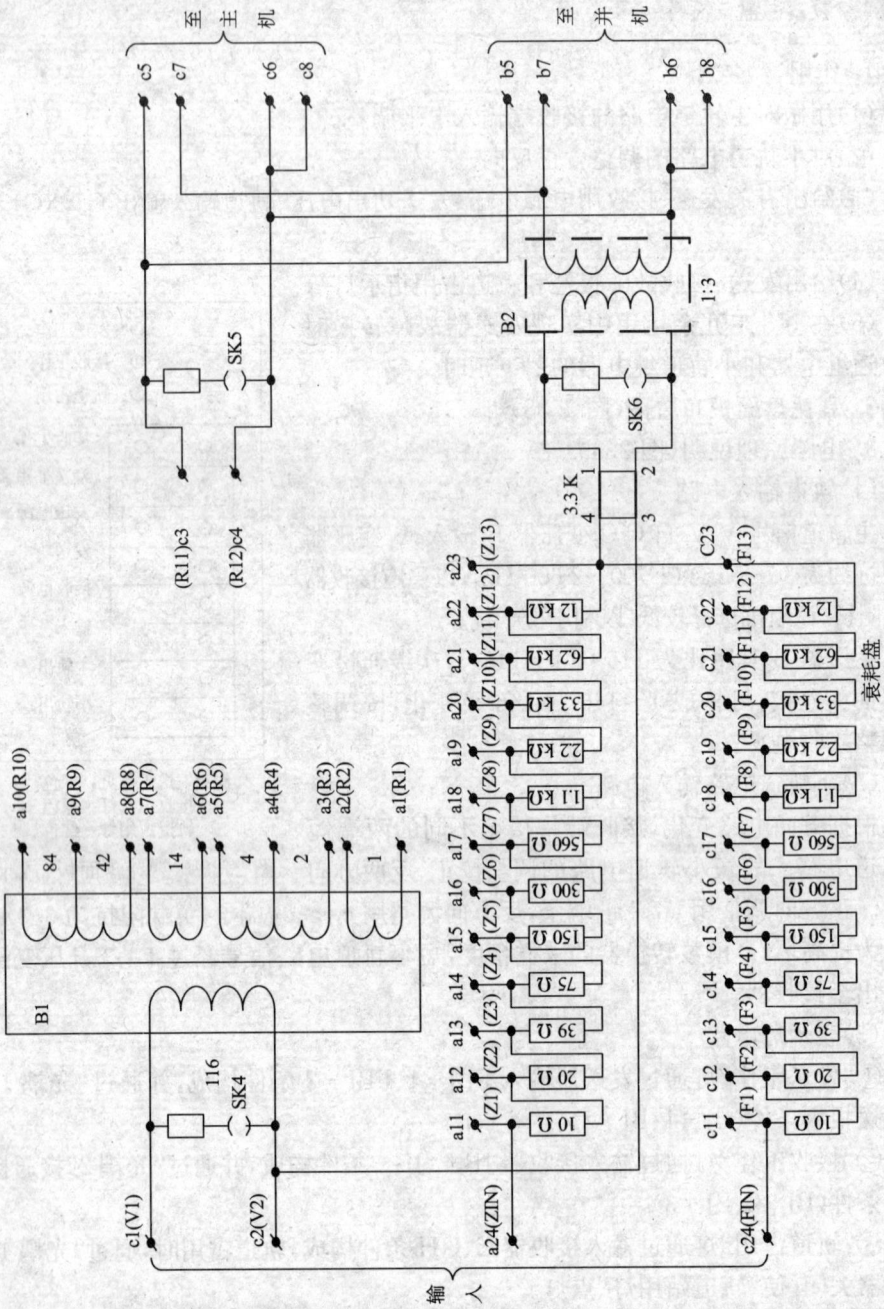

图 2.39　衰耗盘原理图

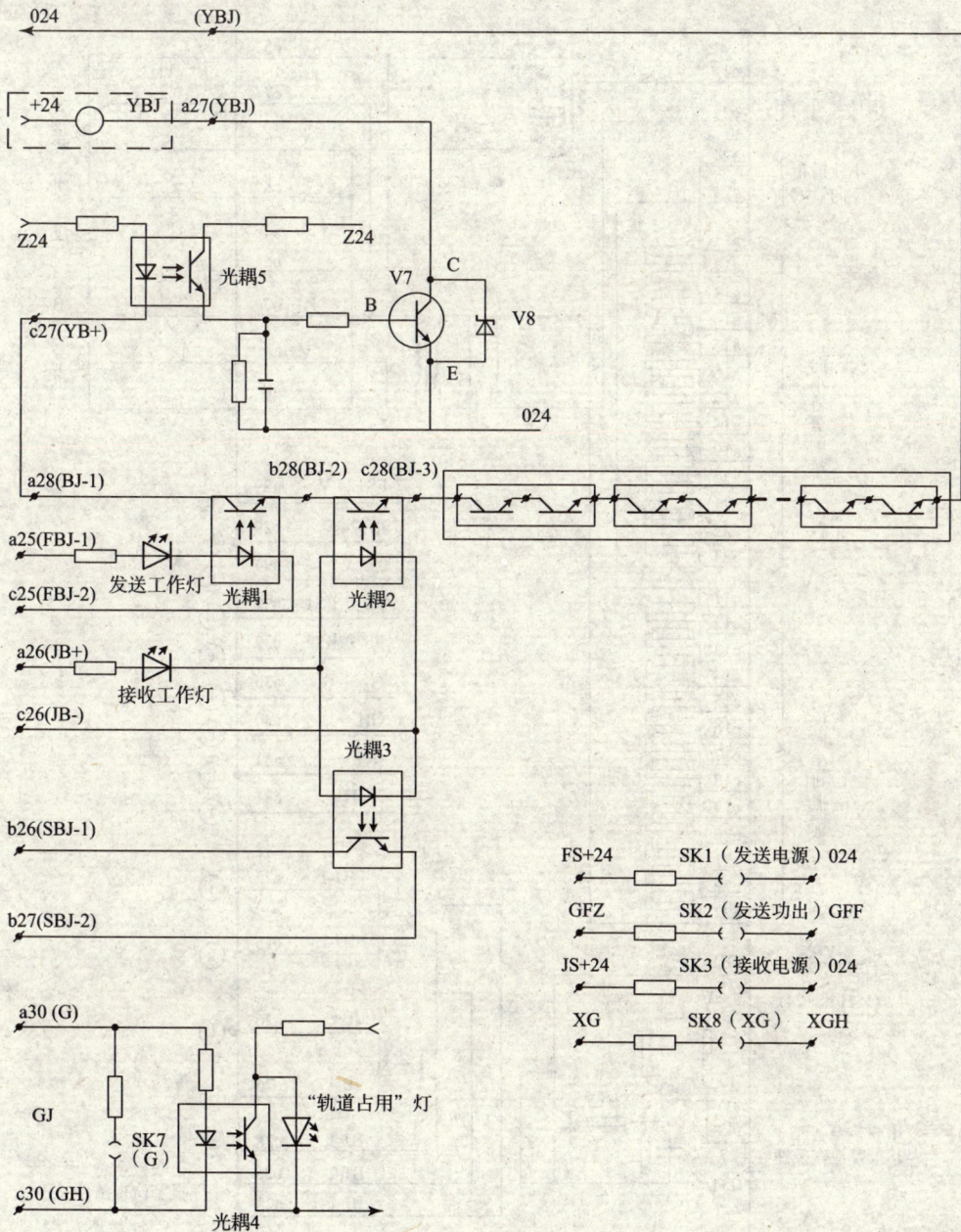

图 2.40 移频报警电路

59

高速铁路系列

高速铁路系列

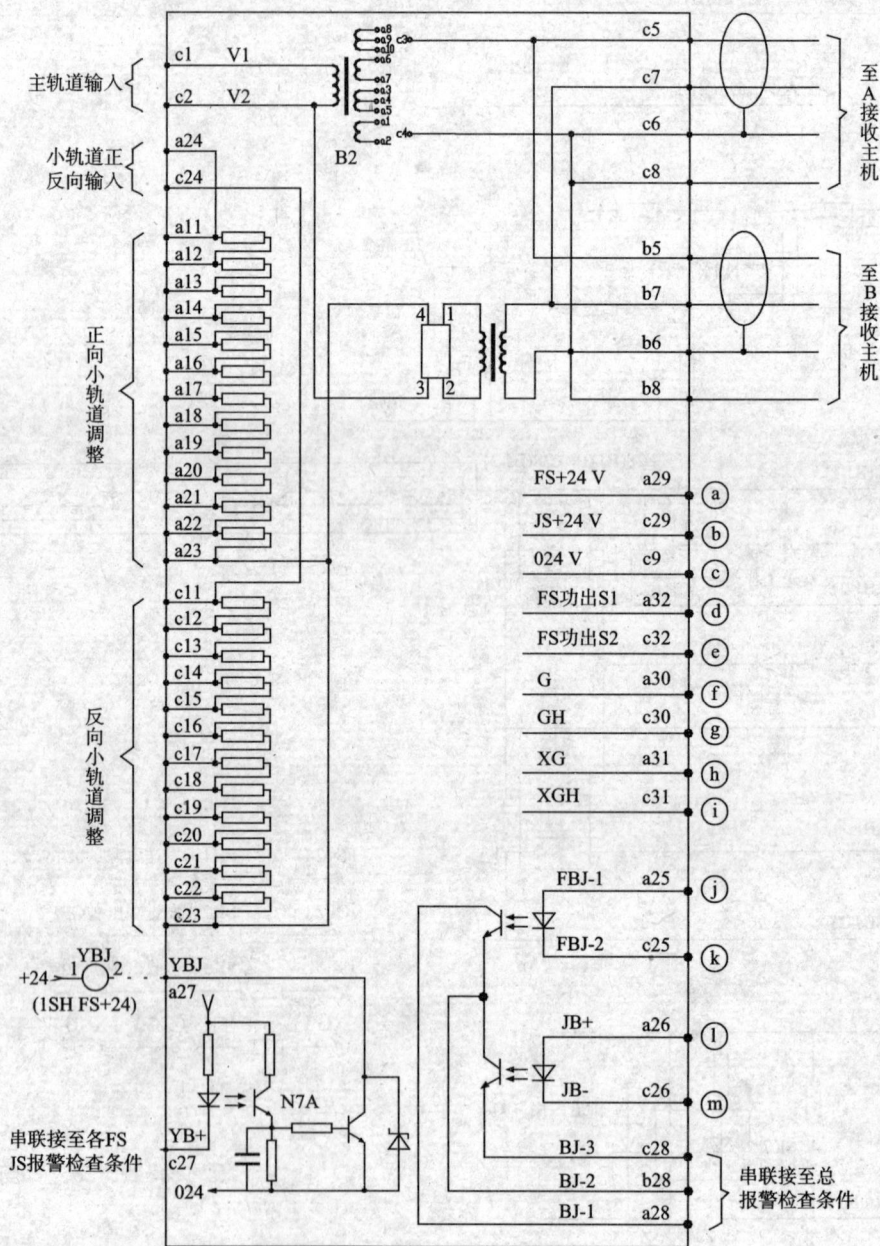

图 2.41 衰耗盘外线连接图

SK1："发送电源"接 FS＋24 V、024 V。

SK2："发送功出"接发送器功出。

SK3："接收电源"接 JS＋24 V、024 V。

SK4："接收输入"。

SK5："主轨道输出"经 B₁ 变压器电平调整后输出至主轨道主机、并机。

SK6："小轨道输出"经调整电阻调整后，通过 B₂ 变压器送至小轨道主机、并机。

SK7："GJ"主轨道，GJ 电压

SK8："XG"小轨道执行条件电压。

（5）移频总报警继电器（YBJ）

YBJ 控制电路仅在移频柜第一位置设置。

在衰耗盘设"光耦 5"。FS＋24 电流通过对本段轨道电路发送故障条件（BJ－1、BJ－2）、接收故障条件（BJ－2、BJ－3）以及其他段轨道电路有关检查条件串联检查，系统设备均正常时，使"光耦 5"受光器导通控制三级管 V7 导通，并使 YBJ 励磁，如图 2.40 所示。

电容 C₁ 起到缓放作用，防止各报警条件瞬间中断，造成 YBJ 跳动。在站内电码化及"＋1 发送"只有发送没有接收设备时仅接入 BJ－1、BJ－2 条件。在车站接收设置总数为奇数，单独设置并机备用时，仅接入 BJ－2、BJ－3 条件。

4. 衰耗盘外线连接（图 2.41）

5. 衰耗盘端子用途说明（表 2.7）

表 2.7　衰耗盘端子用途说明

序号	端子号	用　途
1	c1	轨道信号输入
2	c2	轨道信号输入回线
3	a24	正向小轨道信号输入
4	c24	反向小轨道信号输入
5	a1～a10、c3、c4	主轨道电平调整
6	a11～a23	正向小轨道电平调整
7	c11～c23	反向小轨道电平调整
8	c5	主机主轨道信号输出
9	c7	主机小轨道信号输出
10	c6、c8	主机主轨道小轨道信号输出共用回线
11	b5	并机主轨道信号输出

序号	端子号	用　途
12	b7	并机小轨道信号输出
13	b6、b8	并机主轨道小轨道信号输出共用回线
14	a30、c30	轨道继电器(G、GH)
15	a31、c31	小轨道继电器(XG、XGH)
16	a29	发送＋24 直流电源
17	c29	接收＋24 直流电源
18	c9	024 电源
19	a25、c25	发送报警继电器 FBJ－1、FBJ－2
20	a26、c26	接收报警条件 JB＋、JB－
21	a27	移频报警继电器 YBJ
22	c27	移频报警检查电源 YB＋
23	a28、b28	发送报警条件 BJ1－BJ2
24	b28、c28	接收报警条件 BJ2－BJ3
25	a32、c32	功放输出 S1、S2

2.2.5　防雷和电缆模拟网络组匣

1. 作用

用做对通过传输电缆引入室内雷电冲击的防护(横向、纵向)。通过 0.5、0.5、1、2、2、2×2 km 六节电缆模拟网络,补偿实际 SPT 数字信号电缆,使补偿电缆和实际电缆总距离为 10 km,以便于轨道电路的调整和构成改变列车运行方向电路。

2. 原理框图(图 2.42)

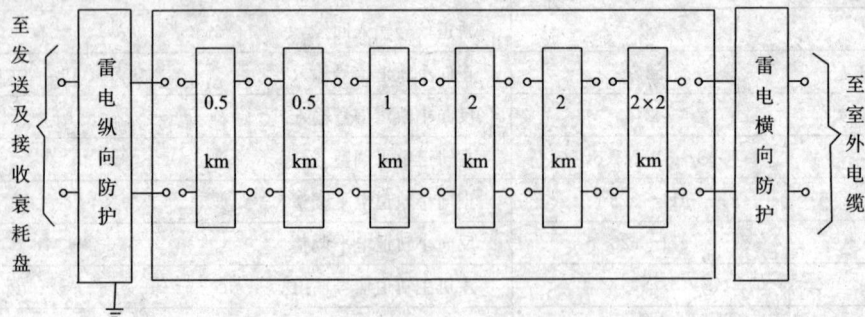

图 2.42　防雷和电缆模拟网络原理框图

3. 防雷电路原理简要说明

在其上有室外电缆带来的雷电冲击信号,为保护模拟网络及室内发送、接收设

备,采用横向与纵向雷电防护。

(1)横向雷电防护

采用～280 V 左右防护等级压敏电阻。

从维修上考虑,压敏电阻应具有模块化、阻燃、有劣化指示、可带电插拔及可靠性较高的特点。

其典型型号为:

| V20 - C/1 | 280 |
| DEHNguard | 275 |

特性见表 2.8。

表 2.8 横向雷电防护特性

特性 项目 型号	V20 - C/1 280	DEHNguard 275
标准放电电流 I_n	20 kA	20 kA
最大连续工作电压 U_c	AC 280 V	AC 280 V
限制电压 U_1	1.4 kV(20 kA)	1.5 kV(20 kA)

(2)纵向雷电防护

对于线对地间的纵向雷电信号可采用以下三方式:

①加三极放电管保护如图 2.43 所示。

纵向雷电信号通过压敏电阻 R1、R2 及三极放电管 SF 接入大地。当雷电冲击信号达到防护值时,依 R1、R2 及 SF 限幅,R1、R2 亦用以切断续流。

该方式使用元件简单,但当 R1 与 SF 或 R2 与 SF 产生永久性击穿故障时,将造成电缆芯线接地,使电缆四线组失去平衡,大幅度增加电缆线对间的干扰电平,甚至造成接收设备的错误动作。因此,该方式已不再被采用。

②加低转移系数防雷变压器防护

采用低转移系数防雷变压器,其原理图如图 2.44 所示。

结构 1:铁芯为冷轧优质硅钢片迭积而成,线圈结构采用矩形筒式,室内侧与室外侧的电气隔离,并将室内侧金属铂层接地,以达到稳定电压隔离谐波和防雷的目的。其原理图如图 2.44 所示。

结构 2:室外侧 A 与室内侧 C 为相互"环抱"缠绕,中间有加厚隔离层 B,以减少线圈间耦合电容 C_B,线圈 C 被非封口的金属铂 D 包裹,工艺中加大之间的耦合电容 C_D,并将 D 接至地线 E。如图 2.45 所示。

对纵向雷电信号的等效电路如图 2.46 所示。

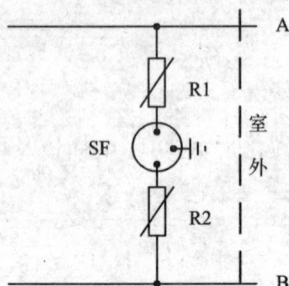

图 2.43　三级放电管保护电路

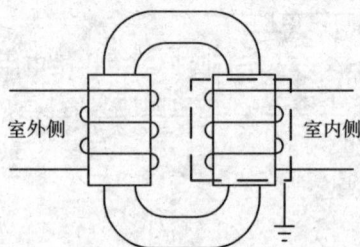

图 2.44　低转移系数防雷变压器原理图

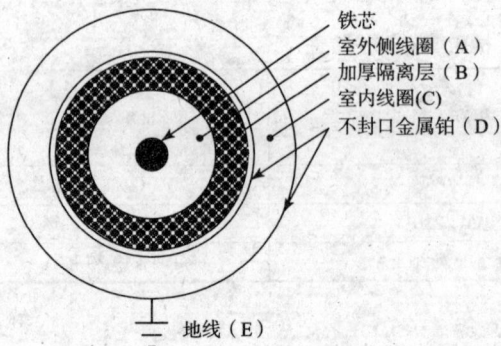

图 2.45　低转移系数防雷变压器结构图

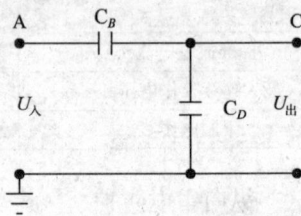

图 2.46　等效电路图

$$U_{出} = U_{入} \times \frac{C_B}{C_B + C_D}$$

当 C_B 较 C_D 足够小时，$U_{出} \ll U_{入}$

设 $C_B = \frac{1}{200}C_D$ ，则有 $U_{出} = \frac{1}{201}U_{入}$ 。

以此达到较好的纵向防雷的效果。

结构 1 在工艺上易于获得低转移系数，但是，该结构漏磁大、效率低、产品性能离散性大。

结构 2 在工艺上难以获得较低的转移系数，但是，该结构漏磁小、效率高、产品性能一致性好，工作稳定。在转移系数满足实用要求的条件下，一般采取此结构。

应该强调，目前钢轨线路旁没有设置贯通地线条件下，该防雷变压器对纵向雷电防护有显著作用。

由于该变压器原理是尽量减小轨道侧与室内侧线圈间耦合电容的数值，所以在模拟网络设备内部以及外部，对轨道侧"线对"与室内侧"线对"间要尽量远离。

③室外加站间贯通地线防护

室外采用贯通地线做为钢轨对地不平衡的良好泄流线，如图 2.47 所示。

在复线区段上下行线路为完全横向连接时,可将 SVA 中心线直接接地,简单横向连接时,可通过防雷元件接地,室内电缆模拟网络不再考虑纵向防护。

该方式防雷效果最佳,特别在山区,地线电阻难以达到标准的地区。在有条件的情况下,该方式为设计首选方式。

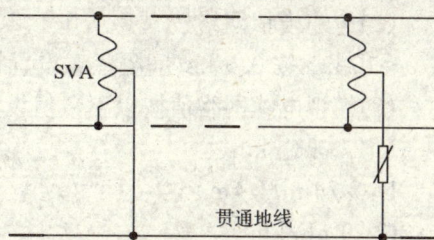

图 2.47　贯通地线防护示意图

4. 电缆模拟网络电路原理简要说明

"电缆模拟网络"可视为室外电缆的一个延续。

(1)电路原理图(图 2.48)

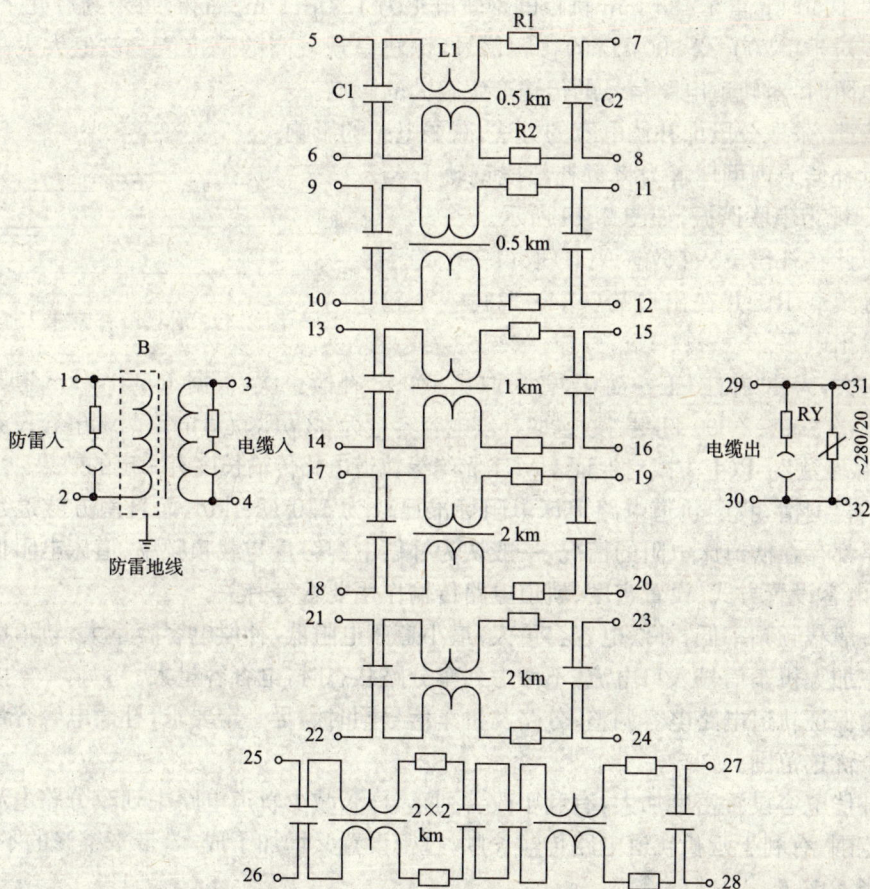

图 2.48　电缆模拟网络原理图

(2)电缆模拟网络按 0.5、0.5、1、2、2、2×2 km 六节对称 π 型网络,以便串接构成 0～10 km 按 0.5 km 间隔任意设置补偿模拟电缆值。

(3)模拟电缆网络值按以下数值设置:

R:23.5 Ω/km。

L:0.75 mH/km。

C:29 nF/km。

R、L 按共模电路设计,考虑故障安全,C 采用四端引线。

2.2.6　补偿电容

1. 保证轨道电路传输距离

由于 60 kg 重 1 435 mm 轨距的钢轨电感为 1.3 μH/m。同时每米约有几个 pF 电容。对于 1 700～2 300 Hz 的移频信号,钢轨呈现较高的感抗值。该值大大高于道床电阻时,对轨道电路信号的传输产生较大的影响。

为此,采取分段加补偿电容的方法,减弱电感的影响。

其补偿原理可理解为将每补偿段钢轨 L 与电容 C 视为串联谐振,如图 2.49 所示。

以此在补偿段入口端(A、B)取得一个趋于电阻性负载 R。并在出口端(C、D)取得一个较高的输出电平。

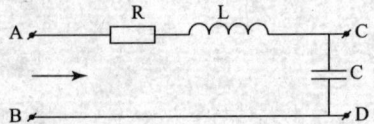

图 2.49　补偿电容原理

过去,为使"补偿"工作简化,曾采取每 100 m 补偿一次,根据 1.5 Ω·km 道床电阻、兼顾 1 700～2 600 Hz 载频,选取补偿电容容量为 33 μF,轨道电路两端电容设置采用"半截距法"。以上方式对保证 UM71 无绝缘轨道电路传输长度有一定的效果。

结合国情,我国轨道电路道床电阻标准已改为 1.0 Ω·km,而且南方隧道及特殊线路都存在低道床电阻的情况,一般认为补偿电容容量与载频频率、道床电阻低端数值、电容设置方式、设置密度、轨道电路传输作用要求等有关。

一般载频频率低,补偿电容容量大;最小道床电阻低,补偿电容容量大;轨道电路只考虑加大机车信号入口电流,不考虑列车分路状态时,电容容量大。

为保证轨道电路电容调整、分路及机车信号同时满足一定要求,补偿电容容量应有一个优选范围。

补偿电容设置密度加大,有利于改善列车分路,减少轨道电路中列车分路电流的波动范围,有利于延长轨道电路传输长度,过密设置又增加了成本,带来维修的不便,要适当考虑。

补偿电容的设置方式宜采用"等间距法",即将无绝缘轨道电路两端 BA 间的距

离 L 按补偿电容总量 N 等分,其步长 $\Delta = \dfrac{L}{N}$。轨道电路两端按半步长 $\left(\dfrac{\Delta}{2}\right)$,中间按全步长($\Delta$)设置电容,以获得最佳传输效果。

综上,根据载频频率、最低道床电阻数值、轨道电路传输状态的要求,电容容量、数量、设置方法得当,将大大改善轨道电路的传输,加大轨道电路传输长度。

2. 保证接收端信号有效信干比

由于轨道电路加补偿电容后趋于阻性,改善了轨道电路信号传输,加大了轨道入口端短路电流,减小了送受电端钢轨电流比,从而保证了轨道电路入口端信号、干扰比,改善了接收器和机车信号的工作。

2.2.7　内屏蔽铁路数字信号电缆

1. 适用范围

可实现 1 MHz(模拟信号)、2 Mbit/s(数字信号)、额定电压交流 750 V 或直流 1 100 V 及铁路信号系统中有关设备和控制装置之间的联结,传输系统控制信息及电能。可在铁路电气化和非电气化区段使用。

该电缆不适用于:自动闭塞系统轨道电路相同频率的发送线对和接收线对使用同一电缆。

该电缆不适用于:自动闭塞系统轨道电路相同频率的发送线对和接收线对使用同一屏蔽四线组。

2. 使用特征

(1)电缆的使用环境温度为－40～＋60 ℃,敷设的环境温度不低于－10 ℃。

(2)电缆导体的长期工作温度应不超过 70 ℃。

(3)电缆的弯曲半径应不小于电缆外径的 15 倍。

3. 规格、产品表示方法及代号

(1)规格

电缆的规格以缆芯芯数表示。备用芯数量不少于表 2.9 的要求。

表 2.9　电缆备用数量定义

序号	芯数及类型	屏蔽四线组数	非屏蔽四线组数	绝缘单线	工程设计备用芯数 (用做轨道电路信息传送时)
1	8B	2×4	—	—	1 对
2	12A	2×4	1×4	—	2 对(1 个屏蔽四线组)
3	12B	3×4	—	—	2 对(1 个屏蔽四线组)
4	14A	2×4	1×4	2	2 对(1 个屏蔽四线组)

续上表

序号	芯数及类型	屏蔽四线组数	非屏蔽四线组数	绝缘单线	工程设计备用芯数 （用做轨道电路信息传送时）
5	14B	3×4	—	2	2 对（1 个屏蔽四线组）
6	16A	2×4	2×4	—	2 对（1 个屏蔽四线组）
7	16B	4×4	—	—	2 对（1 个屏蔽四线组）
8	19A	3×4	1×4	3	2 对（1 个屏蔽四线组）
9	19B	4×4	—	3	2 对（1 个屏蔽四线组）
10	21A	3×4	2×4	1	2 对（1 个屏蔽四线组）
11	21B	5×4	—	1	2 对（1 个屏蔽四线组）
12	24A	4×4	2×4	—	2 对（1 个屏蔽四线组）
13	24B	6×4	—	—	2 对（1 个屏蔽四线组）
14	28A	3×4	4×4	—	2 对（1 个屏蔽四线组）
15	28B	7×4	—	—	2 对（1 个屏蔽四线组）
16	30A	4×4	3×4	2	3 对（必须有 1 个屏蔽四线组）
17	30B	7×4	—	2	3 对（必须有 1 个屏蔽四线组）
18	33A	4×4	4×4	—	3 对（必须有 1 个屏蔽四线组）
19	33B	8×4	—	1	3 对（必须有 1 个屏蔽四线组）
20	37A	4×4	5×4	1	3 对（必须有 1 个屏蔽四线组）
21	37B	9×4	—	1	3 对（必须有 1 个屏蔽四线组）
22	42A	5×4	5×4	2	3 对（必须有 1 个屏蔽四线组）
23	42B	10×4	—	2	3 对（必须有 1 个屏蔽四线组）

注：≤9 芯电缆无内屏蔽四线组。

（2）代号的含义（表 2.10、图 2.50）

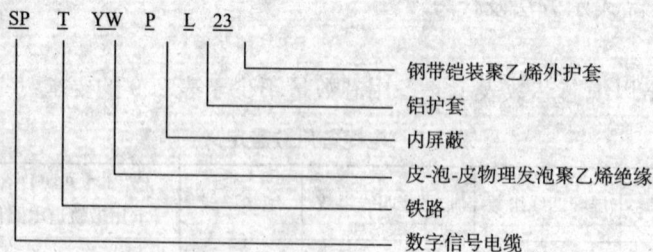

图 2.50　电缆代号的含义

（3）表示方法

33 芯 A 型铜芯皮—泡—皮物理发泡聚乙烯绝缘铝护套钢带铠装聚乙烯外护套

铁路内屏蔽数字信号电缆,其规格为:SPTYWPL23 33A 3×4×1.0(P)＋5×4×1.0＋1×1×1.0。电缆的规格型号定义见表 2.10。

表 2.10 电缆规格型号定义

序号	代号	含义	序号	代号	含义
1	SP	数字信号电缆	5	A	综合护套
2	T	铁路		L	铝护套
3	YW	皮－泡－皮物理发泡聚乙烯绝缘	6	23	钢带铠装聚乙烯外护套
4	P	内屏蔽		03	聚乙烯外护套

注:第五位 A 与第七位 A 表达含义不同,第五位 A 为:综合护套,与 L 铝护套对应,
第七位 A 为:四线组为内屏蔽与非内屏蔽混合,与 B 全四线组对应。

电缆的型号名称见表 2.11。

表 2.11 电缆型号名称

型号	名 称
SPTYWP03	皮－泡－皮物理发泡聚乙烯绝缘聚乙烯外护套铁路内屏蔽数字信号电缆
SPTYWP23	皮－泡－皮物理发泡聚乙烯绝缘钢带铠装聚乙烯外护套铁路内屏蔽数字信号电缆
SPTYWPA03	皮－泡－皮物理发泡聚乙烯绝缘综合护层聚乙烯外护套铁路内屏蔽数字信号电缆
SPTYWPA23	皮－泡－皮物理发泡聚乙烯绝缘综合护层钢带铠装聚乙烯外护套铁路内屏蔽数字信号电缆
SPTYWPL03	皮－泡－皮物理发泡聚乙烯绝缘铝护层聚乙烯外护套铁路内屏蔽数字信号电缆
SPTYWPL23	皮－泡－皮物理发泡聚乙烯绝缘铝护层钢带铠装聚乙烯外护套铁路内屏蔽数字信号电缆

4. 铁路内屏蔽数字信号电缆 A 端组序排列示意图(图 2.51)

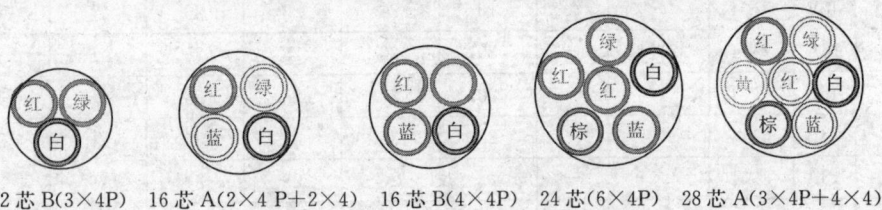

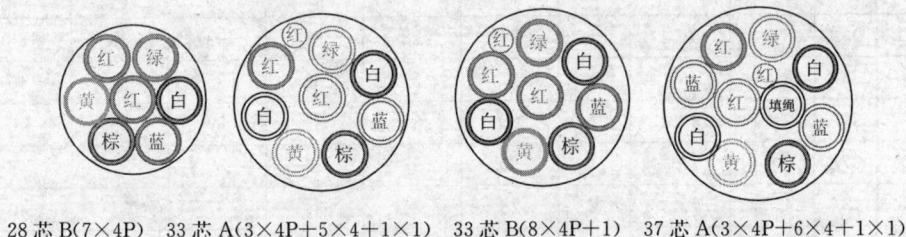

12 芯 B(3×4P)　　16 芯 A(2×4 P＋2×4)　　16 芯 B(4×4P)　　24 芯(6×4P)　　28 芯 A(3×4P＋4×4)

28 芯 B(7×4P)　　33 芯 A(3×4P＋5×4＋1×1)　　33 芯 B(8×4P＋1)　　37 芯 A(3×4P＋6×4＋1×1)

图 2.51 电缆 A 端组序排列示意图

69

高速铁路系列

37 芯 B(9×4P+1)　42A 芯(4×4P+6×4+2×1)　42B 芯(10×4P+2×1)

注：红　绿　白　蓝

表示红、绿、白、蓝 皮—泡—皮绝缘线芯色标；

红　绿　白　蓝　棕　黄

表示红、绿、白、蓝、棕、黄四线组扎纱色标。

红　绿　白　蓝　棕　黄

表示红、绿、白、蓝、棕、黄屏蔽四线组扎纱色标。

续图 2.51

5. 铁路内屏蔽数字信号电缆成品参考外径（表 2.12）

表 2.12　铁路内屏蔽数字信号电缆成品参考外径

序号	芯数	屏蔽四线组数	非屏蔽四线组数	加芯数	参考外径（mm）					
					塑料护套		综合护套		铝护套	
					非铠装型	铠装型	非铠装型	铠装型	非铠装型	铠装型
1	12B	3×4	—	—	18	21	23	26	24	29
2	16A	2×4	2×4	—	20	23	25	28	26	31
3	16B	4×4	—	—	20	23	25	28	26	31
4	24B	6×4	—	—	22	25	27	30	28	33
5	28A	3×4	4×4	—	23	26	28	31	29	34
6	28B	7×4	—	—	24	27	29	32	30	35
7	33A	3×4	5×4	1	25	28	30	33	33	38
8	33B	8×4	—	1	27	30	32	35	35	40
9	37A	3×4	6×4	1	28	31	34	37	35	40
10	37B	9×4	—	1	30	33	36	39	37	42
11	42A	4×4	6×4	2	28	31	34	37	35	40
12	42B	10×4	—	2	30	33	36	39	37	42

6. 电缆使用原则及工程设计注意点

（1）使用原则

①两个频率相同的发送与接收不能采用同一根电缆。

②两个频率相同发送不能设置在同一屏蔽四线组内。

③两个频率相同接收不能设置在同一屏蔽四线组内。

④电缆中有两个及其以上的相同频率的发送、或者有两个及其以上的相同频率的接收时，该电缆需采用内屏蔽型。

⑤电缆中各发送、各接收频率均不相同时，可采用非内屏蔽 SPT 电缆，但线对必须按四线组对角线成对使用。

以上五原则可简述为：同频的发送、接收线对不能同缆；同频线对不能同一四线组；无同频线对时，采用非屏蔽 SPT 电缆。

（2）工程设计注意要点

在工程设计中，掌握电缆使用原则，合理的对电缆网络图进行设计，有利于减少工程投资。

①按正方向运行，复线区段上下行发送采用同一根电缆。

②按正方向运行，复线区段上下行接收采用同一根电缆。

③为节省电缆投资，一般宜采用 A 型电缆，A 型电缆为部分内屏蔽四线组、部分非内屏蔽四线组电缆，可节省投资。

④信号点灯线可与发送或接收线对同缆使用。同缆时，宜按上、下行信号机分开，该方式可节省区间信号机灯丝断丝报警芯线数量。

⑤电缆网络图布置时，一般从区间最远端向站内方向布置。

⑥必要时，干线电缆采用内屏蔽型电缆（SPT-P），一般分支短电缆，因为没有同频信号问题均可采用 SPT 型电缆。

⑦同频发送接收电缆使用示例：

a. 1700-1 发送与 1700-1 接收为同频，不能同缆。

b. 1700-1 发送与 1700-2 接收为不同频，可以同缆。

c. 1700-1 发送与 1700-1 发送为同频，不能同四线组，但可在不同四线组内设置。

d. 1700-1 接收与 1700-1 接收为同频，不能同四线组，但可在不同四线组内设置。

e. 1700-1 发送与 1700-2 接收为不同频，可以在同一四线组内设置。

以上表明：1700-1 型与 1700-2 型为不同频，其他频率亦然。

（3）电缆型号使用（表 2.13）

表 2.13　电缆型号的使用

使用条件		选用类型	备注
电化	区间干线轨道电路(有同频发送或同频接收)	SPTYWPPL23	内屏蔽、铝护套
	区间分支电缆≤1 km	可用 SPTYWPA23	内屏蔽
	区间分支电缆≤50 m	可用 SPTYWA23	
非电化	区间干线轨道电路(有同频发送或同频接收)	SPTYWPA23	内屏蔽
	区间分支电缆≤50 m	可用 SPTYWA23	

2.3　ZPW-2000A 型无绝缘轨道电路技术指标

2.3.1　总技术条件

1. 环境条件

ZPW-2000A 无绝缘移频轨道电路在下列环境条件下应可靠工作:

(1)周围空气温度

室外:-30~+70 ℃。

室内:-5~+40 ℃。

(2)周围空气相对湿度

不大于 95%(温度 30 ℃时)。

大气压力:74.8~106 kPa(相对于海拔高度 2 500 m 以下)。

(3)周围无腐蚀和引起爆炸危险的有害气体。

2. 发送器

(1)低频频率

$10.3+n\times1.1$ Hz ,$n=0\sim17$。

即:10.3 Hz、11.4 Hz、12.5 Hz、13.6 Hz、14.7 Hz、15.8 Hz、16.9 Hz、18 Hz、19.1 Hz、20.2 Hz、21.3 Hz、22.4 Hz、23.5 Hz、24.6 Hz、25.7 Hz、26.8 Hz、27.9 Hz、29 Hz。

(2)载频频率

下行:

1700—1　　1 701.4 Hz

1700—2　　1 698.7 Hz

2300—1　　2 301.4 Hz

2300—2　　2 298.7 Hz

上行：

2000－1　　2 001.4 Hz

2000－2　　1 998.7 Hz

2600－1　　2 601.4 Hz

2600－2　　2 598.7 Hz

(3)频偏：±11 Hz。

(4)输出功率：70 W(400 Ω 负载)

3. 接收器

轨道电路调整状态下：

(1)主轨道接收电压不小于 240 mV。

(2)主轨道继电器电压不小于 20 V(1 700 Ω 负载,无并机接入状态下)。

(3)小轨道接收电压不小于 42 mV

(4)小轨道继电器或执行条件电压不小于 20 V(1 700 Ω 负载,无并机接入状态下)。

4. 直流电源

电压范围:23.5～24.5 V。

5. 轨道电路

(1)主轨道电路工作值:240 mV。

(2)小轨道电路工作值:42 mV。

(3)分路灵敏度为 0.15 Ω。

(4)主轨道电路分路残压为 140 mV。

(5)ZPW－2000 在 10 km SPT 电缆及不同道床电阻条件下,轨道电路传输长度见表 2.14。

表 2.14　轨道电路传输长度表

道床电阻 (Ω·km)	载频(Hz) 轨道电路长度(m) 1 700	2 000	2 300	2 600
1.5	1 950	1 900	1 850	1 800
1.2	1 750	1 700	1 650	1 600
1.0	1 500	1 500	1 500	1 500
0.9	1 200	1 150	1 150	1 150
0.8	1 050	1 050	1 050	1 050

73

高速铁路系列

续上表

轨道电路长度(m) 载频(Hz) 道床电阻 (Ω·km)	1 700	2 000	2 300	2 600
0.7	950	900	900	900
0.6	800	800	800	800
0.5	700	650	650	650
0.4	600	550	550	550
0.3	450	450	420	450
0.28	400	400	400	400
0.25	350	350	350	350

轨道电路长度规定:

JES-JES(电气绝缘节—电气绝缘节):由 SVA-SVA;

JES-BA//SVA′(电气绝缘节—机械绝缘节):由 SVA-机械绝缘节;

BA//SVA′-BA//SVA′(机械绝缘节—机械绝缘节):由 SVA′-SVA′。

(6)ZPW-2000 在 10、12.5、15 km SPT 电缆及 1.0、1.2、1.5 Ω·km 道床电阻下,轨道电路传输长度见表 2.15。

表 2.15 不同道床电阻与轨道电路长度

序号	道床电阻 (Ω·mk)	传输电缆长度 (km)	轨道电路长度(m)			
			1 700 Hz	2 000 Hz	2 300 Hz	2 600 Hz
1	1.0	10	1 500	1 500	1 500	1 500
		12.5	1 500	1 400	1 400	1 500
		15	1 400	1 400	1 350	1 300
2	1.2	10	1 750	1 700	1 650	1 600
		12.5	1 650	1 600	1 600	1 550
		15	1 550	1 500	1 450	1 400
3	1.5	10	1 950	1 900	1 850	1 800
		12.5	1 850	1 800	1 750	1 700
		15	1 700	1 650	1 600	1 550

注:传输电缆长度表示为发送或接收传输电缆长度。站间电缆长度为传输电缆长度 2 倍。即,传输电缆长度为 10、12.5、15 km 表示站间电缆长度为 20、25、30 km。

（7）主轨道无分路死区

调谐区分路死区不大于 5 m。

（8）有分离式断轨检查性能

轨道电路全程（含主轨及小轨）断轨，有关轨道继电器可靠失磁。

（9）机械—机械、机械—电气、电气—电气三种方式绝缘轨道电路具有相同传输长度。

（10）系统冗余

①发送器采用 N+1 冗余，实行故障检测转换；

②接收器采用成对双机并联运用，故障报警。

2.3.2 室内设备

1. 区间发送器技术指标（表 2.16）

表 2.16　区间发送器技术指标

序号	项　目		指标范围	备　注
1	低频频率		$(Fc\pm0.03)$ Hz	Fc 为 10.3～29 Hz 共 18 个信息
2	载频 频率	1700－1	$(1\ 701.4\pm0.15)$ Hz	
		1700－2	$(1\ 698.7\pm0.15)$ Hz	
		2300－1	$(2\ 301.4\pm0.15)$ Hz	
		2300－2	$(2\ 298.7\pm0.15)$ Hz	
		2000－1	$(2\ 001.4\pm0.15)$ Hz	
		2000－2	$(1\ 998.7\pm0.15)$ Hz	
		2600－1	$(2\ 601.4\pm0.15)$ Hz	
		2600－2	$(2\ 598.7\pm0.15)$ Hz	
3	输出电压（1电平）		161～170 V	直流电源电压为 (25 ± 0.5)V 400 Ω 负载 $Fc=18$ Hz
	输出电压（2电平）		146～154 V	
	输出电压（3电平）		128～135 V	
	输出电压（4电平）		104.5～110.5 V	
	输出电压（5电平）		75～79.5 V	
4	故障转换时间		≤1.6 s	故障至 FBJ 后接点闭合

75

高速铁路系列

2. 接收器技术指标(表 2.17)

表 2.17　接收器技术指标

序号	项　目		指标范围	备　注
1	主轨道接收	吸起门限	200～210 mV	电源电压:24 V
		落下门限	≥170 mV	
		继电器电压	不小于 20 V	
		吸起延时	2.3～2.8 s	
		落下延时	≤2 s	
2	小轨道接收	吸起门限	69～81 mV	电源电压:24 V
		落下门限	≥20.7	
		继电器电压	不小于 20 V	
		吸起延时	2.3～2.8 s	
		落下延时	≤2 s	

3. 衰耗盘技术指标(表 2.18)

表 2.18　衰耗盘技术指标

序号	项　目		指标范围	备　注
1	调整变压器输入阻抗(Ω)		42.27±0.42	输入 2 000 Hz、10 mA 输出开路
2	调整变压器(mV)	V1－V2	580±1	V₁、V₂设定 2 000 Hz、(580±1) mV
		R1－R2	5±1	
		R4－R5	20±3	
		R3－R5	30±3	
		R6－R7	70±3	
		R8－R9	210±3	
		R8－R10	630±6	
		R5－R6(R3－R7 连)	100±5	
		R7－R9(R6－R10 连)	490±5	
3	小轨道输入阻抗(Ω)		3 300±33	

续上表

序号	项 目		指标范围	备 注
		端子号	电阻值	
		a11－a12　C35－c36	(10±0.5) Ω	
		a12－a13　C36－c37	(20±0.5) Ω	
		a13－a14　C37－c38	(39±0.5) Ω	
		a14－a15　C38－c39	(75±1) Ω	
		a15－a16　C39－c40	(150±2) Ω	
4	衰耗电阻	a16－a17　C40－c41	(300±4) Ω	数字万用表测量
		a17－a18　C41－c42	(560±8) Ω	
		a18－a19　C42－c43	1.1 kΩ±16 Ω	
		a19－a20　C43－c44	2.2 kΩ±33 Ω	
		a20－a21　C44－c45	3.3 kΩ±68 Ω	
		a21－a22　C45－c46	6.2 kΩ±130 Ω	
		a22－a23　C46－c47	12 kΩ±270 Ω	

4. 站防雷和 SPT 电缆模拟网络

防雷变压器变比 U1－2：U3－4＝1：(1.02～1.06)(U1－2 送 2 000 Hz,168 V 信号;U3－4 开路),模拟网络盘技术指标见表 2.19。

表 2.19　模拟网络盘技术指标

	测试端子	技术指标	检查方法
	25－26,27－28	≥1 mΩ	
	27－25,28－26	(93.6±4.68)Ω	
	23－24,21－22	≥1 mΩ	
	23－21,24－22	(46.8±2.34)Ω	
	19－20,17－18	≥1 mΩ	
静态检查	19－17,20－18	(46.8±2.34)Ω	用万用表电阻档检查测试端子电阻。
	15－16,13－14	≥1 mΩ	
	15－13,16－14	(23.5±1.18)Ω	
	11－12,9－10	≥1 mΩ	
	11－9,12－10	(11.75±0.59)Ω	
	7－8,5－6	≥1 mΩ	
	7－5,8－6	(11.75±0.59)Ω	

	测试端子	技术指标	检查方法
动态检查	27－28	(10±0.1)V	连接 25－23,26－24,21－19,22－20,17－15,18－16,13－11,14－12,9－7,10－8,5－6 号发生器输出 2 000 Hz,10±0.1 V 的正弦信号到 27,28 端子,检查测试端子电压
	25－26	(6.07～6.21)V	
	21－22	(4.09～4.18)V	
	17－18	(2.06～2.1)V	
	13－14	(1.03～1.05)V	
	9－10	(0.52～0.53)V	
	5－6	0 V	

2.3.3 室外设备

1. 电气绝缘节及调谐单元

调谐单元技术指标应符合图 2.52 所示的要求。

2. 空芯线圈(SVA)

空芯线圈参数如下:

电感值 $L=(33.5\pm1)\ \mu H$。

电阻值 $R=(18.5\pm5.5)\ m\Omega$。

3. 匹配变压器

匹配变压器技术指标见表 2.20。

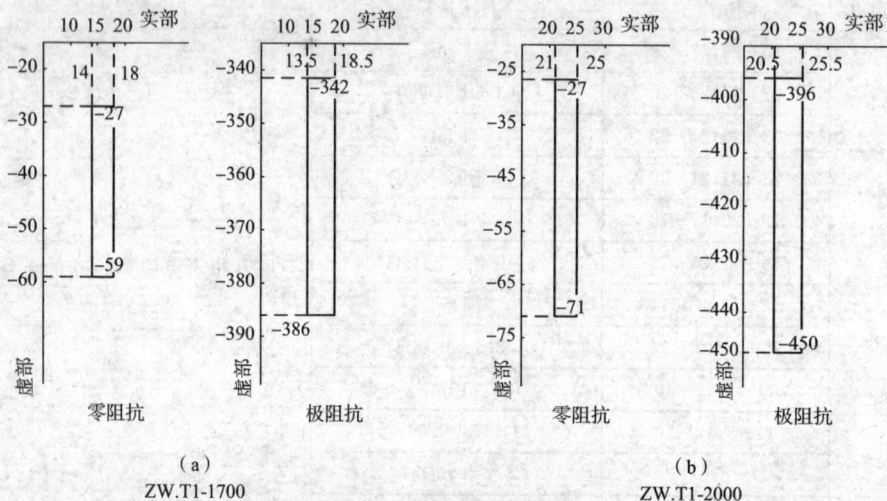

(a)
ZW.T1-1700

(b)
ZW.T1-2000

图 2.52　调谐单元技术指标

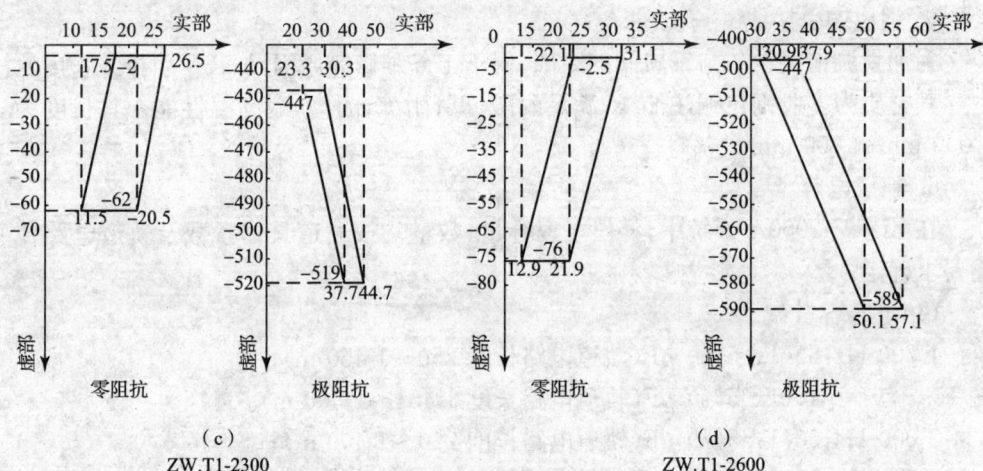

（c）
ZW.T1-2300

（d）
ZW.T1-2600

续图 2.52

表 2.20　匹配变压器技术指标

序号	项目		指标及范围	备　注
1	E1-E2 电压	40 Hz	7.0~11.0 V	V1-V2 输入 40 Hz,(1.5±0.1) V 的正弦信号,E1-E2 加 100 Ω 电阻负载
		2 000 Hz	14.5~17.0 V	V1-V2 输入 2 000 Hz,(3.0±0.1) V 的正弦信号,E1-E2 加 100 Ω 电阻负载
2	绝缘电阻		≥200 MΩ	输出端子对机壳
3	绝缘耐压		AC 500 V	输出端子对机壳

4. 机械节空芯线圈(SVA′)

机械节空芯圈参数见表 2.21。

表 2.21　SVA′ 参数表

序号	项目	指标及范围		备　注
		电感(μH)	电阻(mΩ)	
1	ZPW·XKJ-1700	28.60±0.858	29.60±2.96	测试频率:1 700 Hz 电流:(2±0.05) A
2	ZPW·XKJ-2000	28.44±0.853	33.58±3.358	测试频率:2 000 Hz 电流:(2±0.05) A
3	ZPW·XKJ-2300	28.32±0.850	33.75±3.575	测试频率:2 300 Hz 电流:(2±0.05) A
4	ZPW·XKJ-2600	28.25±0.848	35.70±3.570	测试频率:2 600 Hz 电流:(2±0.05) A

5. 钢包铜引接线

为加大调谐区设备与钢轨间的距离,便于工务维修等原因,加长了引接线长度。其材质为多股钢包铜注油线,满足耐酸、碱,耐冻,耐磨,耐高温性能。其长度为 2 000 mm,3 700 mm。

6. 补偿电容

在 ZPW-2000A 系统中,补偿电容容量、数量均按通道具体参数及轨道电路传输要求确定。

(1)电容容量:

1 700 Hz:55(1±5%) μF(轨道电路长度 250~1 450 m);
　　　　　40(1±5%) μF(轨道电路长度 1 451~1 500 m)。

2 000 Hz:50(1±5%) μF(轨道电路长度 250~1 400 m);
　　　　　33(1±5%) μF(轨道电路长度 1 401~1 500 m)。

2 300 Hz:46(1±5%) μF(轨道电路长度 250~1 350 m);
　　　　　30(1±5%) μF(轨道电路长度 1 351~1 500 m)。

2 600 Hz:40(1±5%) μF(轨道电路长度 250~1 350 m);
　　　　　28(1±5%) μF(轨道电路长度 1 351~1 500 m)。

测试频率:1 000 Hz

(2)额定工作电压:交流 160 V。

(3)损耗角正切值:$\tan \delta \leqslant 90 \times 10^{-4}$。

(4)绝缘电阻:不小于 500 mΩ,直流 100 V 时。

7. SPT-P 电缆主要电气性能

(1)导线线径:1 mm。

(2)直流电阻:≤23.5 Ω/km。

(3)工作电容:(27±2)nF/km(四线组)。

2.4　ZPW-2000A 型无绝缘轨道电路安装与维护

2.4.1　移频柜的安装

1. 移频柜组成

(1)移频柜布置图(正面看)如图 2.53 所示。

(2)移频柜布置图(配线侧看)如图 2.54 所示。

①该移频架含 10 套 ZPW-2000A 型轨道电路设备。

每套设备含有发送器、接收器、衰耗盒各一台及相应零层端子板、熔断器板,并按

四柱电源端子

熔断器板

| 1 2 3 01 | 1 2 3 02 | 1 2 3 03 | 1 2 3 04 | 1 2 3 05 | 1 2 3 06 | 1 2 3 07 | 1 2 3 08 | 1 2 3 09 | 1 2 3 010 |

3×18 端子板

| 1FS | 3FS | 5FS | 7FS | 9FS | 发送器 |

| 1JS | 3JS | 5JS | 7JS | 9JS | 接收器 |

| 1SH 2SH | 3SH 4SH | 5SH 6SH | 7SH 8SH | 9SH 10SH | 衰耗盘 |

| 2FS | 4FS | 6FS | 8FS | 10FS | 发送器 |

| 2JS | 4JS | 6JS | 8JS | 10JS | 接收器 |

RD1　RD3　RD5　RD7　RD9　RD11　RD13　RD15　RD17　RD19

RD2　RD4　RD6　RD8　RD10　RD12　RD14　RD16　RD18　RD20

D1　D2　D3

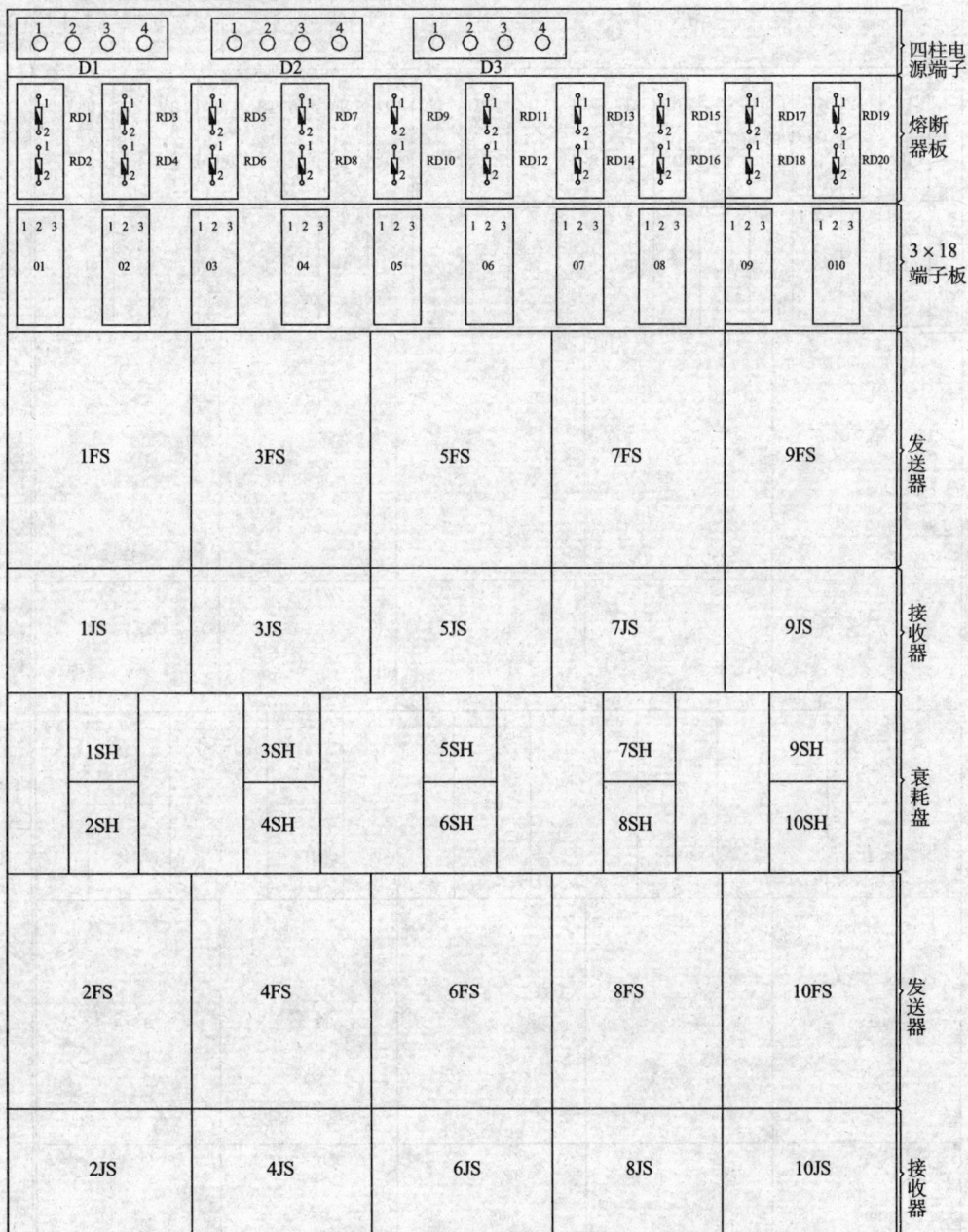

图 2.53　移频柜正面布置图

FS—发送器;JS—接收器;SH—衰耗器;RD—熔断器

81

高速铁路系列

82

										四柱电源端子
	4 3 2 1		4 3 2 1		4 3 2 1					
	D3		D2		D1					

										熔断器板
RD19	RD17	RD15	RD13	RD11	RD9	RD7	RD5	RD3	RD1	
RD20	RD18	RD16	RD14	RD12	RD10	RD8	RD6	RD4	RD2	

010	09	08	07	06	05	04	03	02	01	3×18端子板
3 2 1	3 2 1	3 2 1	3 2 1	3 2 1	3 2 1	3 2 1	3 2 1	3 2 1	3 2 1	

9FS	7FS	5FS	3FS	1FS	发送器
9JS	7JS	5JS	3JS	1JS	接收器

9SH	7SH	5SH	3SH	1SH	衰耗盘
10SH	8SH	6SH	4SH	2SH	

10FS	8FS	6FS	4FS	2FS	发送器
10JS	8JS	6JS	4JS	2JS	接收器

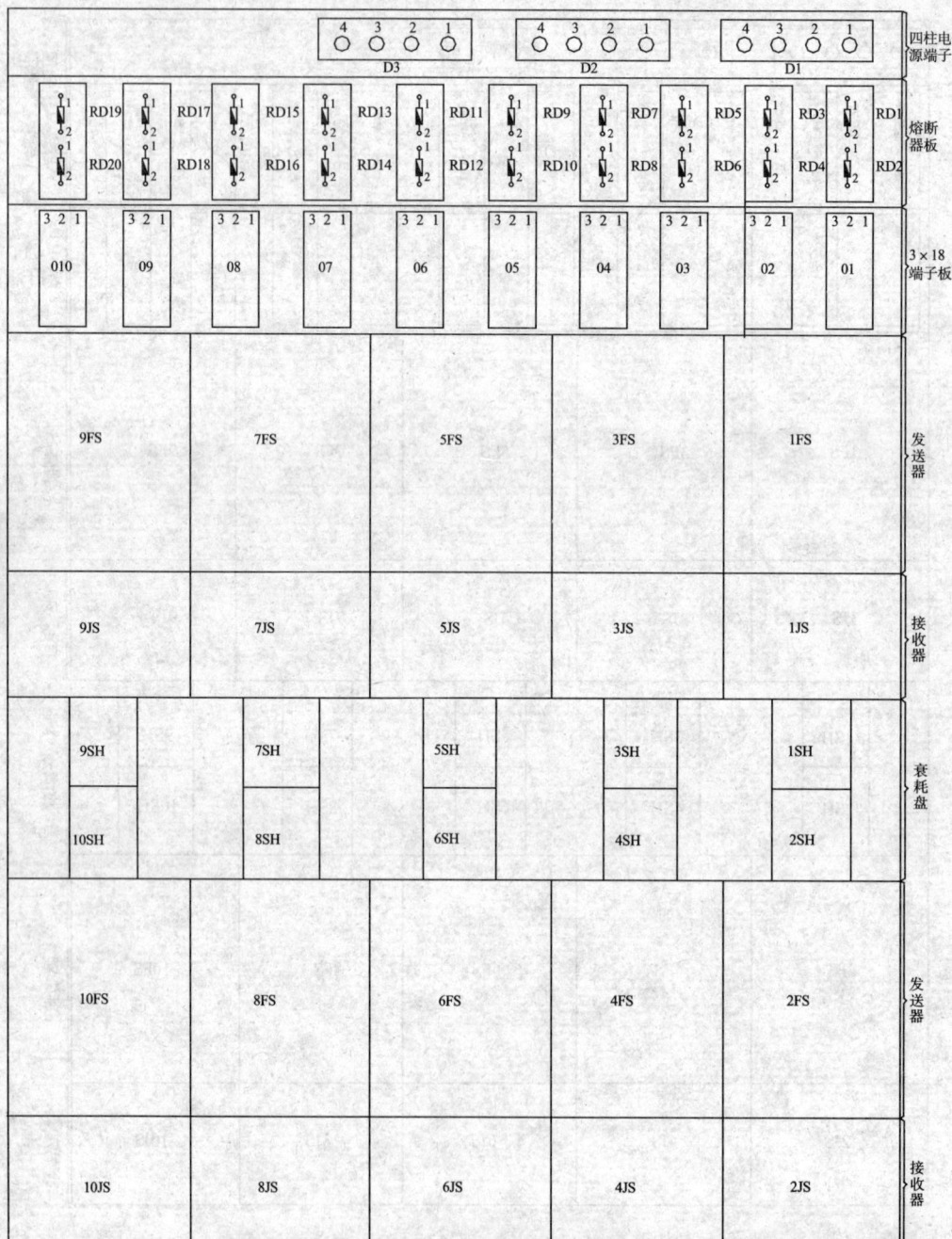

图 2.54　移频柜配线侧布置图

组合方式配备,每架五个组合。

四柱电源端子板用于外电源电缆与架内设备联结。

②移频架纵向设置有 5 条合金铝导轨,用于安装发送、接收设备。

③接收设备按 1、2、3、4、5、6、7、8、9、10 五对形成双机并联运用的结构。双机并用不由工程设计完成,在机柜内自行构成。

④为减少柜内配线,YBJ 引出接线,固定设置在位置 1 衰耗盘,1SH 线条引至 01 端子板。

⑤站内正线电码化发送及+1FS 均设置在移频组合内。

2. 端子占用分配表

(1)电源端子占用分配如图 2.55 所示。

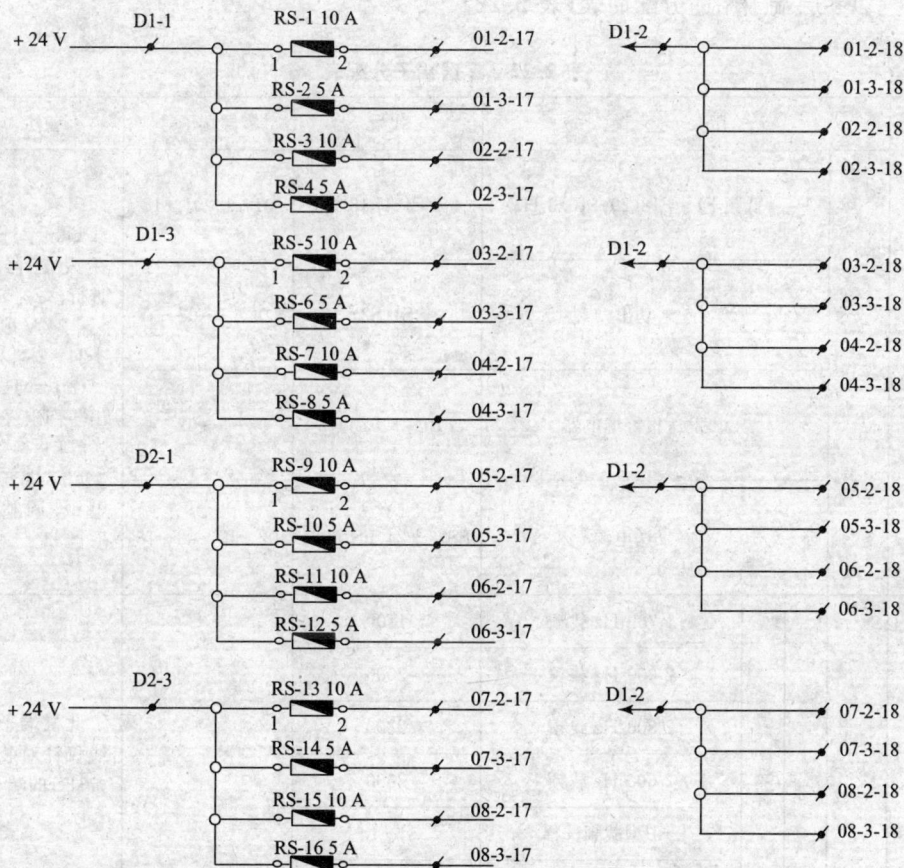

图 2.55　移频柜电源端子占用分配

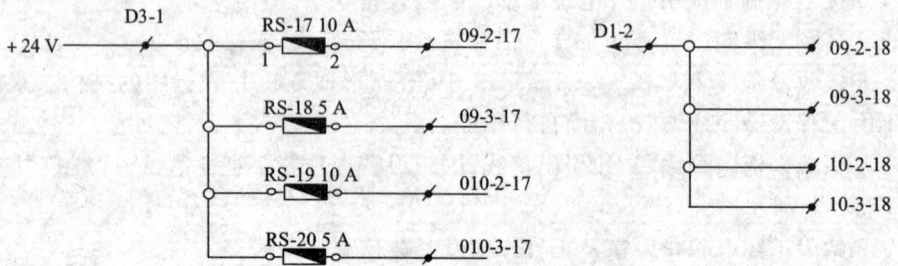

续图 2.55

(2)零层端子用途分配简表(表 2.22)

表 2.22　零层端子分配表

序号		用　途		代号	零层端子号	备注
一	发送	1	低频 F1~F18(29~10.3 Hz)	F1~F18	01-1~01-18	(1)1~NFS 载频频率选择在发送器上进行； +24 V 取自 +24-2 端子 (2)1~NFS 功出电平调整在发送器上进行 (3)共五级电平,调整端取自 11
		2	功出	S1、S2	02-1~02-2	
		3	发送报警继电器	FBJ-1、FBJ-2	02-3~02-4	
		4	发送电源	FS +24、FS 024	02-17~02-18	
二	+1 FS	1	载频率选择	1 700 Hz 载频	1700	此栏端子引线仅针对装有 +1FS 的端子
				2 000 Hz 载频	2000	
				2 300 Hz 载频	2300	
				2 600 Hz 载频	2600	
				-1 型载频选择	-1	
				-2 型载频选择	-2	

续上表

序号			用　途		代号	零层端子号	备注
二	+1 FS	2	功出电平调整	一级	1		此栏端子引线仅针对装有 +1FS 的端子
				二级	2		
				三级	3		
				四级	4		
				五级	5		
				调整端	11		
三	接收	1	主轨道输入		V1、V2	03-1、03-2	主机与并机频率选择均在接收器上进行；主机+24 V 取自+24端子 并级+24 V 取自(+24)端子
		2	小轨道(正向、反向)输入		XZIN、XFIN	03-3、03-4	
		3	主机小轨道1型载频选择		X1(Z)	03-5	
			主机小轨道2型载频选择		X2(Z)	03-6	
		4	并机小轨道1型载频选择		X1(B)	02-5	
			并机小轨道2型载频选择		X2(B)	02-6	
		5	主机轨道继电器 G		G(Z)、GH(Z)	03-7、03-8	
		6	主机小轨道继电器 XG		XG(Z)、XGH(Z)	03-9、03-10	
		7	主机小轨道检查条件 XGJ		XGJ(Z)、XGJH(Z)	03-11、03-12	
		8	发送接收报警接点		BJ-1、BJ-2	03-13、03-14	
		9	接收电源		JS +24、JS 024	03-17、03-18	

(3)移频架零层端子配线表

①01 零层端子配线表(表2.23)

表2.23　01 零层端子配线表

序号	1	2	3	序号	1	2	3
1	F1	S1	V1	3	F3	FBJ-1	XZIN
2	F2	S2	V2	4	F4	FBJ-2	XFIN

续上表

序号	1	2	3	序号	1	2	3
5	F5	X1(B)	X1(Z)	12	F12		XGJH(Z)
6	F6	X2(B)	X2(Z)	13	F13		BJ-1
7	F7		G(Z)	14	F14		BJ-2
8	F8		GH(Z)	15	F15		YB+
9	F9		XG(Z)	16	F16		YBJ
10	F10		XGH(Z)	17	F17	FS +24	JS +24
11	F11		XGJ(Z)	18	F18	FS 024	JS 024

②02-010 零层端子配线表(表 2.24)

表 2.24　02-010 零层端子配线表

序号	1	2	3	序号	1	2	3
1	F1	S1	V1	10	F10		XGH(Z)
2	F2	S2	V2	11	F11		XGJ(Z)
3	F3	FBJ-1	XZIN	12	F12		XGJH(Z)
4	F4	FBJ-2	XFIN	13	F13		BJ-1
5	F5	X1(B)	X1(Z)	14	F14		BJ-2
6	F6	X2(B)	X2(Z)	15	F15		
7	F7		G(Z)	16	F16		
8	F8		GH(Z)	17	F17	FS +24	JS +24
9	F9		XG(Z)	18	F18	FS 024	JS 024

(4)以 1-2 配线图为例(配线侧看)(图 2.56)

2.4.2　网络接口组匣的安装

可设在防雷柜,亦可设在组合架上。其容量为每组各含 8 个站防雷及电缆模拟网络。

D1

1	RD1-1 RD3-1	RD0-1 RD4-1
2	01-2-18 02-2-18	01-3-18 02-3-18
3		
4		

RD3 10 A
RD4 5 A
RD1 10 A
RD2 5 A
1
2

02

	3	2	1
1	2SH1-c1	& 2FS-S1 2SH-a32	2FS-F1
2	2SH1-c2	& 2FS-S2 2SH-c32	2FS-F2
3	2SH-a24	2FS-FBJ-1 2SH-a25	2FS-F3
4	2SH-c24	2FS-FBJ-2 2SH-c25	2FS-F4
5	2JS-X1(Z)	2JS-X1(B)	2FS-F5
6	2JS-X2(Z)	2JS-X2(B)	2FS-F6
7	2JS-G(Z) 1JS-G(B)		2FS-F7
8	2JS-GH(Z) 1JS-GH(B)		2FS-F8
9	2JS-XG(Z) 1JS-XG(B)		2FS-F9
10	2JS-XGH(Z) 2JS-XGH(B)		2FS-F10
11	2JS-XGJ(Z) 1JS-XGJ(B)		2FS-F11
12	2JS-XGJH(Z) 1JS-XGJH(B)		2FS-F12
13	01-3-14 2SH-a28		2FS-F13
14	03-3-13 2SH-c28		2FS-F14
15			2FS-F15
16			2FS-F16
17	RD4-2 & 2JS +24	RD3-2 & 2FS +24-1	2FS-F17
18	D1-2 & 2JS 024	D1-2 & 2FS 024-1	2FS-F18

01

	3	2	1
1	1SH1-c1	& 1FS-S1 1SH-a32	1FS-F1
2	1SH1-c2	& 1FS-S2 1SH-c32	1FS-F2
3	1SH-a24	1FS-FBJ-1 1SH-a25	1FS-F3
4	1SH-c24	1FS-FBJ-2 1SH-c25	1FS-F4
5	1JS-X1(Z)	1JS-X1(B)	1FS-F5
6	1JS-X2(Z)	1JS-X2(B)	1FS-F6
7	1JS-G(Z) 2JS-G(B)		1FS-F7
8	1JS-GH(Z) 2JS-GH(B)		1FS-F8
9	1JS-XG(Z) 2JS-XG(B)		1FS-F9
10	1JS-XCH(Z) 1JS-XCH(B)		1FS-F10
11	1JS-XGJ(Z) 2JS-XGJ(B)		1FS-F11
12	1JS-XGJH(Z) 2JS-XGJH(B)		1FS-F12
13	3-15 1SH-a28		1FS-F13
14	02-3-13 1SH-c28		1FS-F14
15	3-13 1SH-c28		1FS-F15
16	1SH-a27		1FS-F16
17	RD2-2 & 1JS +24	RD1-2 & 1FS +24-1	1FS-F17
18	D1-2 & 1JS 024	D1-2 & 1FS 024-1	1FS-F18

2SH

	c	b	a
1	02-3-1		主轨道电平调整
2	02-3-2		〃
3			〃
4			〃
5	# 2JS-ZIN(Z)	# 1JS-ZIN(Z)	〃
6	#′ 2JS-GIN(Z)	#′ 1JS-GIN(Z)	〃
7	# 2JS-XIN(Z)	# 1JS-XIN(Z)	〃
8	2JS-GIN(Z)	1JS-GIN(B)	〃
9	2FS 024-1		〃
10			〃
11	反向小轨道调整		正向小轨道调整
12	〃		〃
13	〃		〃
14	〃		〃
15	〃		〃
16	〃		〃
17	〃		〃
18	〃		〃
19	〃		〃
20	〃		〃
21	〃		〃
22	〃		〃
23	〃		〃
24	02-3-4		02-3-3
25	02-2-4		02-2-3
26	2JS-JB-		2JS-JB+
27			
28	02-3-14		02-3-13
29	2JS +24		2FS +24-1
30	02-3-8		02-3-7
31	02-3-10		02-3-9
32	02-2-2		02-2-1

1FS

		D	
024-1	&01-2-18 1SH-c9	+24-1	&01-2-17 1SH-a29
024-2		+24-2	
FBJ-1	01-2-3	FBJ-2	01-2-4
S1	&01-2-1	S2	&01-2-2
T1		T2	

F1	01-1-1	F7	01-1-7
F2	01-1-2	F8	01-1-8
F3	01-1-3	F9	01-1-9
F4	01-1-4	F10	01-1-10
F5	01-1-5	F11	01-1-11
F6	01-1-6	F12	01-1-12

F13	01-1-13	1700	
F14	01-1-14	2000	
F15	01-1-15	2300	
F16	01-1-16	2600	
F17	01-1-17	-1	
F18	01-1-18	-2	

1JS

ZIN(Z)	# 1SH-c5	XIN(Z)	# 1SH-c7
GIN(Z)	1SH-c8	GIN(Z)	#′ 1SH-c6
G(Z)	01-3-7	GH(Z)	01-3-8
XG(Z)	01-3-9	XGH(Z)	01-3-10
XGJ(Z)	01-3-11	XGJH(Z)	01-3-12

		D	
024	& 01-3-18	+24	& 01-3-17 1SH-c29
1700(Z)		2000(Z)	
2300(Z)		2600(Z)	
1(Z)		2(Z)	
X1(Z)	01-3-5	X2(Z)	01-3-6

ZIN(B)	# 2SH-b5	XIN(B)	# 2SH-c7
GIN(B)	2SH-b8	GIN(B)	# 2SH-c6
G(B)	02-3-7	GH(B)	02-3-8
XG(B)	02-3-9	XGH(B)	02-3-10
XGJ(B)	02-3-11	XGJH(B)	02-3-12

JB+	1SH-a26	JB-	1SH-c26
		(+24)	
1700(B)		2000(B)	
2300(B)		2600(B)	
1(B)		2(B)	
X1(B)	01-2-5	X2(B)	01-2-6

2JS

ZIN(Z)	# 2SH-c5	XIN(Z)	# 2SH-c7
GIN(Z)	2SH-c8	GIN(Z)	#′ 2SH-c6
G(Z)	02-3-7	GH(Z)	02-3-8
XG(Z)	02-3-9	XGH(Z)	02-3-10
XGJ(Z)	02-3-11	XGJH(Z)	02-3-12

		D	
024	& 02-3-18	+24	& 02-3-17 2SH-c29
1700(Z)		2000(Z)	
2300(Z)		2600(Z)	
1(Z)		2(Z)	
X1(Z)	02-3-5	X2(Z)	02-3-6

ZIN(B)	# 1SH-b5	XIN(B)	# 1SH-c7
GIN(B)	1SH-b8	GIN(B)	# 1SH-c6
G(B)	01-3-7	GH(B)	01-3-8
XG(B)	01-3-9	XGH(B)	01-3-10
XGJ(B)	01-3-11	XGJH(B)	01-3-12

JB+	2SH-a26	JB-	2SH-c26
		(+24)	
1700(B)		2000(B)	
2300(B)		2600(B)	
1(B)		2(B)	
X1(B)	02-2-5	X2(B)	02-2-6

1SH

	c	b	a
1	01-3-1		主轨道电平调整
2	01-3-2		〃
3			〃
4			〃
5	# 1JS-ZIN(Z)	# 2JS-ZIN(Z)	〃
6	#′ 1JS-GIN(Z)	#′ 2JS-GIN(Z)	〃
7	# 1JS-XIN(Z)	# 2JS-XIN(Z)	〃
8	1JS-GIN(Z)	2JS-GIN(B)	〃
9	1FS 024-1		〃
10			〃
11	反向小轨道调整		正向小轨道调整
12	〃		〃
13	〃		〃
14	〃		〃
15	〃		〃
16	〃		〃
17	〃		〃
18	〃		〃
19	〃		〃
20	〃		〃
21	〃		〃
22	〃		〃
23	〃		〃
24	01-3-4		01-3-3
25	01-2-4		01-2-3
26	1JS-JB-		1JS-JB+
27	01-3-15		01-3-16
28	01-3-14		01-3-13
29	1JS +24		1FS +24-1
30	01-3-8		01-3-7
31	01-3-10		01-3-9
32	01-2-2		01-2-1

2FS

		D	
024-1	&02-2-18 2SH-c9	+24-1	&02-2-17 2SH-a29
024-2		+24-2	
FBJ-1	02-2-3	FBJ-2	02-2-4
S1	&02-2-1	S2	&02-2-2
T1		T2	

F1	02-1-1	F7	02-1-7
F2	02-1-2	F8	02-1-8
F3	02-1-3	F9	02-1-9
F4	02-1-4	F10	02-1-10
F5	02-1-5	F11	02-1-11
F6	02-1-6	F12	02-1-12

F13	01-1-13	1700	
F14	01-1-14	2000	
F15	01-1-15	2300	
F16	01-1-16	2600	
F17	01-1-17	-1	
F18	01-1-18	-2	

图 2.56 移频架配试图

说明：1. 带“&”为纽绞线 RVS2×32/0.2（发送电源，接收电源，发送功出各自纽绞）；

2. 带“#”为双芯话筒线 SBVVP16×0.15×2，带“#”为话筒线的屏蔽线；

3. 未做标记为 23×0.15 阻燃线。

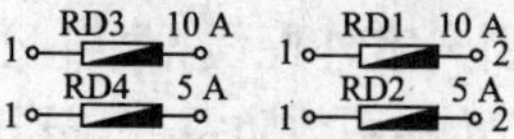

从设计上要求设 01、02 两引线端子板。其中 01 端子板用于引入室内配线，02 端子板用于引入室外配线，两组配线在网络盘及组合内、外都要严格分开走线与绑扎，以发挥低转移系数防雷变压器的作用。

网络接口组匣配线图(配线侧)如图 2.57 及图 2.58 所示。

出线端子板 02

	3	2	1
1		1-32	1-31
2		2-32	2-31
3		3-32	3-31
4		4-32	4-31
5		5-32	5-31
6		6-32	6-31
7		7-32	7-31
8		8-32	8-31
9			
10			
11			
12			
13			
14			
15			
16			
17			
18			

入线端子板 01

	3	2	1
1		1-2	1-1
2		2-2	2-1
3		3-2	3-1
4		4-2	4-1
5		5-2	5-1
6		6-2	6-1
7		7-2	7-1
8		8-2	8-1
9			
10			
11			
12			
13			
14			
15			
16			
17			
18	1-35		

4 — PMD

2	01-2-4	1	01-1-4
4		3	
6		5	
8		7	
10		9	
12		11	
14		13	
16		15	
18		17	
20		19	
22		21	
24		23	
26		25	
28		27	
30		29	
32	02-2-4	31	02-1-4
34		33	
		35	3-35 5-35

3 — PMD

2	01-2-3	1	01-1-3
4		3	
6		5	
8		7	
10		9	
12		11	
14		13	
16		15	
18		17	
20		19	
22		21	
24		23	
26		25	
28		27	
30		29	
32	02-2-3	31	02-1-3
34		33	
		35	2-35 4-35

2 — PMD

2	01-2-2	1	01-1-2
4		3	
6		5	
8		7	
10		9	
12		11	
14		13	
16		15	
18		17	
20		19	
22		21	
24		23	
26		25	
28		27	
30		29	
32	02-2-2	31	02-1-2
34		33	
		35	1-35 3-35

1 — PMD

2	01-2-1	1	01-1-1
4		3	
6		5	
8		7	
10		9	
12		11	
14		13	
16		15	
18		17	
20		19	
22		21	
24		23	
26		25	
28		27	
30		29	
32	02-2-1	31	02-1-1
34		33	
		35	2-35 01-3-18

8 — PMD

2	01-2-8	1	01-1-8
4		3	
6		5	
8		7	
10		9	
12		11	
14		13	
16		15	
18		17	
20		19	
22		21	
24		23	
26		25	
28		27	
30		29	
32	02-2-8	31	02-1-8
34		33	
		35	7-35

7 — PMD

2	01-2-7	1	01-1-7
4		3	
6		5	
8		7	
10		9	
12		11	
14		13	
16		15	
18		17	
20		19	
22		21	
24		23	
26		25	
28		27	
30		29	
32	02-2-7	31	02-1-7
34		33	
		35	6-35 8-35

6 — PMD

2	01-2-6	1	01-1-6
4		3	
6		5	
8		7	
10		9	
12		11	
14		13	
16		15	
18		17	
20		19	
22		21	
24		23	
26		25	
28		27	
30		29	
32	02-2-6	31	02-1-6
34		33	
		35	5-35 7-35

5 — PMD

2	01-2-5	1	01-1-5
4		3	
6		5	
8		7	
10		9	
12		11	
14		13	
16		15	
18		17	
20		19	
22		21	
24		23	
26		25	
28		27	
30		29	
32	02-2-5	31	02-1-5
34		33	
		35	4-35 6-35

图 2.57 网络接口组匣配线图

网络接口组匣结构示意图（背视）

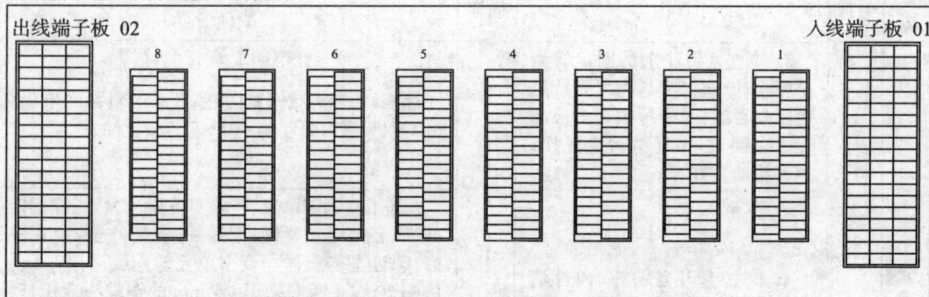

图 2.58 网络接口组匣结构图

2.4.3 ZPW－2000A 型无绝缘轨道电路设备的测试与维护

1. ZPW－2000A 型无绝缘轨道电路设备的维护内容、周期及标准（表 2.25）

表 2.25 ZPW－2000A 无绝缘轨道电路设备维护内容、周期及标准

设备名称	修程	工作内容	周期	说　明
轨道电路	日常维护	1. 检查送、受电端及空芯线圈钢包铜引接线完好	每旬一次	
		2. 检查补偿电容及卡具完好		
		3. 检查防护盒外观及加锁完好		
		4. 检查钢轨接续线完好；补齐缺损的接续线		
		5. 检查轨道电路有无受外界干扰		
	集中检修	1. 同日常维护内容	每季一次	标准：A、引接线采用长度分别为 2 000 mm、3 700 mm 的钢包铜注油线，线两端分别连有 ϕ10 mm、ϕ12 mm 的冷压铜端头，并压接良好（或轨道端为塞钉头，线头连接良好）。B、塞钉帽与钢轨应紧密接触。C、铜端头平面侧朝轨腰并与塞钉紧密固定，塞钉两端为防松铜螺帽；钢轨两侧的铜端头应朝向一致且与轨面水平，在离塞钉 15 cm 左右引接线用卡具固定且向下弯曲，并与水平成 45°～60°；机械绝缘节处的塞钉为加长塞钉，两铜端头应背靠背安装或顺向（两铜端头离开一定角度）。D、引接线采用专用轨枕卡具或水泥方枕固定，靠轨枕侧，走线平直，略低于道心轨枕面。外轨侧的两引接线应并行平直走线，用尼龙拉扣等间距绑扎。在钢包铜线引入防护盒的分支处用水泥方枕固定
		2. 检查钢包铜引接线的安装及固定是否符合要求，不良整治		

89

高速铁路系列

续上表

设备名称	修程	工作内容	周期	说　明
轨道电路	集中检修	3.检查塞钉头上的固定螺帽是否松动,塞钉头与轨面间接触电阻是否超标,冷压铜端头根部是否有裂纹,不良整治或更换;塞钉涂油良好	每季一次	标准:塞钉头螺帽紧固,塞钉头与轨面间电阻≤1 mΩ;双头塞钉每年测一次;塞钉涂黄油
		4.防护盒开盖检查、内部清扫、端子螺丝紧固,不良设备整修;电缆固定牢固		标准:A、调谐单元、匹配变压器、空芯线圈固定良好;B、各部螺丝紧固,无锈蚀,备帽齐全,中止漆完好;C、匹配变压器与调谐单元的连线采用7.4 mm²的铜缆,线头两端采用Φ6 mm的铜端头冷压连接,不松动;长度:电器绝缘节处分别为250 mm、500 mm,机械绝缘节处为两根2 700 mm,并用软管防护;D、防雷单元劣化指示窗正常为绿色,变红说明已失效需更换
		5.检查补偿电容的安装和固定是否符合要求,不良整治		标准:A、补偿电容应装在靠轨枕边的两端牢固固定于钢轨上的支架内(或专用轨枕护板内);B、连接电容引接线的塞钉,应从钢轨外侧打入,与塞钉孔紧密接触,塞钉头露出轨腰1~4 mm并用油漆封堵;C、两塞钉头引接线应朝下与水平成45°~60°夹角,且方向一致;D、塞钉头引接线的卡具应安装牢固,在离塞钉头15 cm左右将引线压于钢轨底部的上斜面
		6.检查电容引线断股是否超标		标准:断股<1/5
		7.检查钢轨接续线是否符合要求,不良更换或整修		标准:A、塞钉式导接线安装平直并贴于夹板的上沿面,无缺损、断股;塞钉头露出轨腰1~4 mm,用油漆封堵;B、胀钉式导接线塞钉头螺帽紧固,涂油良好;塞钉头引线朝夹板方向,并向下与水平成45°~60°夹角
		8.轨道电路送受电端调谐区设备电气特性在线测试并记录,见测试方法和测试表	一年一次	
		9.补偿电容电流特性在线测试并记录,见测试方法和测试表		
		10.绝缘轨距杆漏电流测试		
		11.对轨道电路分路残压测试	半年	
		12.防护盒防水整修;设备基础桩油漆、扶正;硬面化修补	每年一次	
		13.对防护盒上字迹不清的名称及电容防护罩上字迹不清的编号用白色调和漆重新刷写		标准:名称、编号采用直体字,防护盒上的规格为30 mm×20 mm
		14.各箱盒地线测试,不良整治		标准:地线电阻≤1 Ω。(无贯通地线≤10 Ω)
		15.防护盒界限测量		标准:A、防护盒顶距轨面≤200 mm;B、防护盒内侧边缘距最近钢轨内侧>1 500 mm

续上表

设备名称	修程	工作内容	周期	说　明
信号机、电缆箱盒及电缆线路	日常维护	内容按《维规》对信号机、电缆箱盒及电缆线路要求执行	每旬一次	标准:信号机中心离轨面中心≥2 900 mm,离发送防护盒中心 1 000±$^{00}_{00}$ mm 下灯位中心距轨面≥4 500 mm 数字信号电缆余量不能成:"O"形闭合环状
	集中维修	1. 同日常维护内容	每季一次	
		2. 检修内容及标准与站场相应设备相同		
室内	日常维护	1. 检查发送盒、接收盒、衰耗盒无过热现象	每日一次	
		2. 检查衰耗盒上各工作指示灯工作正常;模拟网络防雷元件劣化窗显示绿色		
		3. 室内轨道电路电压日常测试。见测试表		
		4. 其他内容同原室内设备要求一致		
	集中维修	1. 同日常维护内容	每年一次	
		2. 检查贯通地线,不良整修。地线电阻<1 Ω		
		3. 模拟网络盒电气参数在线测试并记录,见测试方法和测试表	半年	
		4. 轨道电路发送功出及发送接收电源测试并记录	每月	
		5. 电缆绝缘测试。每月1次,雨天加测		标准:数字电缆与普通电缆的全程绝缘均要求>1 mΩ
		6. 其他内容同原室内设备要求一致		

91

2. 安装技术人员的应知应会(表 2.26)

表 2.26 安装技术人员的应知应会

编号	内 容		施工安装及车站维修工区	检修所	技术管理	备 注
1	系统构成、作用		必须	一般	必须	
2	移频设备原理	(1)原理框图	一般		一般	直接、阻容、变压器、屏蔽、纽绞……
		(2)设备端子使用	必须			
		(3)设备接口相互间联结方式	必须			
		(4)技术指标	一般	必须	一般	
		(5)单元电路分析	部分必须	必须		
		(6)元器件故障分析	部分一般	必须		
		(7)开通试验	必须		一般	
		(8)设备调试	必须	必须	一般	
3	自动闭塞接线原理	(1)各种信号点典型接线	必须		一般	"必须"表示:看到—现象;想到—地点、端子;手到—诊断
		(2)站内电码化典型接线	必须		一般	
		(3)设备布置及端子固定使用	必须			
4	电源系统构成及联结		必须		一般	
5	防雷系统构成		必须		一般	
6	轨道电路调整		必须		必须	
7	处理现场典型故障方法		必须		必须	诊断设备是否正常故障因果关系断线、混线、接地
8	处理现场疑难故障方法		必须		必须	常规方法、应急方法、不明白情况下、"模糊"处理方法
9	常用仪表使用方法		部分必须	必须		

3. 在线测试指标及方法

(1)测试指标

①室外部分(表 2.27)

表 2.27　室外部分测试指标

设备及条件		指标（Ω） 项目		1700	2000	2300	2600	备　注
调谐单元 （BA）	极阻抗		最小	0.342 3	0.396 5	0.447 6	0.493 8	测试周期：1 年 BA 分为 1700、 2000、2300、 2600 四种类型
			中值	0.364 4	0.424 6	0.484 2	0.542 8	
			最大	0.386 4	0.450 7	0.520 9	0.591 8	
	零阻抗		最小	0.030 4	0.034 2	0.017 6	0.022 2	
			中值	0.045 9	0.054 1	0.041 5	0.050 7	
			最大	0.061 7	0.075 3	0.065 3	0.079 1	
空芯线圈 （SVA）			最小	0.347 4	0.408 6	0.469 8	0.531 1	测试周期：1 年 SVA 为一种类型
			中值	0.352 8	0.413 7	0.474 4	0.534 7	
			最大	0.369 4	0.434 2	0.499 1	0.564 1	
机械节空芯线圈 （SVA′）			最小	0.297 5	0.348 0	0.398 1	0.448 8	测试周期：1 年 SVA′分为 1 700、 2 000、2 300、 2 600 四种类型
			中值	0.306 9	0.359 0	0.410 7	0.462 9	
			最大	0.316 4	0.369 9	0.423 2	0.477 0	
匹配 单元 TAD	Z_{TE} （E1E2 端 TAD 输入阻抗）		最小	98.5	115.3	133.3	134.4	测试周期一年
			最大	139.8	159.9	175.8	194.4	
	Z_L （E1E2 端电缆输入阻抗， 室内为接收）		最小	466	468	472	455	
			中值	486	489	484	473	
			最大	514	520	521	507	
	Z_{TV} （V1V2 端 TAD 输入阻 抗，室内为接收）		最小	5.1	5.1	5.1	4.7	
			中值	5.3	5.2	5.2	4.9	
			最大	5.5	5.6	5.6	5.3	
	Z_G （V1V2 端轨道电路 输出阻抗）		最小	0.74	0.77	0.84	0.70	
			最大	1.02	1.03	1.10	1.13	
补偿 电容	最小（μF）			49.5	45	41.4	36	补偿电容分 为 40 μF、46 μF、50 μF、55 μF 四种类型
	中值（μF）			55	50	46	40	
	最大（μF）			60.5	55	50.6	44	
	换算系数 $A\left(C=\dfrac{i(A)}{u(V)}\times A\right)$			93.62	79.58	69.2	61.21	仅在无电容 测试表条件下 换算用
塞钉接触电阻不大于（mΩ）				1	1	1	1	测试周期：单头 3 月，双头 1 年
绝缘轨距杆在线漏泄电流不大于（mA）				2	2	2	2	干燥天气条件 下测试周期：1 年
分路灵敏 度线（Ω）	ZPW 系列			0.15	0.15	0.15	0.15	25 Hz 及 50 Hz 条件下
	25 Hz 及 50 Hz 轨道电路			0.06				
SPT 及 SPT- P 电缆（mΩ）	单芯电阻不大于（Ω/km）			23.5				500 V 在线 测试周期：1 月
	全程绝缘电阻 不小于（mΩ）	线对间		1				
		线-地		1				

②室内部分

a. 衰耗盒各项指标在线测试(表2.28)

表2.28 衰耗盒在线测试指标

序号	测试内容	技术指标		测试插孔	测试周期	备注
1	发送电源	DC(24±0.5) V		发送电源	月	
2	功出电压	1电平	163~181 V	功出电压	月	CD96-3选频挡
		2电平	146~162 V			
		3电平	127~143 V			
		4电平	103~115 V			
		5电平	73~82 V			
3	接收电源	DC(24±0.5)V		接收电源	月	
4	衰耗盒轨道输入电压	范围见调整表		轨入	日	
		小轨 AC≥42 mV			日	
5	主轨道输出电压	调整 AC≥240 mV		轨出1	日	
		分路 AC≤140 mV			半年	
6	小轨道输出电压	按110 mV调整调整时：AC (110±10) mV 按135 mV调整调整时：AC (135±10) mV		轨出2	日	
7	主机轨道继电器电压	DC≥20 V		GJ(Z)	月	
8	并机轨道继电器电压	DC≥20 V		GJ(B)	月	
9	轨道继电器电压	DC≥24 V		GJ	月	
10	主机小轨道继电器电压	DC≥20 V		XG(Z)	月	
11	并机小轨道继电器电压	DC≥20 V		XG(B)	月	
12	小轨道继电器电压	DC≥24 V		XG	月	
13	小轨道检查电压	DC≥24 V		XGJ	1月	双机条件其中之一不具备时：XGJ>20 V

b. 电缆模拟网络在线测试指标(表 2.29)

表 2.29 电缆模拟网络在线测试指标

序号	测试内容		技术指标			测试点	测试周期	备注
1	发送端电缆模拟网络电压(V)	室内设备侧	与发送器功出电压相同			设备(电缆模拟网络)	半年	
		防雷变压器	≈"设备"电压			防雷(电缆模拟网络)	半年	
		室外电缆侧	≤设备电压			电缆(电缆模拟网络)	半年	
	输入阻抗(Ω)	设备侧	频率	最小值	最大值	设备入口测电压电流	半年	实为防雷变压器＋电缆模拟网络＋电缆等阻抗
			1 700	453.8	500.4			
			2 000	448.7	502.9			
			2 300	426.4	477.2			
			2 600	391.7	444.6			
2	接收端电缆模拟网络电压(V)	室内设备侧	与发送器功出电压相同			设备(电缆模拟网络)	半年	
		防雷变压器	≈"设备"电压			防雷(电缆模拟网络)	半年	
		室外电缆侧	≤设备电压			电缆(电缆模拟网络)	半年	
	输入阻抗(Ω)	设备侧	频率	小	中	大		设备入口	半年	实为衰耗盒接收轨入端阻抗
			1 700	34.13	35.93	37.73			
			2 000	40.16	42.27	44.38			
			2 300	46.18	48.61	51.04			
			2 600	52.2	54.95	57.7			

(2)室外设备在线测试方法

①调谐单元(BA)在线测试方法

电气绝缘节调谐区构成如图 2.59 所示。

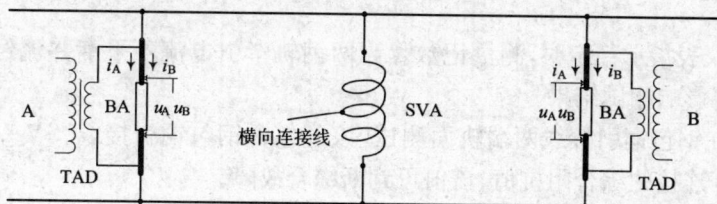

图 2.59 电气绝缘节调谐区构成

a. BA 中同时存在 A、B 两种频率的信号。

b. 电流 i_A、i_B 应在 BA 铜引线板与 TAD 连接线内方点进行测试。即仅测得 BA 电流,不包括 TAD 电流。

铜引接线板电阻甚小，u_A、u_B 可直接在引线板上测试，如图 2.60 所示。

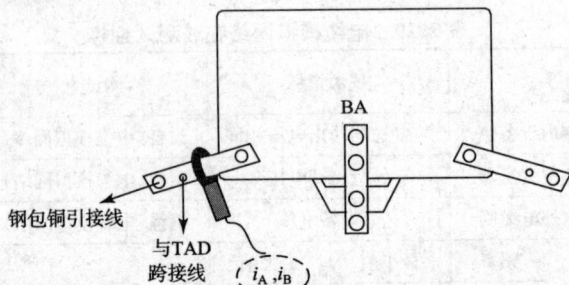

BA

钢包铜引接线

与 TAD
跨接线

$i_A、i_B$

图 2.60　调谐单元（BA）在线测试方法

c. $Z_A = \dfrac{u_A}{i_A}$; $Z_B = \dfrac{u_B}{i_B}$ 。

d. 上图 A 端测得 Z_A 为极阻抗，Z_B 为零阻抗；B 端测得 Z_A 为零阻抗，Z_B 为极阻抗；测得阻抗值与 A 端、B 端为发送端或接收端无关，均需测试并记录。

e. 在仪表指示稳定时测量记数。

f. 若在钢包铜引接线两端轨面测试，该值包含钢包铜引接线、TAD、BA、塞钉、铜端头及螺栓等连接的综合阻抗值，该值可判断综合故障。

g. 可采用单通道仪表，先测试同时记录 i_A、i_B，再测试同时记录 u_A、u_B，经测试确认，同时显示 Z_A、Z_B 值。亦可采用双通道仪表，同时采数，确认显示方法。

h. 所得阻抗值为阻抗模值，不表达角度。

②空芯线圈（SVA）在线测试方法

在上调谐区图中

a. SVA 中，同时存在 A、B 两种频率信号。

b. 电流 i_A、i_B，电压 u_A、u_B 应在 SVA 铜引线板上进行测试。

c. $Z_A = \dfrac{u_A}{i_A}$; $Z_B = \dfrac{u_B}{i_B}$ 。

d. 在仪表指示稳定时，测量记数。当两钢轨牵引电流不平衡并流经中心线时，带内谐波将影响测试结果。

e. 若在钢包铜引接线两端轨面测试，该值包含钢包铜引接线、SVA、塞钉、铜端头及螺栓等连接的综合阻抗值，该值可判断综合故障。

f. 所得阻抗值为阻抗模值。

③机械节空芯线圈（SVA'）在线测试方法（图 2.61）

a. 机械绝缘节可用于发送端，也可用于接收端，测量方法相同。

b. 在 SVA′端部铜引线板测得 Z_B 为阻抗值。

c. 在仪表指示稳定时，测量记数。

d. 在钢包铜引接线两端轨面测试，为钢包铜引接线、SVA′、塞钉、铜端头及螺栓等连接的综合阻抗值，该值可判断综合故障。

e. 所测得阻抗值为阻抗模值。

④匹配变压器在线测试方法

a. 匹配变压器运用及阻抗定义

一般说明：

TAD 有四个引出端子，其中：

E1、E2 与室内方向 SPT 电缆连接；

V1、V2 通过 BA 铜引线板与室外轨道电路连接。

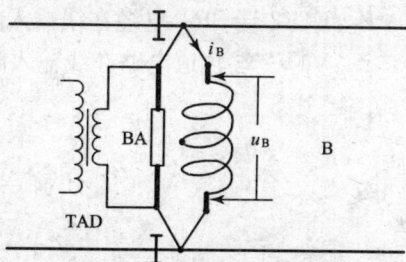

图 2.61　SAV′在线测试方法

如图 2.62 所示，当室内为发送时，信号为 f_A；室外为接收时，信号为 f_B、f_C（主轨及小轨）。

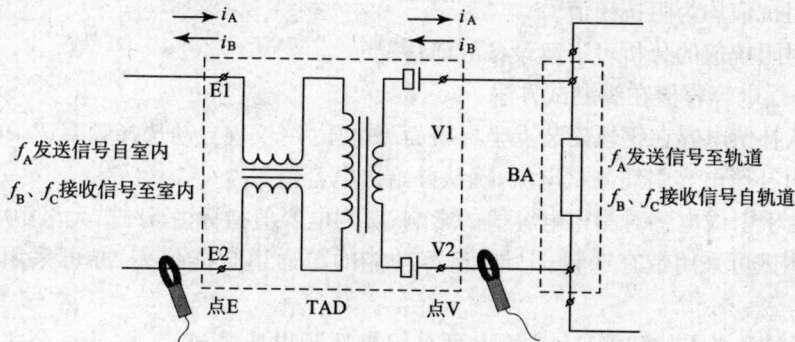

图 2.62　TAD 匹配变压器在线测试方法

室内侧电流及室外侧电流取自于 E1、E2 及 V1、V2 与外部连线。

阻抗测试点及定义见表 2.30。

表 2.30　阻抗测试点及定义

序号	测试点	测试信号频率	
		f_A	f_B、f_C
1	E1E2	TAD E1E2 端 TAD 在线输入阻抗 Z_{TE}	TAD E1E2 端 SPT 电缆在线输入阻抗 Z_L（含 Z_{LB}、Z_{LC}）
2	V1V2	TAD V1V2 端轨道电路在线输入阻抗 Z_G	TAD V1V2 端在线输入阻抗 Z_{TV}（含 Z_{TVB}、Z_{TVC}）

Z_{TE}：E1E2 端 TAD 在线输入阻抗。

Z_{TV}：V1V2 端 TAD 在线输入阻抗（一般为两种频率）。

Z_L：E1E2 端 SPT 电缆在线输入阻抗（一般为两种频率）。

Z_G：V1V2 端轨道电路在线输入阻抗。

b.

$$Z_{TE} = \frac{u_A}{i_A}$$

$$Z_{TVB} = \frac{u_B}{i_B} \qquad Z_{TVC} = \frac{u_C}{i_C}$$

$$Z_{LB} = \frac{u_B}{i_B} \qquad Z_{LC} = \frac{u_C}{i_C}$$

$$Z_G = \frac{u_A}{i_A}$$

（u、i 均为在规定点、规定频率下的测试值）

c. Z_{TE}、Z_G 值与轨道电路状态（长度、道床电阻）有关，其阻抗值变化范围较大，一般应在晴天干燥条件下测试记录，以便于比较。

d. Z_{TV}、Z_L 值误差范围较小。

e. 在仪表指示稳定时，测量记数。

f. 阻抗值均为阻抗模值。

g. 对阻抗值的分析可了解设备故障情况。

⑤补偿电容容值在线测试方法

a. 从补偿电容在钢轨安装点坐标轨面测电压，用仪表自动选择频率记录电压。

b. 由补偿电容引线测试电流，确认并给出电容值。

c. 由于引线电感对测得电容值的影响，实测电容值指标由 5% 扩大至 10%。

d. 测试可采用带有选频、记录、运算功能的单通道智能仪表，亦可采用双通道仪表。

在不具备必需的智能仪表时，也可采用带选频电压电流表，按计算公式系数 A 求得电容容值。

$$C = \frac{i(A)}{u(V)} \times A(\mu F)$$

系数 A 见表 2.31。

表 2.31　系数 A 对应表

载频(Hz)	1 700	2 000	2 300	2 600
A	93.62	79.58	69.2	61.23

e. 在仪表值时稳定后，测量记数。

f. 电容引线断股及塞钉接触不良，引起损耗角变化不能用本方法检查。

g. 电流钳频率响应范围差，将造成较大测试误差，甚至错误判别。

⑥塞钉与钢轨交流接触电阻的在线测试

TAD 塞钉接触电阻在线测图如图 2.63 所示。

a. 为取得统一测量值，测试点原则上应选取引接线根部点"A"与同线路坐标轨顶中部点"B"。为测试方便：

在假设引线与塞钉焊接良好时,可选取塞钉"点 A′"和"点 B"(塞钉式);

在假设引线与铜端头接触良好时,可选取铜端头"点 A"与"点 B"(膨胀螺栓式)。

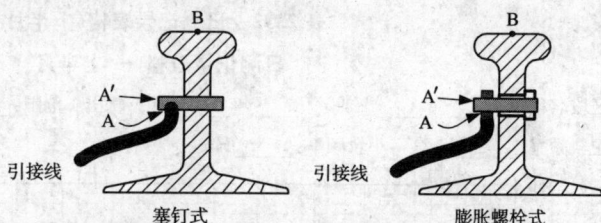

图 2.63 TAD 塞钉接触电阻在线测试

b. 对于双头塞钉应分别测量每个塞钉。测试标准及方法与单一塞钉相同。

c. 测量电压值时,应采用专用测试线,并使仪表远离钢轨,以消除干扰。

d. 在仪表指示稳定时,测量记数。

e. 塞钉接触电阻值为交流阻抗值,与被测点间电流流向电阻及电感有关,一般 2 600 Hz 阻抗值最高,1 700 Hz 阻抗值最低。

⑦分路灵敏度线电阻在线测试

a. 在分路线上测分路电流 i。

b. 在轨顶尽量接近分路线 A、B 的 A′、B′点接电压表。该方式测试结果包含了分路线与钢轨的接触电阻。

c. 采用有足够压力的专用"杠杆压力分路灵敏度线",轨面经过砂纸打磨,认为与钢轨接触电阻可忽略时可直接在杠杆两端铜头上测电压。

d. 在仪表指示稳定时测量。一般电压表在最小值(最佳接触状态)时,确认取值。

$$R_f = \frac{u}{i}$$

⑧绝缘轨距杆在线测试

a. 在干燥条件下,直接由电流钳测试。

b. 绝缘轨距杆绝缘材料完好条件下,电流多由表面附着脏物造成。有的也为轨距杆中间分界处,铁锈延伸连接两端造成。应简易判断剔除脏物、铁锈,并在连接处涂黄油等。

4. 测试记录表格

日测记录表格(上半月)见表 2.32。

表 2.32　日测记录表格(上半月)

日测记录表格 — 上半月

区段名称:＿＿＿＿＿＿　日期:＿＿＿年＿＿＿月　轨出1范围:＿＿＿～＿＿＿(mV)

主轨频率:＿＿＿Hz　小轨频率:＿＿＿Hz

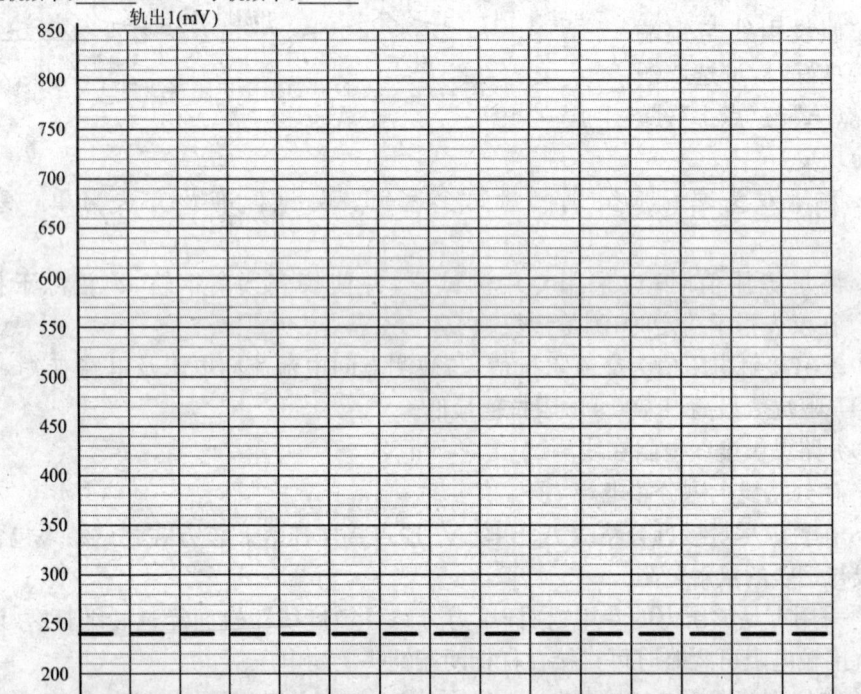

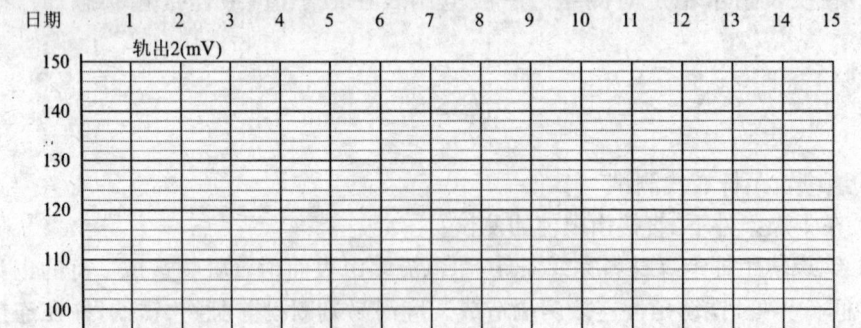

轨出1(mV)

| | 850 | 800 | 750 | 700 | 650 | 600 | 550 | 500 | 450 | 400 | 350 | 300 | 250 | 200 |

| 日期 | 1 | 2 | 3 | 4 | 5 | 6 | 7 | 8 | 9 | 10 | 11 | 12 | 13 | 14 | 15 |

轨出2(mV)

| | 150 | 140 | 130 | 120 | 110 | 100 |

| 日期 | 1 | 2 | 3 | 4 | 5 | 6 | 7 | 8 | 9 | 10 | 11 | 12 | 13 | 14 | 15 |

日期	1	2	3	4	5	6	7	8	9	10	11	12	13	14	15
测试人员															
天气情况															
轨出1(mV)															
轨出2(mV)															

下半月日测记录表格见表2.33。

表 2.33　日测记录表格(下半月)

日测记录表格 — 下半月

区段名称：＿＿＿＿＿＿＿＿＿　日期：＿＿＿＿年＿＿＿＿月　轨出 1 范围：＿＿＿＿＿＿～＿＿＿＿＿（mV）

主轨频率：＿＿＿＿Hz　　小轨频率：＿＿＿＿Hz

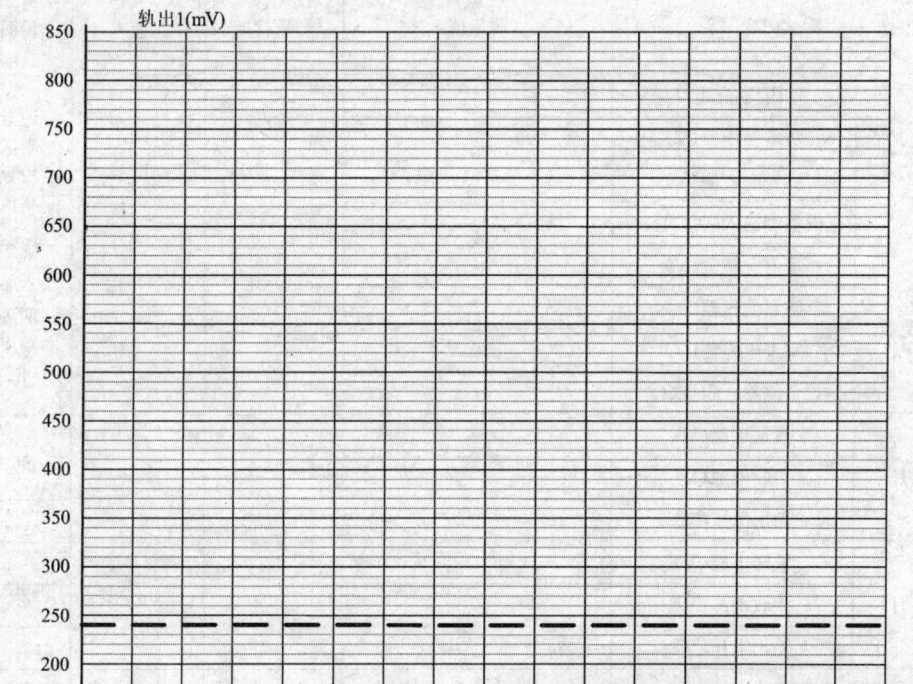

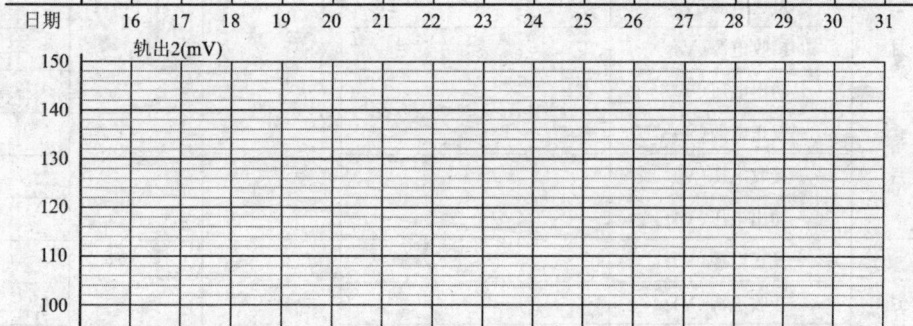

轨出1(mV)

| 日期 | 16 | 17 | 18 | 19 | 20 | 21 | 22 | 23 | 24 | 25 | 26 | 27 | 28 | 29 | 30 | 31 |

轨出2(mV)

| 日期 | 16 | 17 | 18 | 19 | 20 | 21 | 22 | 23 | 24 | 25 | 26 | 27 | 28 | 29 | 30 | 31 |

测试人员																
天气情况																
轨出1(mV)																
轨出2(mV)																

室内部分半年记录表格见表 2.34。

表 2.34　半年测记录表格(室内部分)

半年测记录表格—室内部分

区段名称：_____　本区段频率：_____Hz　日期：_____(上,下)年

	测试内容	测量值	测量日期	测量人	说明
送端	室内设备侧(V)				记录本区段频率值
	防雷变压器(V)				
	室外电缆侧(V)				
	设备侧输入阻抗(Ω)				
受端	室内设备侧(V)	/			记录两种频率值
	防雷变压器(V)	/			
	室外电缆侧(V)	/			
	设备侧输入阻抗(Ω)	/			
月	发送电源(V)				
	接收电源(V)				
	功出电压(V)				
月	发送电源(V)				
	接收电源(V)				
	功出电压(V)				
月	发送电源(V)				
	接收电源(V)				
	功出电压(V)				
月	发送电源(V)				
	接收电源(V)				
	功出电压(V)				
月	发送电源(V)				
	接收电源(V)				
	功出电压(V)				
月	发送电源(V)				
	接收电源(V)				
	功出电压(V)				

室外调谐区年测记录表格见表 2.35。

表 2.35　年测记录表格(室外调谐区)

年测记录表格— 室外部分 — 调谐区

区段名称：_____(送、受)端　　　　　本区段频率：_____Hz

日期：_____年_____月_____日　　　　测试人：_____

测试内容		测量值		说明
		本区段频率1	邻区段频率2	
本区段 调谐单元 类型： BA_____	设备阻抗(mΩ)			机械节中无此内容,在"____"上填写 BA 类型,分别记录本区段频率阻抗和邻区段频率阻抗。双塞钉时填写塞钉2阻抗
	内侧塞钉1阻抗(mΩ)			
	内侧塞钉2阻抗(mΩ)			
	外侧塞钉1阻抗1(mΩ)			
	外侧塞钉2阻抗2(mΩ)			
	轨面电压(V)			
	引线电流(A)			
临区段 调谐单元 类型： BA_____	设备阻抗(mΩ)			在"____"上填写 BA 类型,分别记录本区段频率阻抗和邻区段频率阻抗。双塞钉时填写塞钉2阻抗
	内侧塞钉1阻抗(mΩ)			
	内侧塞钉2阻抗(mΩ)			
	外侧塞钉1阻抗1(mΩ)			
	外侧塞钉2阻抗2(mΩ)			
	轨面电压(V)			
	引线电流(A)			
空芯线圈 类型： (SVA,SVA′)	设备阻抗(mΩ)			机械节中用"√"选择"SVA′",分别记录本区段频率阻抗和邻区段频率阻抗值,双塞钉时填写塞钉2阻抗
	内侧塞钉1阻抗(mΩ)			
	内侧塞钉2阻抗(mΩ)			
	外侧塞钉1阻抗(mΩ)			
	外侧塞钉2阻抗(mΩ)			
匹配单元 TAD	ZTE(Ω)			送端,记录所属区段频率阻抗
	ZG(Ω)			
	ZL(Ω)			受端,记录两种频率阻抗
	ZTV(Ω)			

103

高速铁路系列

室外补偿电容年测记录表格见表 2.36。

表 2.36 年测记录表格(室外补偿电容)

年测记录表格— 室外部分 — 补偿电容

区段名称：＿＿＿＿＿＿ 本区段频率：＿＿＿＿＿ Hz

日期：＿＿＿＿年＿＿＿＿月·＿＿＿＿日 测量人：＿＿＿＿＿＿

测试内容		测量值	说明
电容 (μF)	C1		编号从发送端起
	C2		
	C3		
	C4		
	C5		
	C6		
	C7		
	C8		
	C9		
	C10		
	C11		
	C12		
	C13		
	C14		
	C15		
	C16		
	C17		
	C18		
	C19		
	C20		
	C21		
受端分路残压	上半年		轨出1测试
	下半年		

5. 检修所测试指标及方法

(1)常温测试条件

温度:15~35 ℃;

湿度:45%~75%;

保持时间:不小于 10 h。

(2)检验用仪器仪表及设备(表 2.37。)

表 2.37 检验用仪器仪表及设备

序号	仪器设备名称	型号	规格 (量程,准确度,分度值)	备注
1	频谱分析仪	Agilent 35670A	频率:0~100 kHz,1 600 线频率分辨率 动态范围 16 bit ADC/90	自动测试可不备
2	函数发生器	hp33120A	100 μHz~15 MHz 20 ppm/年	自动测试可不备
3	可编程 RCL 测试仪	PM 6306/071	电阻 0~200 MΩ(DC 时) 电感:0~200 MΩ/ω 电容:0pF~1/(ω×0.1 mΩ) f≤50 kHz	
4	数字多用表	F45	DCV:300 mV~1 000 V 10 μV±0.025%+2 ACV:300 mV~750 V 10 μV±0.5%+10	自动测试可不备
5	数字多用表	HP34401A	DCV:100 mV~1 000 V 100 nV,0.0045+0.001 ACV:100 mV~750 V 100 nV,0.06+0.03	自动测试可不备
6	数字毫秒仪	HDS 850/3	0.000 1~99 999.9 s;10 Hz~1 MHz; 输入信号最大幅值:450 V	自动测试可不备
7	频响分析仪	TD1250		自动测试可不备
8	功率放大器	CROWN2402	1 个通道负载 8 Ω 输出:520 W 总失真:1 kHz	自动测试可不备
10	兆欧表	QZ2A	(500±8%) V 测试电流:0.5 mA 精确度:小于表面刻度全弧长的 2%	
11	耐压测试仪	CS 2671B	AC/DC 两用((0~10)±5%)kV±2 个字 漏电流测试范围 AC:0.1~2 mA, 测试时间:1~(995±1%) (50±5%) mA±2 个字	
12	ZPW-2000A 移频 设备整机测试台 (自动测试台)	BT-01U/D		

(3)检验内容及检验方法

①发送器(室内)(表2.38)

表2.38　发送器(室内)检验内容及方法

序号	检验项目		标准要求	检验方法要点说明	仪器设备名称	备注
1		绝缘电阻	≥10 MΩ	将发送器安装在发送器绝缘电阻测试台上,用兆欧表500 V挡测量绝缘电阻	兆欧表	
2	常温性能	低频频率	(10.3~29.0)Hz ±0.03 Hz	按测试电路,将电源电压调至24 V,负载电阻接400 Ω,分别选择不同的低频选择开关、载频选择开关和载频类型开关,在全部低频载频和载频类型组合条件下测试低频频率和载频频率	频谱分析仪 数字多用表	可采用专用自动测试台
3		载频频率	(1 689.7~2 601.4)Hz ±0.15 Hz			
4		输出电压(1电平)	161.0~170.0 V	按测试电路,将发送测试台电平选择开关置于1电平,在载频选择开关中任意一个合上和载频类型任选一个的条件下,用数字多用表测试输出电压。同样方法改变电平选择开关,分别测试2~5电平。在任一载频和任一载频类型组合条件下测试输出电压	数字多用表	
		输出电压(2电平)	146.0~154.0 V			
		输出电压(3电平)	128.0~135.0 V			
		输出电压(4电平)	104.5~110.5 V			
5		输出电压(5电平)	75.0~79.5 V			
6		发送报警继电器电压	≥20 V		数字多用表	
		故障转换时间	≤1.6 s		数字毫秒仪	

说明

1. 低频、载频频率测试:电源电压为24 V,8个载频频率分别选择4个低频频率,但是要覆盖全部低频频率。

2. 输出电压测试:电源电压为23.5 V和24.5 V,分别测量载频1 698.7 Hz低频20.2 Hz和载频2 601.4 Hz低频20.2 Hz的输出电压。

3. 故障转换时间测试:载频1 698.7 Hz,低频20.2 Hz和载频2 601.4 Hz低频20.2 Hz,分别测量载频故障、低频故障和加入载频时的转换时间。

②接收器(室内)(表 2.39)

表 2.39 接收器(室内)检验内容及方法

序号	检验项目		标准要求	检验方法要点说明	仪器设备名称	备注
1	绝缘电阻		≥10 MΩ	将接收器安装在接收器绝缘电阻测试台上,用兆欧表 500 V 挡测量绝缘电阻	兆欧表	
2	主轨道接收	吸起门限	200～210 mV	按测试电路,将电源电压调至 24 V,将接收测试台的载频选择开关置于 1 700,载频类型开关置 1。用函数发生器发出 1 701.4 Hz,低频为 10.3 Hz 的移频信号。合上主机主轨道选择开关,将函数发生器的输出幅度从 0 逐步增大,当继电器吸起时,用数字多用表测试函数发生器输出幅度,测试值为吸起门限。调节函数发生器的输出幅度为 300 mV,当继电器吸起时用数字多用表测试继电器电压,同时用数字毫秒仪测继电器的吸起时间。将函数发生器的输出幅度逐步减小,直到继电器落下,用数字多用表测试函数发生器输出幅度,测试值为落下门限。同时用数字毫秒仪测继电器的落下时间。将接收测试台上主机小轨道、并机主轨道、并机小轨道测试开关分别合上,按照上述方法测试接收器对不同轨道信号的吸起门限、落下门限、继电器电压、吸起延时和落下时间	函数发生器数字多用表数字毫秒仪	可采用专用自动测试台
3		落下门限	≥170 mV			
4		继电器电压	≥20 V			
5		吸起延时	2.3～2.8 s			
6		落下延时	≤2 s			
7	小轨道接收	吸起门限	70～80 mV			
8		落下门限	≥63 mV			
9		继电器电压	≥20 V			
10		吸起延时	2.3～2.8 s			
11		落下延时	≤2 s			
说明	技术指标测试时,电源电压为 24 V,8 个载频频率分别选择 4 个低频频率,但是要覆盖全部低频频率。					

③衰耗盘(室内)(表2.40)

表2.40 衰耗盘(室内)检测内容及方法

序号	检验项目		标准要求	检验方法要点说明	仪器设备名称	备注
1	绝缘电阻		≥10 MΩ	将发送器安装在发送器绝缘电阻测试台上,用兆欧表500 V挡测量绝缘电阻	兆欧表	
2	输入阻抗		(42.27±0.42) Ω	输入2 000 Hz正弦信号1 160 mV,输出开路,用可编程RCL测试仪测试输入阻抗	RCL测试仪	
3	传输特性	a1－a2	(10±2) mV	将衰耗盘安装在衰耗盘测试台上,调整函数发生器,使输出2 000 Hz、1 160 mV的正弦信号,用数字多用表测试衰耗盘端子上的电压	函数发生器数字多用表	可采用专用自动测试台
		a4－a5	(40±6) mV			
4		a3－a5	(60±6) mV			
		a6－a7	(140±6) mV			
5		a8－a9	(420±8) mV			
		a8－a10	(1 260±18) mV			
6		a5－a6(a3－a7 连)	(200±6) mV			
		a7－a9(a6－a10 连)	(980±14) mV			
7		a3－a2(a5－a1 连)	(70±7) mV			
8	衰耗电阻	a11－a12,c35－a36	(10±0.5) Ω	将衰耗盘安装在衰耗盘测试台上,用数字多用表测试衰耗盘端子上的电阻	数字多用表	可采用专用自动测试台
		a12－a13,c36－a37	(20±1) Ω			
9		a13－a14,c37－a38	(39±2) Ω			
		a14－a15,c38－a39	(75±3.75) Ω			
10		a15－a16,c39－a40	(150±7.5) Ω			
		a16－a17,c40－a41	(300±15) Ω			
11		a17－a18,c41－a42	(560±28) Ω			
		a18－a19,c42－a43	1.1 kΩ±11 Ω			
12		a19－a20,c43－a44	2.2 kΩ±22 Ω			
		A20－a21,c44－a45	3.3 kΩ±33 Ω			
13		A21－a22,c45－a46	6.2 kΩ±62 Ω			
		A22－a23,c46－a47	12 kΩ±120 Ω			
14	故障报警		任一路电源故障,继电器落下	打开24 V和5 V电源,按衰耗盘测试台显示开关,继电器吸起。断开任一路电源,继电器落下。轨道空闲时,衰耗盘亮绿灯。轨道占用时,衰耗盘亮红灯		

④防雷模拟网络盘(室内)(表 2.41)

表 2.41　防雷模拟网络盘检测内容及方法

序号	检验项目		标准要求	检验方法要点说明	仪器设备名称	备注
1	传输特性	25-26	5.86~6.47 V	按测试电路,将防雷模拟网络盘安装在防雷模拟网络盘测试台上,调整函数发生器和功率放大器,使输出 2 000 Hz,10 V 的正弦信号,用数字多用表测试防雷模拟网络盘指定端子上的电压	函数发生器 数字多用表 功率放大器	可采用专用自动测试台
2		21-22	3.87~4.44 V			
3		17-18	1.90~2.28 V			
4		13-14	0.94~1.15 V			
5		9-10	0.47~0.58 V			
6		5-6	0 V(短路)			
7	防雷模拟网络盘	衰耗电阻	25-26,27-28	≥1 MΩ	将防雷模拟网络盘安装在防雷模拟网络盘测试台上,用数字多用表测防雷模拟网络盘指定端子上的电阻值	数字多用表	可采用专用自动测试台
			27-25,28-26	(90±4.5) Ω			
			23-24,21-22	≥1 MΩ			
			23-21,24-22	(45±2.25) Ω			
8			19-20,17-18	≥1 MΩ			
			19-17,20-18	(45±2.25) Ω			
			115-16,13-14	≥1 MΩ			
9			15-13,16-14	(22.5±1.13) Ω			
			11-12,9-10	≥1 MΩ			
			11-9,12-10	(11.25±0.56) Ω			
10			7-8,5-6	≥1 MΩ			
			7-5,8-6	(11.25±0.56) Ω			
11	防雷变压器变比		1:(1.02~1.06)	调整函数发生器和功率放大器,使输出 2 000 Hz、(10±1)V 的正弦信号送到1-2,3-4 开路,用数字多用表测试防雷变压器 3-4 端子上的电压	函数发生器 数字多用表 功率放大器	

高速铁路系列

⑤防雷匹配变压器、空芯线圈和机械绝缘节空芯线圈(室外)(表2.42)

表2.42　防雷匹配变压器、SVA 和 SVA′(室外)检验内容及方法

序号	检验项目			标准要求	检验方法要点说明	仪器设备名称	备注
1	防雷匹配变压器		绝缘电阻	≥10 MΩ	将匹配变压器安装在匹配变压器测试台上,用兆欧表500 V挡测量绝缘电阻	兆欧表	
2			40 Hz 传输性能	(7.0~11.0) V	按测试电路,调整函数发生器和功率放大器,使V1、V2 上有一个 40 Hz、1.5 V 的正弦信号,用数字多用表测试 E1、E2 上的电压	函数发生器数字多用表功率放大器	可采用专用自动测试台
3			2 000 Hz 传输性能	(38.0~44.0) V	按测试电路,调整函数发生器和功率放大器,使V1、V2 上有一个 2 000 Hz、3.0 V 的正弦信号,用数字多用表测试 E1、E2 上的电压		
1	空心线圈		电感值	(33.5±1) μH	调整函数发生器和功率放大器,输出频率为 1 592 Hz,输出电压使通过 100 mΩ 电阻上的电流达到 2 A,频响分析仪的测试数据为空芯线圈的测试值	函数发生器数字多用表功率放大器	
2			电阻值	(18.5±5.5) mΩ			
1	机械绝缘节空心线圈	1 700 Hz	电感值	(28.60±3%) μH	函数发生器和功率放大器输出频率为机械绝缘节空芯线圈的测试频率、输出电压使通过 100 mΩ 电阻上的电流达到 2 A,频响分析仪的测试数据为机械绝缘节空芯线圈的测试值	数字多用表	可采用专用自动测试台
2			电阻值	(29.60±10%) mΩ			
3		2 000 Hz	电感值	(28.44±3%) μH			
4			电阻值	(33.58±10%) mΩ			
5		2 300 Hz	电感值	(28.32±3%) μH			
6			电阻值	(33.75±10%) mΩ			
7		2 600 Hz	电感值	(28.25±3%) μH			
8			电阻值	(35.70±10%) mΩ			

⑥调谐单元(室外)(表 2.43)

表 2.43 调谐单元(室外)检验内容及方法

序号	检验项目		标准要求(F)	检验方法要点说明	仪器设备名称	备注
1	1 700 Hz	1 700 Hz 电流 8.2 A 极阻抗虚部	13.5～18.5	设置函数发生器和功率放大器,输出频率为无绝缘调谐单元零阻抗的测试频率、输出电压使通过 100 mΩ 电阻上的电流达到测试要求。频响分析仪的测试数据为无绝缘调谐单元零阻抗的测试值;设置函数发生器和功率放大器,输出频率为无绝缘调谐单元极阻抗的测试频率、输出电压使通过 100 mΩ 电阻上的电流达到测试要求。频响分析仪的测试数据为无绝缘调谐单元极阻抗的测试值	函数发生器数字多用表功率放大器频响分析仪	可采用自动测试台
1	1 700 Hz	1 700 Hz 电流 8.2 A 极阻抗实部	－386～－342			
2	1 700 Hz	2 300 Hz 电流 2 A 零阻抗实部	14～18			
2	1 700 Hz	2 300 Hz 电流 2 A 零阻抗虚部	－59～－27			
3	2 000 Hz	2 000 Hz 电流 7.1 A 极阻抗实部	20.5～25.5			
3	2 000 Hz	2 000 Hz 电流 7.1 A 极阻抗虚部	－452～－396			
4	2 000 Hz	2 600 Hz 电流 2 A 零阻抗实部	21～25			
4	2 000 Hz	2 600 Hz 电流 2 A 零阻抗虚部	－71～－27			
5	2 300 Hz	2 300 Hz 电流 6.2 A 极阻抗实部	见图 2.66			
5	2 300 Hz	2 300 Hz 电流 6.2 A 极阻抗虚部				
6	2 300 Hz	1 700 Hz 电流 2 A 零阻抗实部				
6	2 300 Hz	1 700 Hz 电流 2 A 零阻抗虚部				
7	2 600 Hz	2 600 Hz 电流 5.5 A 极阻抗实部	见图 2.66			
7	2 600 Hz	2 600 Hz 电流 5.5 A 极阻抗虚部				
8	2 600 Hz	2 000 Hz 电流 2 A 零阻抗实部				
8	2 600 Hz	2 000 Hz 电流 2 A 零阻抗虚部				

⑦补偿电容(室外)(表 2.44)

表 2.44 补偿电容(室外)检验内容及方法

序号	检验项目	标准要求	检验方法要点说明	仪器设备名称	备注
1	极间绝缘电阻	≥10 MΩ	将绝缘电阻的测试仪输出调至直流 100 V,施加于补偿电容器的两个外接塞钉进行测试	绝缘电阻测试仪	清除表面脏物
2	补偿电容器容量	[(40～90)±5%]μF	将可编程 RCL 测试仪联结补偿电容器的两个外接塞钉,以测试频率 1 000 Hz 对补偿电容进行测试	可编程 RCL 测试仪	
3	损耗角正切值	tanδ≤0.007 0			

2.4.4 系统故障处理

1. 主要表示、检查部位及测量值

(1)闭塞分区编号及移频柜设备位置的排列

为便于维修,对闭塞分区编号必须要有简单明确的规定。对设备位置排列亦应考虑与线路状态相对应,以便于根据设备表示及测试数据,分析设备运用及故障状态。

①闭塞分区编号(图 2.64)

以车站为中心:下行接车方向为 A 端;上行发车为 B 端;

上行接车方向为 C 端;下行发车为 D 端。

编号均以车站为中心由近及远顺序编号。

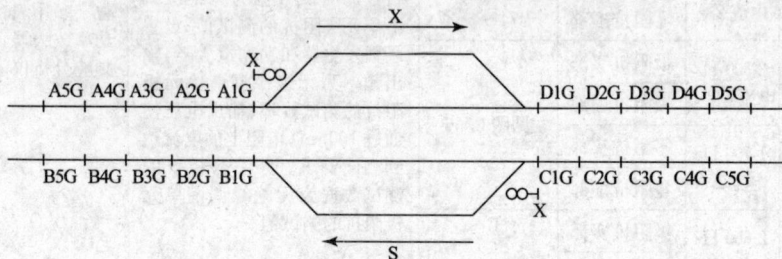

图 2.64 闭塞分区编号

②移频柜(架)设备位置排列

由于轨道占用灯设置在衰耗盘上,只要将移频柜(架)设备按照线路闭塞分区顺序在移频柜(架)上布置,通过衰耗盘轨道占用红灯指示却可反映列车在线路上的行进情况,如图 2.64 所示。

可将上行端 A1G—A5G、B1G—B5G,共计 10 套设备放在第一个移频架上,其顺序为:

1—A5G、3—A4G、5—A3G、7—A2G、9—A1G

2—B5G、4—B4G、6—B3G、8—B2G、10—B1G

(2)设备故障的三级报警指示

第一级:对车站值班员。

通过总移频报警继电器失磁,表示站内移频发送、接收设备有故障存在,在控制台上通过声光报警。

第二级:对车站工区维修人员。

通过每段轨道电路所属衰耗盘的"发送工作"、"接收工作"指示灯表示故障的发

送、接收盘。

第三级：对检修所维修人员。

通过发送器、接收器内部故障定位指示、闪动次数向检修所人员提示设备故障的范围。

(3)主要表示灯(图 2.38)

①发送工作：即为发送故障报警指示，设在衰耗盘内，绿色。

点灯表示：工作正常。

灭灯表示：故障。

②接收工作：即为接收故障报警指示，设在衰耗盘内，绿色。

点灯表示：工作正常。

灭灯表示：故障。

③轨道占用：设在衰耗盘内。

正常反映轨道电路空闲：灭灯。

列车占用时：红灯。

一般接收故障时，由于双机并联运用，轨道电路空闲，仍为灭灯状态。

④总移频报警灯：设在控制台，当移频总报警继电器(YBJ)失磁时，点亮红灯，并通过故障铃报警。

⑤故障定位指示灯：设在发送、接收设备内，供检修所维修用。

发送器故障定位指示灯含义见表 2.45。

表 2.45 发送器故障定位指示灯含义

闪动次数(N)	含 义	可能的故障点
1	CPU 故障	RAM 故障 CPU 内部 RAM 故障
2	主机载频故障	载频输入条件没有或有两个及以上 相应的光耦被击穿
3	备机载频故障	载频输入条件没有或有两个及以上 相应的光耦被击穿
4	通信故障	CPLD 故障或另一 CPU 故障
5	安全与门 1 故障	安全与门 1 输出电路故障
6	安全与门 2 故障	安全与门 2 输出电路故障
7	安全与门 3 故障	安全与门 3 输出电路故障
8	安全与门 4 故障	安全与门 4 输出电路故障
9	EPROM 故障	

高速铁路系列

接收器故障定位指示灯含义见表2.46。

表2.46　接收器故障定位指示灯含义

闪动次数(N)	含　义	可能的故障点
1	低频编码条件故障	低频编码条件线断线或混线 相应的光耦被击穿或断线
2	功出电压检测故障	负载短路 功放电路故障 滤波电路故障 其他故障引起
3	低频频率检测故障	JT3、JT4或N16故障 J1断线
4	上边频检测故障	JT3、JT4或N16故障 J1断线
5	下边频检测故障	JT3、JT4或N16故障 J1断线
6	型号选择条件故障	型号选择条件线断线或混线 相应的光耦击穿或断线
7	载频编码条件故障	载频编码条件线断线或混线 相应的光耦被击穿或断线

注:闪光方式为灯闪N次后暂停一段时间,然后继续闪动,其中N=1—7。

(4)主要测试插孔

①发送、接收有关测试插孔及测量值

"发送电源":发送器用+24电源电压测试,24 V。

"接收电源":接收器用+24电源电压测试,24 V。

"发送功出":发送器功出电平的测试。

"接收输入":接收输入电压(自轨道来U_{V1V2}),$\geqslant$240 mV。

"主轨道输出":来自轨道,主轨道经过电平级调整后的输出电平,$\geqslant$240 mV。

"小轨道输出":来自轨道,经过衰耗电阻分压后的输出电平,约42 mV。

GJ:轨道继电器的电压 ,$\geqslant$20 V(并机时高)。

XGJ:小轨道继电器(或执行条件)电压,$\geqslant$20 V,开路>30 V(并机时高)。

②站防雷及电缆模拟网络测试(表2.47)

表 2.47　模拟网络测试范围

测试插孔	电 压 值	
	发送	接收
SK1"防雷入"防雷变压器室内侧	与发送功出同	约数百毫伏
SK2"电缆入"防雷变压器室外侧	与发送功出同	高于 SK1 电压值
SK3"电缆出"与电缆连接侧	经模拟网络衰减低于功出电压	未经模拟网络衰减,高于 SK2 电压值

2. 系统故障分类及处理办法

(1)断线

①单线静态(图 2.65)

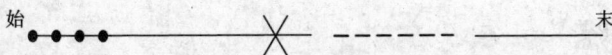

图 2.65　单线静态断线

a. 检查"始"、"末"端。

b. 原则从中间点入手,先排除约一半故障范围,逐渐缩小故障范围。

c. 从易于查找点进行。

d. 具体方法有三种。

(a)量电位法。

(b)电阻法。

(c)短路法。

②单线动态

a. 观察停留点或步。

b. 控制电路动作步数,进行观察。

③设备连接(图 2.66)

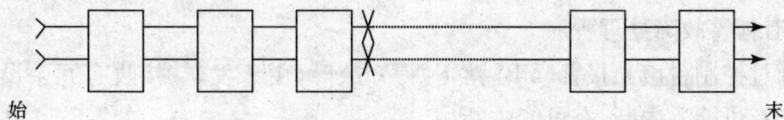

图 2.66　设备连接图

一般测量"始"、"末"端信号,易从中间查找点入手,如 SK、分线盘等。

局部也用短路法,如 FS 功出电路的 DJ(灯丝继电器)条件等。

115

(2)混线

①两单线混线(图2.67)

a. 从短线入手。

b. 破坏短路方法:即将条件少的短线条件

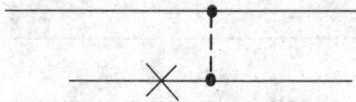

图2.67 两单线混线

从中间分成两半分别查两部分混线,进而缩小故障范围,查找之。

c. 破坏短路也注意从易切断位置进行,如拔下继电器等。

②单线与环线混线(图2.68)

a. 查找配线图、从短环入手。

b. 若检查环,则将环断成两半,分半查找。

③环与环混线(图2.69)

a. 查图由小环入手。

b. 多为某点交叉。

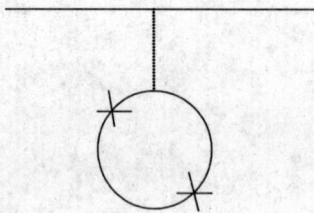

图2.68 单线与环线混线

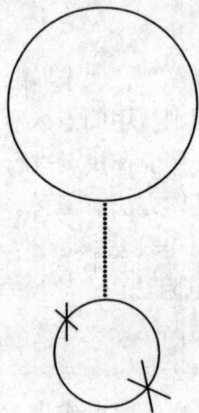

2.69 环与环混线

3. 故障处理程序

(1)有报警故障处理程序

①通过控制台声光报警(YBJ落下)得知故障,由于发送、接收有冗余设计,系统正常工作有可能不中断、有可能中断。

②至信号机械室查看SH上各发送、接收的工作灯(绿)是否灭灯。

③灭灯设备为故障。

④迅速判决故障是否影响行车。如只一台发送故障并已转为"+1FS"工作,接收仍正常工作,不影响行车。如只一台接收故障,由于双机并联另一方仍保持工作,

不影响行车。

⑤发现故障一般处理程序。

对发送：检查电源、保安器、低频编码电源、功出电压等等，区分发送内外故障，当＋1Fs工作正常，估计为发送内部故障，可更换新发送。

对接收：检查电源、保安器、输入电压（主轨道、小轨道）等等，区分接收内外故障。并机仍可保证 GJ 工作，多为单一接收故障，可更换新接收。

（2）无报警故障处理程序

无故障报警一般多属于无检测非冗余环节故障。这类故障多由控制台红光带指示及司机行车受阻报告得知。

如发送功出→组合架→防雷柜→分线盘→室外轨道电路

接收输入→衰耗→组合架→防雷柜→分线盘→室外轨道电路

再如：区间信号机的点灯电路从室内室外，以上线路均存在故障可能。处理故障中应迅速判断故障范围属于室内或室外，进而处理。室内外故障划分多在分线盘处测量确定。

2.5　ZPW－2000A/K 型无绝缘轨道电路原理

ZPW－2000A/K 型轨道电路是在既有线 ZPW－2000A 无绝缘轨道电路的基础上，针对高速铁路的应用进行了适应性改进，它保留了既有线 ZPW－2000A 轨道电路稳定、可靠的特点，具有我国自主知识产权，适用于高速铁路列控系统。ZPW－2000A/K 轨道电路包括区间设备和站内设备两种。目前已应用于京津、合宁、合武、武广、沪宁等高速铁路。

2.5.1　ZPW－2000A/K 型无绝缘轨道电路技术特点

针对客运专线轨道结构和列车运行速度高等特点，则要求所提供的 ZPW－2000A/K 无绝缘轨道电路系统应具有高可靠性和高安全性。它是在既有线 ZPW－2000A 无绝缘轨道电路基础上，对其优化而提出的 ZPW－2000A/K 轨道电路系统。与既有线 ZPW－2000A 无绝缘轨道电路系统相比，在以下几个方面对其进行了升级和改进：

（1）ZPW－2000A/K 轨道电路系统取消了既有线 ZPW－2000A 无绝缘轨道电路系统大量的继电编码逻辑电路，采用无接点的计算机编码方式。

（2）发送器由既有线的"N＋1"冗余方式改为"1＋1"的冗余方式，最大限度地降低了因设备故障而影响行车的故障。同时对原机柜的配置及结构进行了改进，采用了风格标识统一的标准机柜，机柜的容量按照 20 台发送器、10 台接收器、10 台衰耗冗余控制器设计，连接器件采用国际标准的连接器件，提高了设备的可靠性和可维护性。

（3）为了适应客运专线发送器自动编码的需求，将既有线 ZPW－2000A 发送器、接收器进行了改进设计，增加通信功能，实现了与列控中心通信及向微机监测系统上传设备工作状态信息的功能。同时增加了相应的通信接口板。

（4）将既有线 ZPW－2000A 无绝缘轨道电路的调谐单元和匹配单元整合为一个调谐匹配单元，减少了系统的设备数量，提高了系统的可靠性。

（5）根据客运专线的道床电阻高的特点，将既有线补偿电容按频率选择容值优化为一种容值，减少了补偿电容的种类。补偿电容采用了全密封工艺，一方面提高了补偿电容的容值稳定性，另一方面延长了其使用寿命，从而，提高了轨道电路系统工作的稳定性。

（6）对 ZPW－2000A/K 轨道电路系统相关的配套器材，增加了相应的技术指标要求，大大提高了轨道电路系统工作稳定性。如：对扼流变压器增加不平衡牵引电流和大电流条件下的电气指标要求。增加了空芯线圈的导线线径，从而提高了设备的安全容量，使轨道电路系统工作更加稳定可靠。

（7）ZPW－2000A/K 轨道电路系统带有监测和故障诊断功能，使得轨道电路系统能够及时准确地对轨道电路工作的临界和故障状态，较为准确地给出预警或报警，为系统的"状态修"提供了技术保证。

（8）对于站内 ZPW－2000A 轨道电路，使道岔分支长度由小于等于 30 m 延长到的 120 m，提高了机车信号车载设备在站内使用的安全性，提高了轨道区段划分的灵活性。

2.5.2　ZPW－2000A/K 型无绝缘轨道电路组成

1. 系统原理框图

ZPW－2000A/K 无绝缘轨道电路系统共有四种配置，其系统原理框图如图 2.70～图 2.73所示。

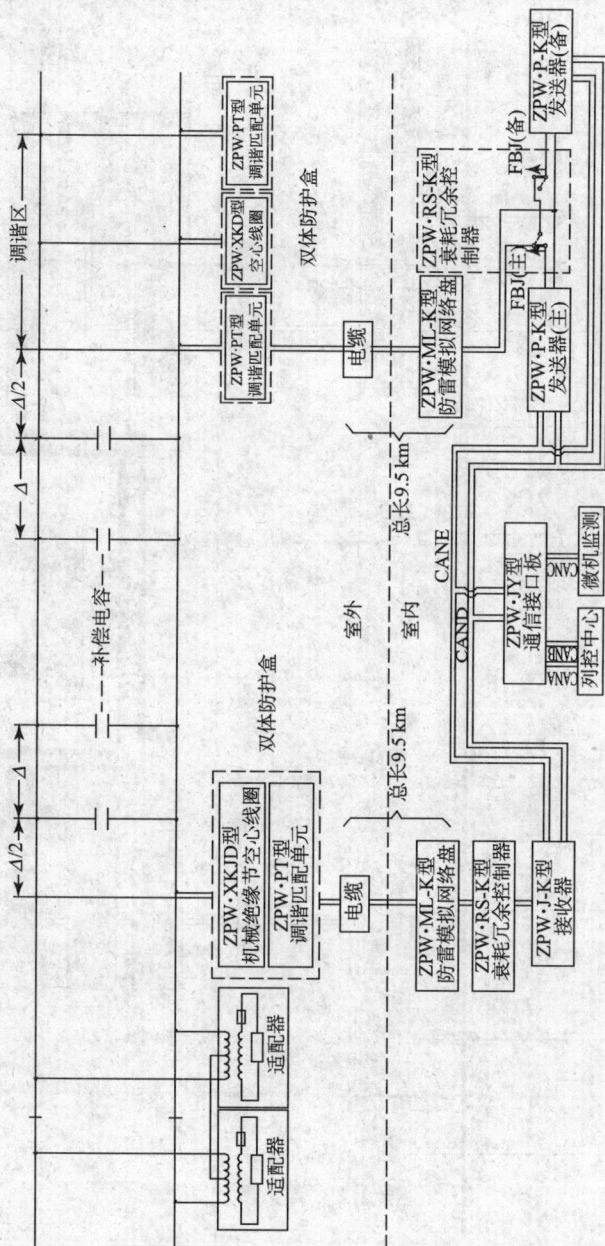

图 2.70 区间轨道电路（机械绝缘节—电气绝缘节）系统原理

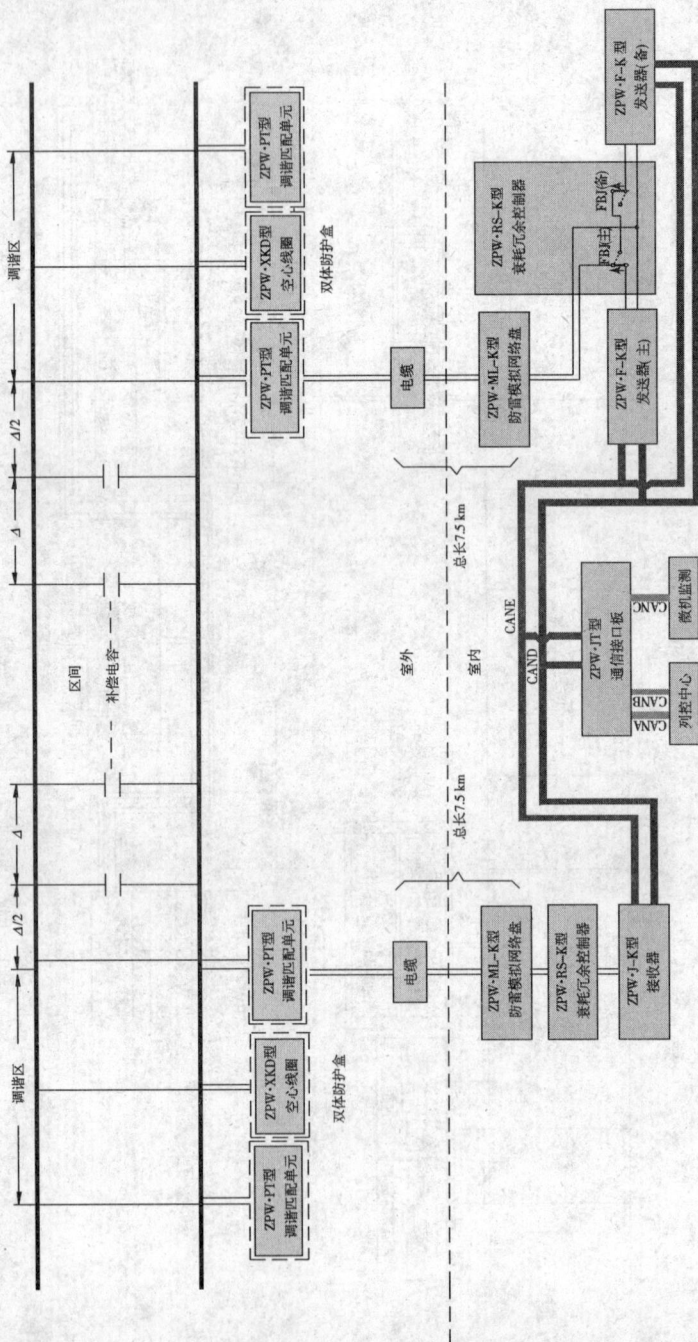

图 2.71　区间轨道电路（电气绝缘节—电气绝缘节）系统原理框图

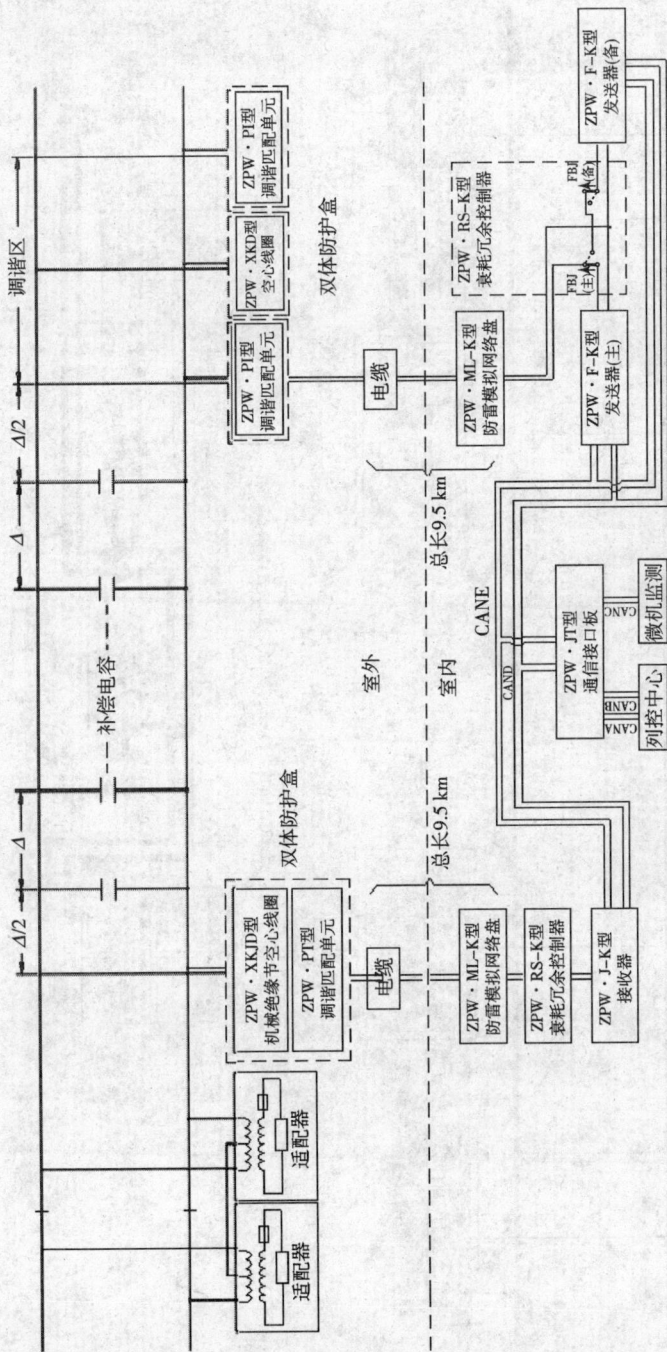

图 2.72　站内轨道电路(机械绝缘节—电气绝缘节)系统原理框图

122

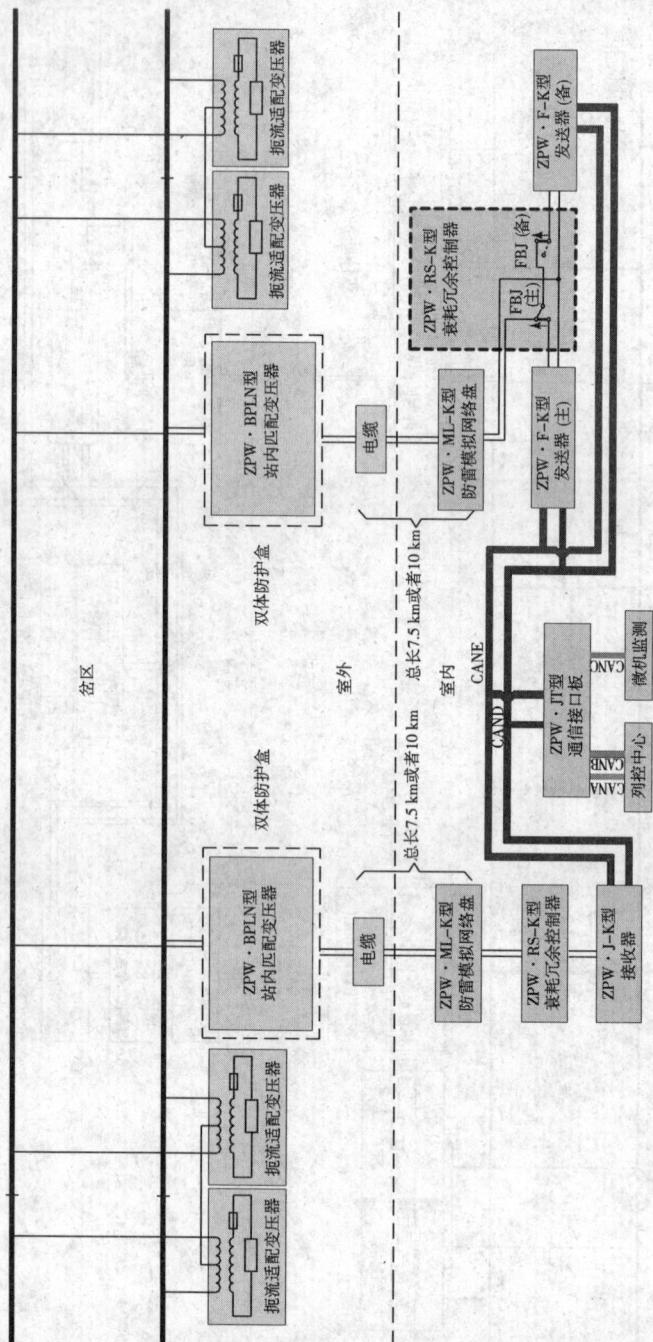

图 2.73 站内轨道电路（机械绝缘节—机械绝缘节）系统原理框图

2. 系统设备分类

ZPW-2000A/K 无绝缘轨道电路设备,分为室内设备和室外设备两部分。室内设备包括无绝缘轨道电路机柜、无绝缘轨道电路接口柜、无绝缘防雷模拟网络组匣、轨道电路通信接口板(通信盘)、无绝缘发送器(以下简称发送器)、无绝缘接收器(以下简称接收器)、无绝缘衰耗冗余控制器(以下简称衰耗冗余控制器)、无绝缘双频衰耗冗余控制器(以下简称双频衰耗冗余控制器)、无绝缘防雷模拟网络盘(以下简称防雷模拟网络盘);室外设备包括无绝缘调谐匹配单元(以下简称调谐匹配单元)、无绝缘轨道电路大电流空芯线圈(以下简称空芯线圈)、无绝缘轨道电路大电流机械绝缘节空芯线圈(以下简称机械绝缘节空芯线圈)、站内防雷匹配变压器、无绝缘轨道电路防雷单元(以下简称轨道电路防雷单元)。

高速铁路轨道电路设备的规格见表 2.48。

表 2.48　高速铁路轨道电路设备的规格

序号	名称		型号	外形尺寸(mm)			颜色	重量(kg)
				长	宽	高		
1	室内设备	轨道电路机柜	ZPW·G-2000A/K	900	600	2 350	灰色	290
2		无绝缘轨道电路接口柜	ZPW·GK-2000A/K	900	600	2 350	灰色	280
3		防雷模拟网络组匣	ZPW·XML/K	418	766	179	灰色	25
4		轨道电路通信接口板	ZPW·JT	30	173	310	灰色	0.5
5		发送器	ZPW·F-K	220	100	383	黑色	6
6		接收器	ZPW·J-K	220	100	123	黑色	1.7
7		衰耗冗余控制器	ZPW·RS-K	210	95	107	黑色	1.2
8		双频衰耗冗余控制器	ZPW·RSS-K	210	95	107	黑色	1.2
9		防雷模拟网络盘	ZPW·ML-K	375	95	178	黑色	5.0
10	室外设备	调谐匹配单元	ZPW·PT	485	300	108	白色	7.2
11		空芯线圈	ZPW·XKD	485	350	108	白色	8.1
12		机械绝缘节空芯线圈	ZPW·XKJD-1700	485	350	108	白色	8.1
13		站内匹配变压器	ZPW·BPLN	485	300	108	白色	6.0
14		轨道电路防雷单元	ZPW·ULG	90	75	80		0.8
			ZPW·ULG2	90	66	80		0.5

3. 设备功能及原理

ZPW-2000A/K 无绝缘轨道电路的简单工作原理是:发送器编码采用列控接口通信单元送来的 4 对 CAN 数据线控制,四对线采用冗余方式,控制一架移频架 10 个区段,接口在移频架第 2 层两端的 A·B·C·D 端子,其中任何三对线故障不影响使用。同时 4 对数据线也接至接收盒,采集接收盒的工作状态。发送器采用 1+1 的工作方式,主备机可自动和人工倒换。

接收器按双机并联运用设计,分为主、并两部分,由两路独立的信号输入、执行条

件输出和 CAN 地址及载频条件接口。可协同处理另一区段信号,从而构成互为热备的冗余系统。接收器通过接收主轨道电压控制轨道继电器的吸取和落下,给出轨道占用和空闲表示。小轨道不参与联锁,与轨道继电器的吸取和落下没有关系,只起监测和报警功能以及小轨道区段断轨检查功能。方向电路通过列控驱动 ZGFJ·FGFJ 来控制 FJ 和 FQJ 达到改方的目的。具体操作与既有线 ZPW - 2000A 轨道电路相同。模以电缆长度区间 7.5 km,站内 10 km。

(1)ZPW·G - 2000A/K 无绝缘轨道电路机柜

可安装发送器、接收器、衰耗冗余控制器或者双频衰耗冗余控制器,出线方式采用上出线或下出线方式。无绝缘轨道电路机柜(见图 2.74)正面为设备安装层,由三层组成,第一层、第三层为发送器和接收器安装层,第二层为(双频)衰耗冗余控制器(或双频衰耗冗余控制器)安装层,可安装 20 台发送器、10 台接收器和 10 台(双频)衰耗冗余控制器。机柜背面为零层端子装板组装,分为四层,一层为 24 V 电源输入层,一层为断路器安装层,安装了 10 组断路器,每组断路器安装了两个 10 A 和一个 5 A 断路器,10 A 用于主、备发送器的过流保护,5 A 用于接收器的过流保护,其余两层用于机柜内部产品与工程配线的连接。

图 2.74　无绝缘轨道电路机柜　　　　图 2.75　无绝缘轨道电路接口柜

(2) ZPW·GK - 2000A/K 无绝缘轨道电路接口柜

可安装模拟网络组匣,组匣内安装防雷模拟网络盘,出线方式采用上出线或者下出线方式。ZPW - 2000A/K 轨道电路接口柜(如图 2.75 所示)与既有 ZPW - 2000A 轨道电路接口柜结构基本一致,由零层端子和设备安装层等构成。零层端子为两层,共 26 个 18 柱万可端子,两块 24 位接地铜排。万可端子用于

接口柜内部设备与工程配线的连接,接地铜排用于接口柜内部防雷模拟网络盘地线与室外防雷地线的连接。设备安装层共有九层,可以安装 9 层防雷模拟网络组匣。

(3)ZPW·F-K 发送器 (图 2.76)

适用于时速 200 km 及以上的客运专线上。发送器通过列控中心给出的编码条件,可产生 8 种载频、18 种低频的高精度、高稳定性的移频信号。对产生的移频信号进行自检,故障时向监测维护主机发出报警信息。发送器采用双机热备冗余方式,如图 2.77 所示。

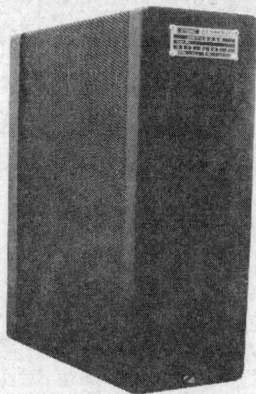

图 2.76 ZPW·F-K 发送器   图 2.77 发送器采用 1 备 1 方式

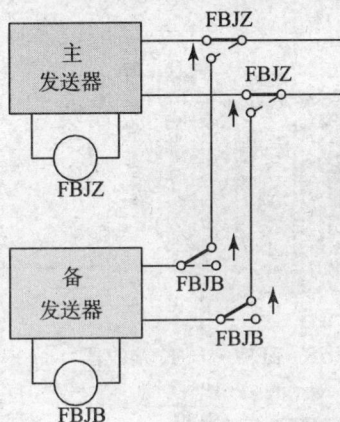

(4)ZPW·J-K 接收器

适用于时速 200 km 及以上的客运专线上。接收器(图 2.78)用于对主轨道电路移频信号进行解调,动作轨道继电器同时向列控中心上传递轨道空闲或占用状态信息;实现调谐区短小轨道电路移频信号的解调,给出短小轨道电路断轨及调谐区设备故障的报警条件,并通过 CAN 总线送至监测维护终端;检查轨道电路完好,减少分路死区长度,用接收门限控制实现对调谐匹配单元(BA)断线的检查;采用双机并联运用方式,故障时向监测维护主机发出报警信息。接收器由本接收"主机"及另一接收"并机"两部分构成,如图 2.79 所示。

(5)ZPW·JT 轨道电路通信接口板(CI-TC 通信盘)

实现 CAN 总线通信协议间的互换。其中 CAN 总线-CANA、CANB 用于和列控主机交换数据,CAN 总线-CANC 用于发送监测数据给监测主机,CAN 总线-CAND、CANE 用于和轨道电路交换数据。通信盘如图 2.80 所示,采用双机热备冗

125

高速铁路系列

余方式。每对通信盘可与一台轨道电路机柜通信,即 10 个轨道电路区段的 10 台主发送器、10 台备发送器、10 台接收器。轨道电路通信接口板(CI－TC 通信盘)安装于轨道电路通信组匣(图 2.81)内,每个组匣最多可安装 12 块通信盘,与 6 台轨道电路机柜通信,当多于 6 台轨道电路机柜时,可扩展轨道电路通信组匣。轨道电路通信组匣安装于列控中心机柜内。

图 2.78 ZPW·J－K 接收器

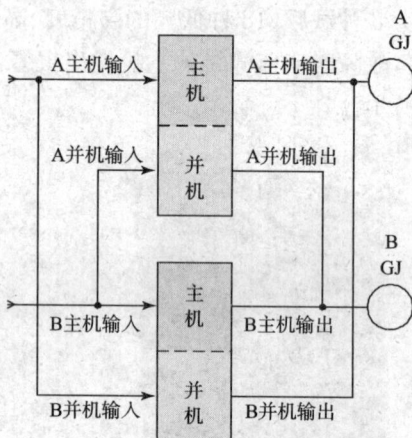

图 2.79 接收器构成

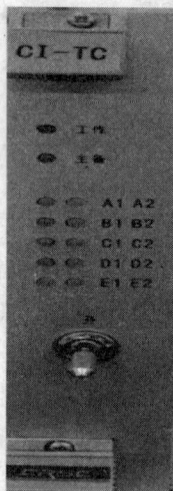

图 2.80 CI－TC 通信盘

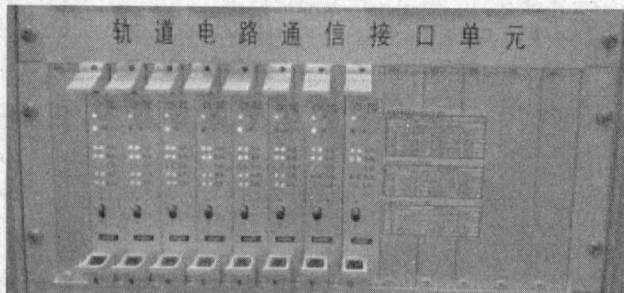

图 2.81 轨道电路通信组匣

(6)ZPW·RS－K 衰耗冗余控制器

实现单载频区段主轨道电路调整、小轨道电路调整（含正向调整及反向调整）；通过内部的发送报警继电器进行功出电压的切换；主、备发送器发送报警条件的回采。

ZPW·RS-K 衰耗冗余控制器（图2.82）面板上有主发送工作灯、备发送工作灯、接收工作灯、轨道表示灯、正向指示灯、反向指示灯；主发送电源、备发送电源、主发送报警、备发送报警、总功出电压、总功出电流、接收电源、主机轨道继电器、并机轨道继电器、轨道继电器、轨道信号输入、主轨道信号输出、小轨道信号输出测试塞孔。

图2.82　ZPW·RS-K 衰耗冗余控制器　　2.83　ZPW·RSS-K 双频衰耗冗余控制器

（7）ZPW·RSS-K 双频衰耗冗余控制器

实现双载频区段主轨道电路调整；通过内部的发送报警继电器进行功出电压的切换；主、备发送器发送报警条件的回采。

ZPW·RSS-K 双频衰耗冗余控制器（图2.83）面板上有主发送工作灯、备发送工作灯、接收工作灯、轨道表示灯、正向指示灯、反向指示灯；主发送电源、备发送电源、主发送报警、备发送报警、总功出电压、总功出电流、接收电源、主机轨道继电器、并机轨道继电器、轨道继电器、轨道信号输入、主轨道信号输出、小轨道信号输出测试塞孔。

（8）ZPW·ML-K 防雷模拟网络盘（图2.84）。

用于模拟 SPT 数字信号电缆的参数，实现对实际电缆长度的补偿，最大模拟长度为 9.75 km。另外，可对传输电缆引入的雷电进行纵向和横向防护。便于轨道电路调整。

2.84　ZPW·ML－K 防雷模拟网络盘

图 2.85　ZPW·PT 调谐匹配单元

（9）ZPW·PT 调谐匹配单元（图 2.85）

根据不同载频分为四种型号,用于无绝缘轨道电路中的电气绝缘节和机械绝缘节处。调谐单元对于相邻区段的移频信号形成串联谐振,呈现零阻抗,实现了对相邻区段信号的电气隔离;对于本区段移频信号呈容性,与调谐区综合电感构成并联谐振,呈现极阻抗,使本区段移频信号能够稳定传输。匹配单元实现钢轨阻抗和电缆阻抗的匹配连接,以实现轨道电路信号的有效传输。

调谐匹配单元可以简单地看作是原 ZPW－2000A 轨道电路中调谐单元（BA）和匹配变压器（TAD）的二合一设备。共分为四种型号,根据本区段的载频频率选用,设备原理如图 2.86 所示。

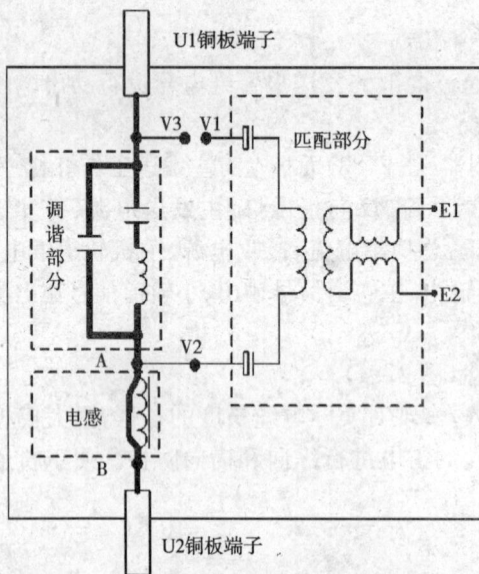

注：

（1）V1、V2、V3、E1、E2 为 6 mm² 万可端子。E1、E2 连接电缆,V1、V2 为匹配单元的测试端子,在运用中 V1 与 V3 采用 4 mm² 多股铜线连接。

（2）A、B 为 Φ4 mm 螺母,该设备用于机械绝缘节处时,必须拆除 A、B 间铜引接片;该设备用于电气绝缘节处时,必须使用铜引接片将 A、B 连接。

（3）U1、U2 为盒体外方的铜连接板,与既有调谐单元连接板一致。用于与其他设备或钢轨的连接。

图 2.86　调谐匹配单元原理图

高速铁路系列

调谐匹配单元、空芯线圈、机械绝缘节空芯线圈盒体采用聚酯材料,盒盖上带有安装滑槽,用钢包铜引线与钢轨连接。

(10)ZPW·XKD 空芯线圈(图 2.87)

用于平衡牵引电流和稳定调谐区阻抗,线圈中点可以作为钢轨的横向连接,牵引电流回流连接和纵向防雷的接地连接使用。

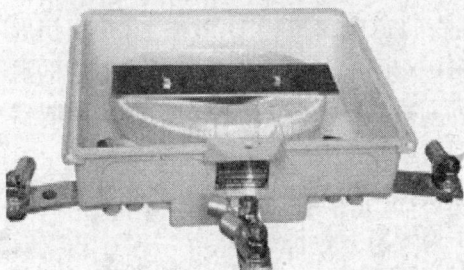

图 2.87 ZPW·XKD 空芯线圈　　图 2.88 ZPW·XKJD 机械绝缘节空芯线圈

129

(11)ZPW·XKJD 机械绝缘节空芯线圈(图 2.88)

机械绝缘节空芯线圈用于进出站口机械绝缘节处,根据不同载频分为四种型号,该设备与调谐匹配单元形成并联谐振,使机械绝缘节电气参数与电气绝缘节等效,从而使含有机械绝节的轨道电路区段与双端均为电气绝缘节区段达到等长传输距离。线圈中点可以作为钢轨的横向连接、与相邻区段扼流中心点连接和纵向防雷的接地连接使用。

(12)ZPW·BPLN 站内防雷匹配变压器(图 2.89)

用于站内轨道电路侧线股道、道岔区段及其他双频轨道电路的发送和接收端,主要完成钢轨阻抗和电缆阻抗的匹配连接,达到向钢轨输出较大功率信号的目的。此匹配单元中的匹配变压器为变比可变型,可以根据站内多变的站场情况依据调整表进行设置。

(13)无绝缘轨道电路防雷单元

ZPW·ULG 轨道电路防雷单元,用于室外轨道电路设备的纵向防雷,串接在空芯线圈中点与地之间;ZPW·ULG2 轨道电路防雷单元,用于客专室外轨道电路设备的横向防雷,并接在调谐匹配单元两端。

图 2.89 ZPW·BPLN 站内防雷匹配变压器

高速铁路系列

2.6　ZPW-2000A/K型无绝缘轨道电路测试与维护

2.6.1　ZPW-2000A/K型无绝缘轨道电路设备安装与使用

1. 无绝缘轨道电路机柜、无绝缘轨道电路接口柜的安装与使用

(1)断开断路器,按照轨道电路机柜设备布置图将发送器、接收器和(双频)衰耗冗余控制器装入对应位置。发送器、接收器挂在轨道电路机柜U形槽上,并用钥匙将锁闭杆锁紧,保证产品与轨道机柜接触良好,(双频)衰耗冗余控制器插入对应的滑道内,用手捻螺钉与机柜紧固。轨道机柜在出厂时已按施工布置图将发送器、接收器的载频选择用导线封好。

(2)接口柜可安装9层模拟网络组匣,每层模拟网络组匣可安装8台防雷模拟网络盘,防雷模拟网络盘插入对应的滑道内,用手捻螺钉与机柜紧固。

(3)轨道电路机柜、接口柜配线应符合其配线图要求,走线顺直,线把绑扎规则,整齐美观,配线与接线端子应连接牢固;室内信号线和室外信号线应从机柜的两侧走线。

(4)轨道电路机柜、接口柜和其他机柜之间的配线,均采用走线架走线,走线架和接口柜涂漆颜色应一致。

(5)轨道电路机柜、接口柜安装应平直,排间距离相等。接口柜与底座、机柜与机柜、机柜与走线架应连接牢固。

(6)轨道电路机柜、接口柜与机柜间的距离应符合设计要求,机柜侧面边缘至墙壁的距离≥1 200 mm。

2. 轨道电路通信接口板的安装与使用

轨道电路通信接口板(CI-TC通信盘)安装在列控中心机柜内的轨道电路通信单元机笼内,双机热备使用,其端子代号见表2.49。

表2.49　CI-TC通信盘端子代号说明

序号	端子号	序号	端子号	序号	端子号	序号	端子号	序号	端子号	序号	端子号
A1	+24IN	A9	1ZCANDR4	B1	+24IN	B9	1ZCANDR5	C1	+24IN	C9	CANEH
A2	024IN	A10	1ZCANDR6	B2	024IN	B10	1ZCANDR7	C2	024IN	C10	CANEL
A3	PGND	A11	2ZCANDR0	B3	CANCH	B11	2ZCANDR1	C3	CANAH	C11	
A4		A12	2ZCANDR2	B4	CANCL	B12	2ZCANDR3	C4	CANAL	C12	
A5	VCC	A13	2ZCANDR4	B5	T1	B13	2ZCANDR5	C5	CANBH	C13	
A6	T3	A14	2ZCANDR6	B6	T2	B14	2ZCANDR7	C6	CANBL	C14	
A7	1ZCANDR0	A15	1RS232TXD1-1	B7	1ZCANDR1	B15	2RS232TXD1-1	C7	CANDH	C15	
A8	1ZCANDR2	A16	1RS232RSD1-1	B8	1ZCANDR3	B16	2RS232RXD1-1	C8	CANDL	C16	232GND

3.发送器的安装与使用

发送器安装在无绝缘轨道电路机柜的U形槽上,用钥匙将锁闭杆锁紧。发送器安装前,首先测试机柜上接收器底座的"＋24"和"024"两端之间电压,保证其极性正确,电压范围在23～25 V内。发送器端子代号说明见表2.50。

表 2.50　发送器端子代号说明

序号	代号	用途
1	D	地线
2	＋24－1	＋24 V电源外引入线1 接至衰耗冗余控制器电源端子 ZFS＋24 或 BFS＋24
3	＋24－2	＋24 V电源外引入线2 用于 CAN 地址条件及载频编码条件
4	024－1	024电源外引入线1 接至衰耗冗余控制器电源端子 ZFS024 或 BFS024
5	024－2	024电源外引入线2
6	1 700	1 700 Hz 载频选择
7	2 000	2 000 Hz 载频选择
8	2 300	2 300 Hz 载频选择
9	2 600	2 600 Hz 载频选择
10	－1	－1 型载频选择
11	－2	－2 型载频选择
12	1ADR1～1ADR6	配置 CPU1 的 CAN 地址
13	2ADR1～2ADR6	配置 CPU2 的 CAN 地址
14	CANDH、CANDL	柜内总线 CAND
15	CANEH、CANEL	柜内总线 CANE
16	1～5、9、11、12	功放输出电平调整端子
17	S1、S2	功放输出端子
18	T1、T2	功放输出测试端子
19	FBJ－、FBJ＋	发送报警继电器输出线,接至衰耗冗余控制器主发送器报警 继电器(ZFBJ1、ZFBJ2)或衰耗冗余控制器备发送器报警继电器(BFBJ1、BFBJ2)
20	FBJJC	发送报警继电器吸起接点回采,(发送报警继电器吸起时有＋24 V电压,落下时没有＋24 V电压)

一个轨道电路设置2台发送器,双机热备,并与其他产品配套使用。使用时发送器的输出电平调整应根据轨道电路调整表进行,每种电平的连接端子及输出电压参

考见表 2.51。

表 2.51 发送器输出电平级调整表

发送电平	底座端子连接		电压参考值(V)	发送电平	底座端子连接		电压参考值(V)
1	11 - 9	12 - 1	161～170	6	11 - 4	12 - 1	60～67
2	11 - 9	12 - 2	146～154	7	11 - 5	12 - 3	54～60
3	11 - 9	12 - 3	126～137	8	11 - 4	12 - 2	44～48
4	11 - 9	12 - 4	103～112	9	11 - 4	12 - 1	37～41
5	11 - 9	12 - 5	73～80	10	11 - 4	12 - 4	31～33

4. 接收器的安装与使用

接收器安装在无绝缘轨道电路机柜的 U 形槽上,用钥匙将锁闭杆锁紧。接收器安装前,首先测试机柜上接收器底座的"＋24"和"024"两端之间电压,保证其极性正确,电压范围在 23～25 V 内。其外线连接如图 2.90 所示。

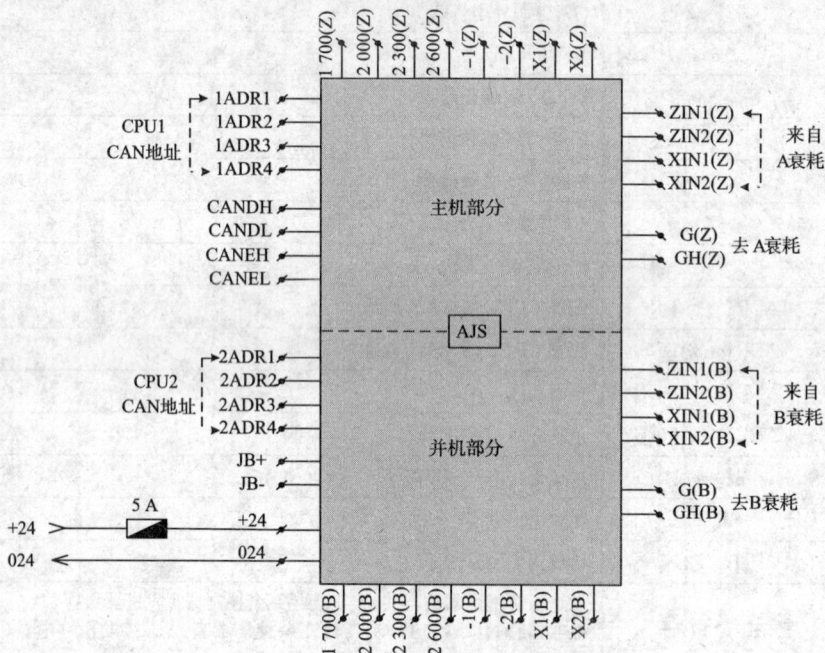

图 2.90 接收器外线连接示意图

接收器对外连接线包括接收器工作电源、CAN 地址条件、载频编码条件、小轨道类型编码条件、CAND 总线、CANE 总线、主轨道(主机)信号输入、小轨道(主机)信号输入、主轨道(并机)信号输入、小轨道(并机)信号输入、轨道继电器(主机)输出、轨道继电器(并机)输出、接收器报警条件输出。接收器端子代号说明见表 2.52。

表 2.52 接收器端子代号说明

序号	代号	用途
1	D	地线
2	+24	+24 V 电源
3	(+24)	+24 V 电源(由设备内给出,用于载频及类型选择)
4	024	024 V 电源
5	(024)	024 V 电源(由设备内给出)
6	1 700(Z)	主机 1 700 Hz 载频选择
7	2 000(Z)	主机 2 000 Hz 载频选择
8	2 300(Z)	主机 2 300 Hz 载频选择
9	2 600(Z)	主机 2 600 Hz 载频选择
10	−1(Z)	主机主轨 1 型载频选择
11	−2(Z)	主机良轨 2 型载频选择
12	X1(Z)	主机小轨一型选择
13	X2(Z)	主机小轨二型选择
14	ZIN1(Z)	主机主轨道信号输入
15	XIN1(Z)	主机邻区段小轨道信号输入
16	ZIN2(Z)	主机轨道信号输入回线
17	XIN2(Z)	主机邻区段小轨道信号输入回线
18	G(Z)	主机轨道继电器输出线
19	GH(Z)	主机轨道继电器回线
20	ADR1(Z)、ADR2(Z)、ADR3(Z)、ADR4(Z)	配置 CPU1 的 CAN 地址
21	1 700(B)	并机主轨 1 700 Hz 载频选择
22	2 000(B)	并机主轨 2 000 Hz 载频选择
23	2 300(B)	并机主轨 2 300 Hz 载频选择
24	2 600(B)	并机主轨 2 600 Hz 载频选择
25	−1(B)	并机主轨 1 型载频选择
26	−2(B)	并机主轨 2 型载频选择
27	X1(B)	并机小轨 1 型选择
28	X2(B)	并机小轨 2 型选择
29	ZIN1(B)	并机主轨道信号输入
30	XIN1(B)	并机邻区段小轨道信号输入
31	ZIN2(B)	并机主轨道信号输入回线
32	XIN2(B)	并机邻区段小轨道信号输入回线
33	ADR1(B)、ADR2(B)、ADR3(B)、ADR4(B)	配置 CPU2 的 CAN 地址
34	G(B)	并机轨道继电器输出线
35	GH(B)	并机轨道继电器回线
36	JB+	接收故障报警条件"+"
37	JB−	接收故障报警条件"−"
38	CANDH	CAND 高
39	CANDL	CAND 低
40	CANEH	CANE 高
41	CANEL	CANE 低

5. 衰耗冗余控制器、双频衰耗冗余控制器的安装与使用

衰耗冗余控制器、双频衰耗冗余控制器通过机柜的滑道与底板相连接，用手捻螺钉固定在机柜上。衰耗冗余控制器端子代号说明见表2.53。

表 2.53　衰耗冗余控制器端子代号说明

序号	端子号	代号	用途	序号	端子号	代号	用途
1	a1	V1	轨道信号输入	36	b13	F7	反向小轨道电平调整
2	a2	V2	轨道信号输入回线	37	b14	G24	+24 V 电源
3	a3	R2	主轨道电平调整	38	b15	JB+	接收报警条件+
4	a4	R9	主轨道电平调整	39	b16	GH	轨道继电器−
5	a5	R10	主轨道电平调整	40	b17	D24	封红灯
6	a6	FFJ+	反方向方向继电器	41	b18		
7	a7	FH	方向继电器回线	42	b19		
8	a8	Z8	正向小轨道电平调整	43	b20	ZQHJ2	备机切换继电器−
9	a9	F10	反向小轨道电平调整	44	b21	ZQHJ-JC	主机切换继电器检测接点
10	a10	F2	反向小轨道电平调整	45	b22	BQHJ-JC	备机切换继电器检测接点
11	a11	Z5	正向小轨道电平调整	46	b23	ZS2	主发送功出 2
12	a12	F3	反向小轨道电平调整	47	c1	R6	主轨道电平调整
13	a13	F5	反向小轨道电平调整	48	c2	R7	主轨道电平调整
14	a14	GOUTZ	主轨道信号输出+	49	c3	R1	主轨道电平调整
15	a15	BFS+24	备发送+24 电源	50	c4	R8	主轨道电平调整
16	a16	BFS024	备发送 024 电源	51	c5	Z1	正向小轨道电平调整
17	a17	J24	主接收器+24 电源	52	c6	ZFJ+	正方向方向继电器
18	a18	GZ	主机轨道继电器	53	c7	Z2	正向小轨道电平调整
19	a19	024	024 电源	54	c8	Z6	正向小轨道电平调整
20	a20	BQHJ1	备切换继电器电源+	55	c9	F6	反向小轨道电平调整
21	a21	BQHJ2	备切换继电器电源−	56	c10	Z11	正向小轨道电平调整
22	a22	BS1	备发送功出 1	57	c11	Z9	正向小轨道电平调整
23	a23	BS2	备发送功出 2	58	c12	Z3	正向小轨道电平调整
24	b1	R3	主轨道电平调整	59	c13	F9	反向小轨道电平调整
25	b2	R4	主轨道电平调整	60	c14	G	轨道继电器+
26	b3	R5	主轨道电平调整	61	c15	JB−	接收报警条件−
27	b4	GOUTF	主轨道信号输出−	62	c16	ZFS024	主发送+24 电源
28	b5	GOUTF	小轨道信号输出	63	c17	ZFS+24	备发送 024 电源
29	b6	LOUTZ	小轨道信号输出+	64	c18	BJ24	备接收器+24 电源
30	b7	Z10	正向小轨道电平调整	65	c19	GB	备机轨道继电器
31	b8	Z4	正向小轨道电平调整	66	c20	ZQHJ1	主机切换继电器+
32	b9	F8	反向小轨道电平调整	67	c21	S1	发送器功出 1
33	b10	F4	反向小轨道电平调整	68	c22	S2	发送器功出 2
34	b11	Z7	正向小轨道电平调整	69	c23	ZS1	主发送功出 1
35	b12	F1	反向小轨道电平调整				

双频衰耗冗余控制器端子代号说明见表 2.54。

表 2.54　双频衰耗冗余控制器端子代号说明

序号	端子号	代号	用途	序号	端子号	代号	用途
1	a1	V1	轨道信号输入	36	b13	F7	反向小轨道电平调整
2	a2	V2	轨道信号输入回线	37	b14	G24	＋24 V 电源
3	a3	R2	主轨道电平调整	38	b15	JB＋	接收报警条件＋
4	a4	R9	主轨道电平调整	39	b16	GH	轨道继电器－
5	a5	R10	主轨道电平调整	40	b17	D24	封红灯
6	a6	FFJ＋	反方向方向继电器	41	b18		
7	a7	FH	方向继电器回线	42	b19		
8	a8	Z8	正向小轨道电平调整	43	b20	ZQHJ2	备机切换继电器－
9	a9			44	b21	ZQHJ－JC	主机切换继电器检测接点
10	a10			45	b22	BQHJ－JC	备机切换继电器检测接点
11	a11	R25	主轨道反向电平调整	46	b23	ZS2	主发送功出 2
12	a12			47	c1	R6	主轨道正向电平调整
13	a13			48	c2	R7	主轨道正向电平调整
14	a14	GOUTZ	主轨道信号输出＋	49	c3	R1	主轨道正向电平调整
15	a15	BFS＋24	备发送＋24 电源	50	c4	R8	主轨道正向电平调整
16	a16	BFS024	备发送 024 电源	51	c5	R21	主轨道反向电平调整
17	a17	J24	主接收器＋24 电源	52	c6	ZFJ＋	正方向方向继电器
18	a18	GZ	主机轨道继电器	53	c7	R22	主轨道反向电平调整
19	a19	024	024 电源	54	c8	R26	主轨道反向电平调整
20	a20	BQHJ1	备切换继电器电源＋	55	c9	R211	主轨道反向电平调整
21	a21	BQHJ2	备切换继电器电源－	56	c10	R11	主轨道正向电平调整
22	a22	BS1	备发送功出 1	57	c11	R29	主轨道反向电平调整
23	a23	BS2	备发送功出 2	58	c12	R23	主轨道反向电平调整
24	b1	R3	主轨道正向电平调整	59	c13		
25	b2	R4	主轨道正向电平调整	60	c14	G	轨道继电器＋
26	b3	R5	主轨道正向电平调整	61	c15	JB－	接收报警条件－
27	b4	GOUTF	主轨道信号输出－	62	c16	ZFS024	主发送＋24 电源
28	b5	GOUTF	主轨道信号输出－	63	c17	ZFS＋24	备发送 024 电源
29	b6	LOUTZ	主轨道信号输出＋	64	c18	BJ24	备接收器＋24 电源
30	b7	R210	主轨道反向电平调整	65	c19	GB	备机轨道继电器
31	b8	R24	主轨道反向电平调整	66	c20	ZQHJ1	主机切换继电器＋
32	b9			67	c21	S1	发送器功出 1
33	b10			68	c22	S2	发送器功出 2
34	b11	R27	主轨道反向电平调整	69	c23	ZS1	主发送功出 1
35	b12						

6. 模拟网络盘的安装与使用

①模拟网络盘安装在模拟网络组匣内。防雷模拟网络盘安装时,按照接口柜布置图将防雷模拟网络盘插入对应的组匣的滑道内,并通过组匣背面的手捻螺钉将模拟网络盘禁锢。

②根据每个轨道电路的电缆长度,按照"电缆补偿长度调整表"调整模拟网络盘

背面的 35 芯端子跨线,进行送、受端电缆长度补偿,使得实际电缆与模拟网络盘补偿电缆之和为 7.5 km 或 10 km。

防雷模拟网络盘端子代号说明见表 2.55。

表 2.55　防雷模拟网络盘端子代号说明

端子序号	端子说明	端子序号	端子说明
1、2	变压器初级	31、32	输出端子
3、4	变压器次级	35	防雷地
5～30	模拟网络调整端子		

7. 调谐匹配单元的安装与使用

调谐匹配单元安装在轨道旁,用盒体背面的两个螺栓固定在轨道基础桩上。通过调谐匹配单元两个外连接板上的 φ12 螺栓,用钢包铜引接线与钢轨连接。E1、E2 端子经 SPT 数字信号电缆与室内设备连接。

8. 空芯线圈的安装与使用

空芯线圈安装在电气调谐区的中间轨道旁,用盒体背面的两个螺栓固定在轨道基础桩上。两个外连接板,通过钢包铜引接线与钢轨连接,中连接板用于接地或横向连接。

9. 机械绝缘节空芯线圈的安装与使用

机械绝缘节空芯线圈安装在进站口或出站口的机械绝缘节处,用盒体背面的两个螺栓固定在轨道基础桩上。两个外连接板,通过钢包铜引接线与钢轨连接,中连接板用于接地或横向连接。

10. 站内匹配变压器的安装与使用

站内匹配变压器安装在站内轨道旁,用盒体背面的两个螺栓固定在轨道基础桩上。站内匹配变压器的两个外连接板,通过钢包铜引接线连接到钢轨上,E1、E2 端子经 SPT 数字信号电缆与室内设备连接。

11. 轨道电路防雷单元的安装与使用

ZPW·ULG 轨道电路防雷单元,与空芯线圈安装在一个基础支架上。用 4 个 M5 螺丝将防雷单元安装座与现场安装支架可靠连接后,在没有安装连接片的两个引出端子上进行防雷连接。

ZPW·ULG2 轨道电路防雷单元,与调谐匹配单元安装在一个基础支架上。用 4 个 M5 螺丝将防雷单元安装座与现场安装支架可靠连接后,在两个引出端子上与调谐匹配单元两端并接。

2.6.2　ZPW -2000A/K 型无绝缘轨道电路故障分析及处理

1. 发送器故障分析及处理

发送器正常工作时,发送器面板指示灯亮绿色,故障时亮红色。发送器正常工作的条件为:24 V 电源并保证极性正确;有且只有一路载频编码条件;有且只有一路"-1"或"-2"条件;功出负载不能短路;CAN 通信正常。如果发送器工作不正常,应首先判断以上这些条件是否具备,如果工作条件具备而发送器仍不正常,则说明发送器故障。故障的发送器应及时更换并返修。

2. 接收器故障分析及处理

接收器正常工作时,接收器面板指示灯亮绿色,故障时亮红色。如果接收器在各种工作条件都具备的情况下(如主、并机的载频、"-1"或"-2"型及"X1"或"X2"已被选择、CAN 通信地址正确),但接收器工作指示灯亮红色灯,则说明接收器出现故障。可采用产品替换方法确认产品是否故障。

3. 通信接口板故障分析及处理

通信接口板根据前面板指示灯的闪烁状态来判断接口板工作正常与否。指示灯说明见表 2.56。

表 2.56　接口板指示灯说明

LED 灯名称	颜色	功能	状态	说明
工作	绿	通信接口板工作状态指示	常亮绿	工作正常
			常亮红	板卡故障: (1)通信板 CAN 地址配置是否错误 (2)CANA、B 是否与列控主机连接正确 (3)CAND、E 是否与轨道电路柜连接正确 (4)列控主机是否正确发送数据 (5)轨道电路设备是否正确发送数据
主备	绿	主备状态指示	灭灯	表示没有电源或保险丝熔断
			常亮	处于主机状态
			灭灯	处于备机状态或没有工作
			闪烁	通信正常
A1	黄	CPU1 和 CANA 通信状态指示	非闪烁	通信故障: (1)检查主机是否发送数据 (2)检查轨道电路设备是否发送数据 (3)地址配置是否正确
			闪烁	通信正常
B1	黄	CPU1 和 CANB 通信状态指示	非闪烁	通信故障: (1)检查主机是否发送数据 (2)检查轨道电路设备是否发送数据 (3)地址配置是否正确

LED灯名称	颜色	功能	状态	说　明
C1	黄	CPU1 和 CANC 通信状态指示	闪烁	通信正常
			非闪烁	通信故障:检查 CAN 终端电阻是否配置
D1	黄	CPU1 和 CAND 通信状态指示	非闪烁	通信故障: (1)检查主机是否发送数据 (2)检查轨道电路设备是否发送数据 (3)地址配置是否正确
			闪烁	通信正常
E1	黄	CPU1 和 CANE 通信状态指示	非闪烁	通信故障: (1)检查主机是否发送数据 (2)检查轨道电路设备是否发送数据 (3)地址配置是否正确
			闪烁	通信正常
A2	黄	CPU2 和 CANA 通信状态指示	非闪烁	通信故障: (1)检查主机是否发送数据 (2)检查轨道电路设备是否发送数据 (3)地址配置是否正确
			闪烁	通信正常
B2	黄	CPU2 和 CANB 通信状态指示	非闪烁	通信故障: (1)检查主机是否发送数据 (2)检查轨道电路设备是否发送数据 (3)地址配置是否正确
			闪烁	通信正常
C2	黄	CPU2 和 CANC 通信状态指示	非闪烁	通信故障 检查 CAN 终端电阻是否配置
			闪烁	通信正常
D2	黄	CPU2 和 CAND 通信状态指示	非闪烁	通信故障: (1)检查主机是否发送数据 (2)检查轨道电路设备是否发送数据 (3)地址配置是否正确
			闪烁	通信正常
E2	黄	CPU2 和 CANE 通信状态指示	非闪烁	通信故障: (1)检查主机是否发送数据 (2)检查轨道电路设备是否发送数据 (3)地址配置是否正确
			闪烁	通信正常

4.(双频)衰耗冗余控制器故障分析及处理

当发送器、接收器工作正常,(双频)衰耗冗余控制器不能正常工作时,首先查找(双频)衰耗冗余控制器外配线是否正确,可采用产品替换方法确认产品是否故障。在产品故障时,应及时用备品更换并返修。

5. 防雷模拟网络盘故障分析及处理

要定期对使用中的模拟网络盘进行测试,当测试数据出现异常时,在排除外部因素后,要及时更换故障产品,并将故障产品返修。

6. 调谐匹配单元故障分析及处理

当调谐匹配单元不工作时:

(1) 应检查调谐匹配单元的连线是否有松动(V1~V3,C1,C2)。

(2) 应检查调谐匹配单元指标是否合格,否则更换合格的调谐匹配单元。在产品故障时,应及时用备品更换,并将故障产品返修。

7. 空芯线圈、机械绝缘节空芯线圈故障分析及处理

当空芯线圈、机械绝缘节空芯线圈不工作时:

(1) 应检查空芯线圈、机械绝缘节空芯线圈是否完好,否则更换合格的空芯线圈。

(2) 应检查空芯线圈、机械绝缘节空芯线圈的连线是否有松动。

如上述原因排除后,仍有问题,产品可能故障,应及时用备品更换,并将故障产品返修。

8. 站内匹配变压器故障分析及处理

当站内匹配变压器不工作时:

(1)检查断路器是否完好。

(2)检查变压器 B 是否完好。

(3)检查电感 L 是否完好。

(4)检查电解电容(C1、C2)是否完好。

(5)检查站内匹配变压器的连线是否有松动、断线。

如果上述原因排除后,仍有问题,产品可能故障,应及时用备品更换,并将故障产品返修。

9. 轨道电路防雷单元故障分析及处理

在使用过程中,当防雷单元出现劣化指示时,应及时更换防雷模块。

10. ZPW - 2000A/K 无绝缘轨道电路设备环境适应性要求

(1)周围空气温度:①室内:$-5\sim+40\ ^{\circ}\text{C}$。②室外:$-40\sim+70\ ^{\circ}\text{C}$。

(2)周围空气相对湿度：①室内：不大于85％（温度为30 ℃时）。②室外：不大于95％（温度为30 ℃时）。

(3)大气压力：70～106 kPa（相当于海拔高度3 000 m以下）。

(4)周围无腐蚀性和引起爆炸危险的有害气体。

(5)振动条件：①室内：在10～200 Hz时应能承受加速度为5 m/s²的正弦稳态振动。②室外：在10～200 Hz时应能承受加速度为20 m/s²的正弦稳态振动。

复习思考题

1. ZPW－2000A型设备与原UM71设备相比，它的主要特点是什么？

2. ZPW－2000A型无绝缘轨道电路由那两部分轨道电路组成？

3. 简述ZPW－2000A型无绝缘轨道电路电气绝缘节的组成及工作原理。

4. ZPW－2000A系统发送器的作用及工作原理是什么？

5. ZPW－2000A系统接收器的作用及工作原理是什么？

6. ZPW－2000A系统衰耗器的作用是什么？

7. ZPW－2000A系统移频总报警器（YBJ）设在什么位置？吸起条件是什么？

8. ZPW－2000A/K轨道电路系统与既有线ZPW－2000A无绝缘轨道电路系统相比，在哪些方面进行了升级和改进？

9. ZPW－2000A/K无绝缘轨道电路设备有哪些？

10. 简述ZPW－2000A/K无绝缘轨道电路的工作原理。

3 25 Hz 相敏轨道电路

目前在电气化铁路上有 90％的车站采用 25 Hz 相敏轨道电路,该制式由于采用了防干扰的相应措施,成为电气化铁路站内轨道电路的首选。25 Hz 相敏轨道电路是由通信信号公司研制的,1980 年首先在联平关站站内安装试点,同年同月,又在石家庄枢纽安装并投入试用。经过两年的试用和改进,于 1982 年通过铁道部鉴定。

1997 年在旧型 25 Hz 相敏轨道电路基础上进行了改进,为区别旧型称为 97 型。在高速铁路客运专线大站的侧线上,也采用了 25 Hz 相敏轨道电路。

3.1 25 Hz 相敏轨道电路概述

3.1.1 25 Hz 相敏轨道电路的特点

(1)25 Hz 相敏轨道电路由于采用了二元二位继电器,其具有可靠地相位选择性和频率选择性,因而对轨端绝缘破损和外界牵引电流或其他频率电流的干扰能可靠地进行防护。

(2)25 Hz 相敏轨道电路采用 25 Hz 频率后,与其他工频连续式轨道电路比较,在相同条件下,受道砟电阻变化影响小。

(3)25 Hz 相敏电源是运用分频的原理构成的,由于 50 Hz 工频稳定,所以它也有频率稳定的特性,其频率衡定在 50 Hz 的一半。

(4)由于 25 Hz 分频器的固定特性,当两个分频器的输入端反相连接时,则其输出电压相差 90°,易于做成局部电源电压恒定超前轨道电源电压 90°,因而可以采用集中调相方式。

(5)25 Hz 分频器具有不可逆性,虽然 50 Hz 不平衡牵引电流通过扼流变压器、轨道变压器流入轨道分频器的输出回路,但在其输入端不可能有 100 Hz 电流。同时室内轨道继电器的局部线圈是由局部电源单独供电,不与钢轨或轨道分频器的输出相连,又不经过室外电缆线路,不受接触网电流产生的 50 Hz 干扰电压的影响。

(6)"田"字型分频器的两线圈呈 90°位置放置,输入线圈的交流产生的磁通不与谐振线圈完全相交,因而原则上排除了在输入线圈间有局部短路时,输入线圈 50 Hz 电流向分频器输出电路的变化,大大降低 25 Hz 输出回路中 50 Hz 成分。

(7)分频器具有稳定特性,当输入的 50 Hz 电源电压在(220^{+33}_{-44}) V,负载由空载至满载的范围变化时,分频器的输出电压在(220 ± 6.6)V 范围变化,因而提高了轨道电路工作的稳定性。

(8)25 Hz 相敏轨道电路由于采用了连续供电方式,从而较为方便的找出其工作的最不利条件和技术指标,更便于通过计算和实验手段加以验证。

3.1.2 选用 25 Hz 的原因及优越性

1. 选择 25 Hz 的原因

在电气化区段内的轨道电路除应满足在最不利条件下的基本要求外,还应具有能防护牵引电流干扰分能力,使之调整状态时不会因干扰电流或电压而使轨道继电器错误落下,或者在分路状态时不致因干扰电流或电压而使继电器错误吸起。《铁路信号设计规范》第 13.3.1 条中规定:"交流电力牵引区段应采用非工频轨道电路,牵引电流纵向不平衡系数不得大于 5%,因此选用 25 Hz 符合《设规》规定。

2. 选择 25 Hz 的优点

25 Hz 相敏轨道电路采用了二元二位轨道电路,该继电器具有可靠的频率选择性和相位选择性,因此不需要加设滤波器,避免了因滤波器故障而造成行车危及安全。充分满足"故障-安全"要求,因而可以设计成连续供电式轨道电路,做到设备简单,工作稳定,应变速度快,便于维修,防雷性能良好。因此具有一定的优越性。

25 Hz 相敏轨道电路分别由独立的 25 Hz 轨道电路分频和局部分频的电源,给轨道电路继电器的轨道线圈和局部线圈供电。在继电器室内的 25 Hz 轨道电源屏中设有专门的局部电源,其恒超前轨道电压 $88° \pm 8°$,在受电端并联防护盒,可大大减少轨道电路传输中的衰耗和相移,所以经轨道传输后加在继电器上的局部电压和轨道电压(或电流)间的相角,仍可比较接近理想相位角,由于采用集中调相,使轨道电路设计和施工、维修大为简化。二元二位轨道继电器分别由轨道电源和局部电源供电,工作时仅从轨道电路取得较小功率,而大部分功率是通过局部线圈取自局部电源,由于轨道电源消耗的功率较小,加之 25 Hz 时钢轨阻抗值较低,所以不论功率消耗或轨道电路的传输长度来说,都具有一定的优越性。

3.1.3 25 Hz 相敏轨道电路设备的基本组成

(1)送电端设备构成:送电扼流变压器 BE_{25}、轨道变压器 BG_{25}、电阻 Rx、保险 RD。

(2)受电端设备构成:受电扼流变压器 BE_{25}、轨道变压器 BG_{25}、电阻 Rs、保险 RD、防雷 FB、防护盒 FH、25 Hz 轨道继电器 GJ($JRJC_1 - 70/240$)。

另外,25 Hz 相敏轨道电路的轨道电源和局部电源分别由独立的轨道分频器和局部分频器给轨道继电器的轨道线圈和局部线圈供电。

3.2 25 Hz 相敏轨道电路工作原理

3.2.1 25 Hz 相敏轨道电路工作原理

25 Hz 相敏轨道电路的信号电源是由铁磁分频器供给 25 Hz 交流电,以区分 50 Hz 牵引电流,接收器采用二元二位轨道继电器,该继电器的轨道线圈由送电端 25 Hz 轨道电源经轨道传输后供电,局部线圈则由 25 Hz 局部分频器电源供电。轨道继电器工作时,从轨道电路取得较少的功率,而大部分功率是通过局部线圈获得,因而轨道电路的控制距离可以延长,且只有轨道继电器上的轨道线圈电压 U_g 和局部线圈电压 U_j 之间的相位角接近或等于 90°时,转矩最大,是翼片绕轴旋转,带动接点动作,否则,翼片不能旋转,不能带动接点动作。所以,25 Hz 轨道电路既有对频率

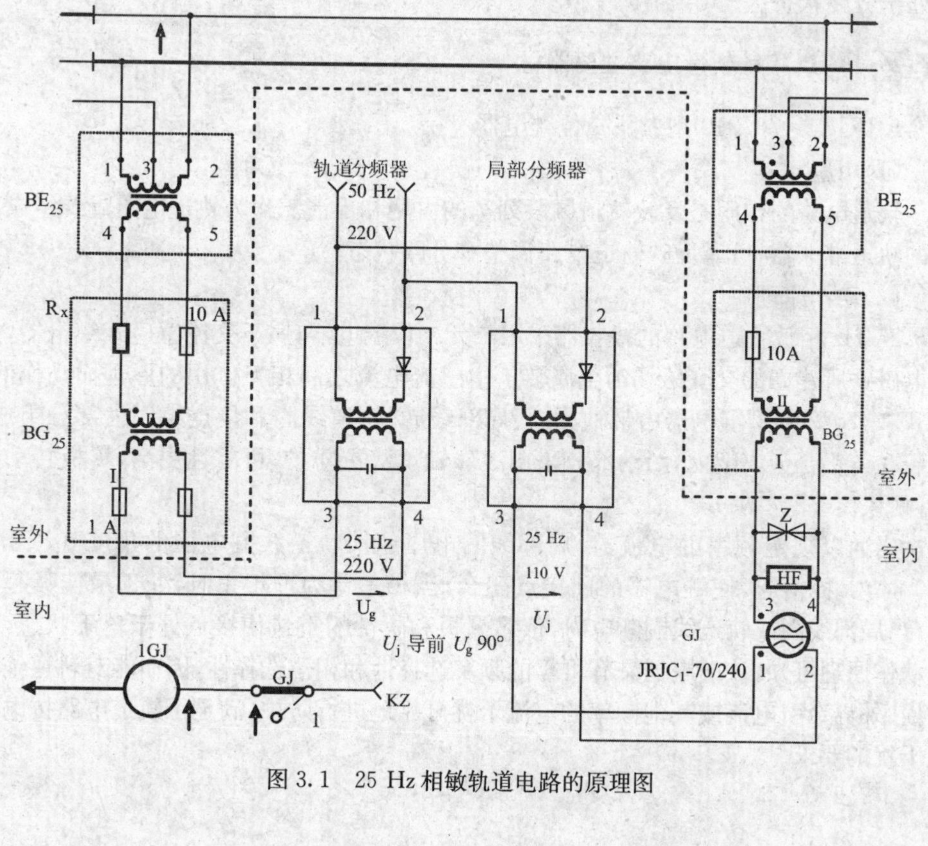

图 3.1 25 Hz 相敏轨道电路的原理图

的选择性(区别开电力牵引电流)又有相位的选择性。当轨道线圈和局部线圈电源电压满足规定的相位要求时,GJ 吸起,轨道电路处于调整状态,即表示轨道电路空闲。当列车占用时,轨道电路被分路,GJ 落下。若频率、相位不对时,GJ 也落下。因而,其抗干扰性能较强,广泛应用于交流电力牵引区段。

25 Hz 相敏轨道电路的原理图如图 3.1 所示。

图 3.1 中,25 Hz 电源屏(轨道分频器和局部分频器)由室内分别供给出 25 Hz 轨道电源和局部电源。轨道电源由室内供出,通过电缆供给室外,经由送电端 25 Hz 轨道电源变压器(BG_{25}),送电端限流电阻(R_X),送电端 25 Hz 扼流变压器(BE_{25}),钢轨线路,受电端 25 Hz 扼流变压器(BE_{25}),受电端 25 Hz 轨道变压器(BG_{25}),电缆线路,送回室内,经过防雷硒堆(Z),25 Hz 防护盒(HF)给二元二位继电器盒局部(GJ)的轨道线圈供电。局部线圈的 25 Hz 电源由室内供给,当轨道线圈和局部线圈所得电源在满足规定的相位及频率要求时,二元二位继电器 JRJC1 - 70/240 吸起,轨道电路处于调整状态,反之二元二位继电器 JRJC - 70/240 落下,轨道电路处于分路状态。

3.2.2 25 Hz 相敏轨道电路主要器材

1. $JRJC_1$ - 70/240 型二元二位继电器

(1)用途

轨道电路的作用是反映轨道区段列车的占用和出清。作为轨道电路重要组成部分的轨道继电器,可靠反映轨道电路调整和分路状态。

(2)动作原理

25 Hz 相敏轨道电路的接收器采用二元二位继电器,属于交流感应式继电器,是据电磁铁所建立的交变磁场与金属转子中感应电流之间相互作用的原理而动作的。$JRJC_1$ - 70/240 型继电器由带轴翼板、局部线圈、轨道线圈和接点组四大部分组成,安装在铸铝合金支架内,活动部分采用滚珠轴承双重防护,可靠性更高,翼板转动灵活,耐久。

当通以规定频率的电流,且局部线圈电压超前轨道线圈电压的角度 $0° < θ < 180°$时,翼板抬起,使继电器的前接点闭合,当相角差为理想角时,处于最佳吸起状态,当局部线圈或轨道线圈断电时,依靠翼板和附件的重量使接点处于落下状态,由其动作原理可知,该继电器具有可靠的频率选择性和相位选择性,因而能对轨道绝缘破损、外界牵引电流或其他频率的电流干扰可靠地进行防护,满足了轨道电路抗电气化干扰的要求。

（3）关于后接点的使用问题

由于 JRJC 型二元二位继电器是属于感应式继电器，且没有附加轴，与一般 AX 型继电器不同。JRJC 型继电器前接点接触是利用翼板中的感应涡流在磁极的作用下，使翼板产生向上转矩，克服重锤等产生的向下转矩，使翼板上升而带动接点。如果局部线圈供以额定电压，而轨道线圈在列车分路后有一定残压，翼板仍有一定转矩，虽不能使前接点接触，但是可能使翼板停留在一定位置，此时，前、后接点都不接触，或后接点虽能接触，但不具有规定的压力，所以不能用后接点反映轨道电路的占用表示。因此，在信号电路中不应直接使用 JRJC 型轨道继电器的后接点，应以其前接点复示继电器的接点接入电路。

2. 防护盒

HF-25 型防护盒用于 25 Hz 相敏轨道电路，是由电感线圈和电容组成的 LC 串联谐振电路，线圈电感为 0.845 H，电容为 12 μF。谐振频率为 50 Hz，对 50 Hz 呈串联谐振，相当于 20 Ω 电阻，对于干扰电流起着减小轨道线圈上的干扰电压作用。对 25 Hz 信号电流相当于 16 μf 电容，起着减小轨道电路传输衰耗和相移的作用。如图 3.2 所示。

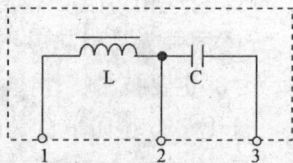

图 3.2　防护盒

（1）HF-25 型防护盒主要作用

①对 25 Hz 信号频率的无功分量进行补偿。

②减少 25 Hz 信号在传输中的衰耗，使轨道线圈电压和局部线圈电压产生较好的相位差，保证 JRJC 型轨道继电器正常工作。

为了减少 25 Hz 信号电流在轨道电路传输中的衰耗，在保证轨道电路常工作的条件下，取自轨道电路的功率最小。如轨道线圈并联防护盒呈并联谐振时，则其总电流最小，就能保证正常工作，无疑轨道电路供电端送出电流随之减小，消耗功率及传输过程中的电压衰耗就减少。因此，并联使用防护盒对 25 Hz 相敏轨道电路的任何一种类型其作用都是明显的。

③减少 25 Hz 信号在传输中的相移

25 Hz 相敏轨道电源屏已将轨道和局部分频器的输出进行定相，使局部电压超前轨道电压 90°。如果轨道电路传输无相移，则加在轨道线圈上的电压与轨道分频器的输出电压同相，使继电器处于理想工作状态，并联防护盒对相移有不同程度减少。

④减少 50 Hz 干扰电压

钢轨中 50 Hz 牵引电流对二元二位继电器轨道线圈上产生的干扰电压可达 120 V，虽不产生固定转矩，但使翼板产生颤动，对二元二位轨道继电器工作不利。

并接防盒后，二元二位轨道继电器上 50 Hz 干扰电压由 120 V 降低到 4 V 左右，这对继电器的工作和 25 Hz 测试影响较小。这是因为防护盒相当于 20 Ω 的短路线，它起到两个作用：一是该电阻便反射扼流变压器的牵引线圈侧的干扰大大减小，对于恒流源性质的牵引电流来说，使输入阻抗减小到只有原来的 1/4，感应到信号线圈侧的电压也小到原来的 1/4；二是并在二元二位轨道继电器两端的 20 Ω 电阻大大小于前方匹配变压器线圈的有效电阻，使已经减小了的 50 Hz 电压绝大部分降压有效电阻上，最终加在二元二位轨道继电器两端的电压就所剩无几。

(2)使用环境

①大气压力不低于 74.8 kPa（海拔不超过 2 500 m）。

②周围空气温度 -40～+60 ℃。

③空气相对温度不大于 90%（+25 ℃）。

④周围无易引起爆炸危险的有害气体。

(3)主要技术特性

HF-25 型防护盒是由电感线圈和电容组成的 LC 串联诣振电路，线圈电感为 0.845 H，电容为 12 μF。

其谐振频率为：

而对于 25 Hz 来说，LC 串联相当于一个电容。根据测试，防护盒槽路对于 50 Hz 相当于 20 Ω 电阻。

3. 扼流变压器

(1)用途

扼流变压器在轨道电路中的作用是用以构通牵引电流。同时配合送电端供电变压器、受电端匹配变压器和 JRJC 二元二位轨道继电器等设备构成 25 Hz 相敏轨道电路系统。

(2)原理

扼流变压器的接线图如图 3.3 所示，线圈分为上、下两部分（牵引线圈、信号线圈），变比 1：3（牵引线圈 8+8 匝，信号线圈 48 匝），图中的 3 叫中点，牵引电流分别由 1 和 2 流入，中点流出，中点允许流过连续总电流分别为 400 A、600 A，上、下线圈匝数相同，而两线圈电流方向相反，所产生磁通大小相等、方向相反，则信号线圈中不产生 50 Hz 感应电流。对 25 Hz 信号电流来说，是由一根钢轨流向另一根钢轨，从一个方向流经上、下牵引线圈，与信号线圈共同形成变压器。

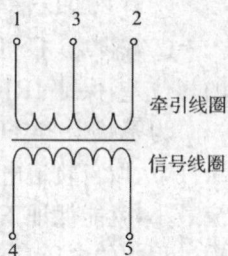

25 Hz 相敏轨道电路的送电端和受电端使用同一类型的扼流变压器。

4. 轨道变压器

图 3.3　扼流变压器

25 Hz 相敏轨道电路中,轨道变压器作为送电端供电变压器或受电端 JRJC$_1$ - 66/345 二元二位轨道继电器的匹配变压器。当用于送电端时作为供电变压器,根据轨道电路的类型和不同长度供给不同电压。用作匹配变压器时,为使二元二位轨道继电器的高阻抗与轨道的低阻抗相匹配,其变比是固定的,与扗流变压器连接时,变比采用 1∶18.3,无扗流变压器直接与轨道连接时,变比采用 1∶40。

3.3　25 Hz 相敏轨道电路的调整与测试

3.3.1　25 Hz 相敏轨道电路的调整

1. 在轨道电路调整前,先测试、调整 25 Hz 轨道电源屏

电源屏输出电源在外电网波动变化条件下,轨道电压应控制在(220±6.6) V,局部电压控制在(110±3.3) V,局部电源电压超前轨道电源电压 90°±1°,方可进行轨道电路的标调工作,如图 3.4 所示。

2. 选定送、受电端变压器 BG$_{25}$ 的变比

电码化区段变压器变比应固定,非电码化区段二次电压可微调,各类室内调整变压器、轨道、扗流变压器应注意不要将同名端接错。具体连接见表 3.1。

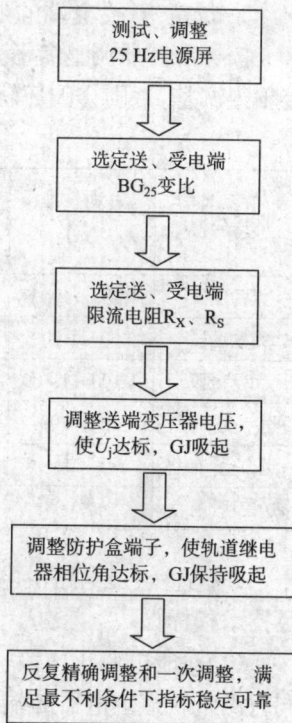

测试、调整 25 Hz电源屏

↓

选定送、受电端 BG$_{25}$变比

↓

选定送、受电端 限流电阻 R_X、R_S

↓

调整送端变压器电压,使 U_J 达标,GJ 吸起

↓

调整防护盒端子,使轨道继电器相位角达标,GJ 保持吸起

↓

反复精确调整和一次调整,满足最不利条件下指标稳定可靠

图 3.4　25 Hz 相敏轨道电路测试调整步骤图

147

表 3.1　送、受电端变压器变比配置及连接

区段	类型	送电端变压器 BG$_2$- 130/25				受电端变压器 BG$_2$- 130/25			
		一次侧		二次侧		一次侧		二次侧	
		使用端	连接端	使用端	连接端	使用端	连接端	使用端	连接端
电码化区段,由室内调整 BMT - 25	有扗流变	I_1—I_4 [220 V挡]	I_2—I_3	III_1—III_3 [15.84 V挡]	/	I_2—I_3	I_2—I_3	III_1—III_3 [15.84 V挡]	/
	无扗流变	同上		同上		同上		III_2—III_3 [10.56 V挡]	
非电码化段,由室外调整送电端 BG$_2$	有扗流变	I_1—I_4 [220 V挡]	I_2—I_3	按参考调整表,调整二次电压 U_B		I_1—I_4	I_2—I_3	III_1—III_3 [15.84 V挡]	/
	无扗流变	I_1—I_4 [220 V挡]	I_2—I_3	按参考调整表,调整二次电压 U_B		I_1—I_4	I_2—I_3	III_1—III_3 [4.4 V挡]	II_4—III_2

3. 选定送、受电端的限流电阻 R_X、R_S

按标准图册调整参考表中给出的数值进行选定。其中送电端限流电阻 R_X 应固定不得调整,否则会破坏轨道电路整体特性,特别是分路特性。调整参考见表 3.2。

表 3.2 送、受电端限流电阻选定参考表

区段类型	区段长度(m)	有扼流变压器		无扼流变压器	
		送电端 R_X(Ω)	送电端二次电压 U_B(参考值)(V)	送电端、R_X(Ω)	送电端二次电压 U_B(参考值)(V)
无岔区段	100~400	4.4	3.2~4.2	0.9	1.4~1.9
无岔区段	500~1 000	4.4	4.9~7.8	4.4	4.6~7.2
无岔区段	1 100~1 500	4.4	8.6~12.8	4.4	7.9~11.7
一送一受[有岔]	100~400	4.4	3.3~4.4	1.6	2.0~2.9
一送二受[有岔]	≤200	4.4	4.4~6.4	1.6	2.9~4.3
一送三受[有岔]	≤200	4.4	5.9~8.9	1.6	4.0~5.0

4. 调整轨道电路供电变压器 BMT - 25 的电压,使轨道继电器的端电压 U_{GJ} 满足技术指标

(1)对于电码化区段,调整方法为改变室内调整变压器 BMT - 25 的输出端子,同时测量轨道继电器的端电压 U_{GJ} 和相位角,使之满足规定的技术指标。

(2)对于非电码化区段,调整方法为按调整参考表数值,改变送电端变压器 BG_2 - 130/25 二次侧电压 U_B,同时测量轨道继电器的端电压 U_{GJ} 和相位角,使之满足规定的技术指标。

5. 调整防护盒的端子,使轨道继电器的相位角满足技术指标

防护盒应使用 HF3 - 25 型(可调型)。25 Hz 轨道电路相位角偏差大时,可调整使用端子和连接端子的接线,使轨道继电器的相位角满足技术指标。具体见表 3.3、表 3.4。如失调角较大时,可适当调高 U_{GJ}(测试)电压,以使 GJ 的转矩满足技术指标。

表 3.3 HF3 - 25 型防护盒接线表

测试端子	连接端子	输入电压(V)	输入频率(Hz)	$\|V_L - V_C\|$(V)	Q	备注
1—3 3—8	2—6—7—8	10	50	≤3	≥18	同 HF2—25
	4—7—8	10	50			可调相位 15°~20°
	5—8	10	50			可调相位 30°~40°

注:V_C—电容器两端的谐振电压值(测试端子 3—8);V_L—电感线圈两端的谐振电压值(测试端子 3—8);Q—谐振槽路的品质因数。

表 3.4 HF4 - 25 型防护盒接线表

测试端子	连接端子	输入电压(V)	输入频率 (Hz)	$\lvert V_L - V_C \rvert$ (V)	Q	备注
1—3	A11—1	10	50±1	≤3	≥15	可下调 0°~30°
	A11—3、A4—12					可下调 0°~15°
	A11—5、A6—12					同 HF2—25
	A11—7、A8—12					可上调 0°~15°
	A11—9、A8—12、A2—4					可上调 0°~30°

注：V_C—电容器两端的谐振电压值；V_L—电感线圈两端的谐振电压值；Q—谐振槽路的品质因数。

6. 精确调整和一次调整

(1)在 25 Hz 相敏轨道继电器 GJ 吸起后，应再检查调整相位角，然后重新调整 U_{GJ} 电压，可反复数次后使之达标。

(2)25 Hz 相敏轨道电路经首次调整开通后，还需加强检测，并进行一次调整。一般应经历一次雨季和冬季晴天最不利条件测试。

①冬季晴天检查能确保分路。需在调整状态道床电阻最大、钢轨电阻最小、电源电压最高时，调整测量 U_{GJ} 端电压应小于调整表中所列最大值（U_{jmax}），再用标准分路线(0.06 Ω)进行送分、受分、岔分，GJ 残压应小于 7 V 能可靠释放。如带有无受电分支，还应在无受电分支的末端检查。室外钢轨并接电容时，应测试电容容值符合标准要求。

②雨季时检查 GJ 能可靠吸起。当道床漏泄最大或实际的道床电阻小于标准值（0.6 Ω·km）、钢轨电阻最大、电源电压最低时，把端电压 U_{GJ} 调整到不低于调整表中所列最小值（U_{jmin}），检查 GJ 能可靠吸起无红光带。

3.3.2 25 Hz 相敏轨道电路的测试方法

1. 送、受端变压器Ⅰ、Ⅱ次电压测试

轨道电路在调整状态，用相敏轨道电路测试表在变压器Ⅰ、Ⅱ次端子上测得。

2. 限流器电压测试

轨道电路在调整状态，用相敏轨道电路测试表在限流器两端测得。

3. 送、受端轨面电压测试

轨道电路在调整状态，用相敏轨道电路测试表在送、受端轨面测得。

4. 轨道继电器端电压和相位测试

测试方法：在带相位表的微机型 25 Hz 相敏轨道电路测试盘上直读测得。

5. 分路残压测试

室外用 0.06 Ω 标准分路线在轨道送、受端、无受电分支处轨面分路时,室内在微机型 25 Hz 相敏轨道电路测试盘上直读测得。

6. 轨道绝缘检查测试

内外侧夹板分别对两轨面端进行电压测试,无电压或电压基本平衡为绝缘良好,两端电压测试值比不大于 1/3。

7. 送、受端 BE 不平衡电流检查测试

用钳型表在两条钢丝绳上测试电流,测试电流要基本平衡。

8. 扼流变压器 BE 的 Ⅰ、Ⅱ 次线圈间绝缘检查

断电时,用摇表的两个表棒分别接 BE 的 Ⅰ、Ⅱ 次端子摇绝缘。

9. 极性交叉检查测试

用选频电压表在轨端绝缘处轨面测得。在电化有扼流变压器区段,两轨端绝缘处电压 $V_1 + V_4$ 之和约等于两轨面电压 $V_2 + V_3$ 之和,或轨端绝缘处电压 V_1、V_4 大于交叉电压 V_5、V_6 时,有相位交叉,如图 3.5 所示。或用轨道电路极性交叉检查仪测量,直接读取邻接区段是否极性交叉。

3.3.3　25 Hz 相敏轨道电路的测试仪表

25 Hz 相敏轨道电路应选用专用仪表,以满足日常维修测试的需要。

1. ME25/50 相敏轨道电路测试表

ME25/50 相敏轨道电路测试表是一款铁路电务专用仪表。适合电务工区日常对 25 Hz(或 50 Hz)相敏轨道电路检测和维护使用。该仪表

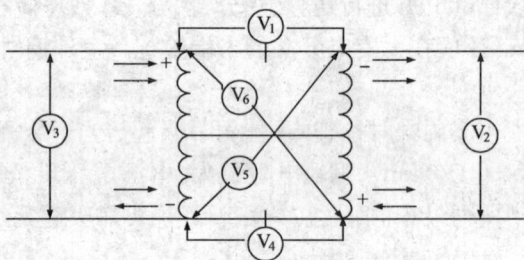

图 3.5　极性交叉测试

以数字信号处理技术为核心,采用精密的信号调理器件和点阵液晶屏显示。该仪表适用于室内相角测量、室外极性交叉测量及其他工频电压(50 Hz)的相角测量。相敏测量指标如下:

(1)电压有效值测量范围 0~450 V。

(2)电压有效值显示分辨力:1 mV、0.01 V、0.1 V。

(3)电压有效值测量误差:±1.0%+1d。

(4)相角测量显示分辨力:0.1°。

（5）相角测量误差：±0.5°+1d；

（6）轨道电压有效值：25 Hz 时等于轨道电压×sin（相角）；50 Hz 时等于轨道电压×sin（相角）。

本仪器有两路输入信号，把局部、轨道信号接入仪器的相应输入端，约 1 s，即可测出相位差、局部电压、轨道电压及轨道电压的有效值。

2. CT268 A 型轨道电路相位、极性交叉检查仪

（1）适用于 25 Hz 相敏轨道电路相位角的检查。

（2）适用于 25 Hz 相敏轨道电路和交流连续式轨道电路邻接区段极性交叉的检查。

（3）该测试仪有 4 条测试线，分别接于轨道电路绝缘节两端，可以方便地测试出该相邻两段轨道电路极性是否交叉。

3. CD96-3、ME2000-B 型移频在线测试表（附配套电流钳）

除能测试 ZPW-2000、各类移频制式的电特性参数外，对 25 Hz 相敏轨道电路测试指标有：

（1）25 Hz 信号基波幅值。

（2）25 Hz 信号相位。

（3）25 Hz 波形失真度。

4. CT267-C 型 25 Hz 相敏轨道电路测试盘

（1）能直接显示 25 Hz 交流电压、相位、直流电压等参数，根据站内轨道电路区段数量，分为 26 位、48 位。

（2）测试盘上区分不同测试对象（轨道区段）的按钮选用带 LD 指示的电子开关。按下某轨道区段的按钮，该按钮亮灯，表示该轨道区段的电气参数已传到测试仪上。

（3）能同时显示该轨道区段 25 Hz 轨道电压值、该区段局部电压与轨道电压之间的相位差。97 型（JXW-25 型）25 Hz 相敏轨道电路测试记录表表头示例见表 3.5。

表 3.5 25 Hz 相敏轨道电路测试记录表表头

日期及天气	25 Hz电源屏轨道电压及相角	室内整压电调变器	送电端						受电端						JRJC₁-70/240继电器端电压			轨道绝缘检查	极性交叉检查
			BG₂₅		限流电阻压降	BE₂₅		轨面电压	轨面电压	BE₂₅		限流电阻压降	BG₂₅		直流	相角	残压		
			Ⅰ次	Ⅱ次		Ⅰ次	Ⅱ次			Ⅱ次	Ⅰ次		Ⅱ次	Ⅰ次					
	V/β	(V)	(V)	(V)	(V)	(V)	(V)	(V)	(V)	(V)	(V)	(V)	(V)	(V)	(V)	度	(V)		

3.4　97 型 25 Hz 相敏轨道电路

1997 年经铁道部鉴定,决定用"97 型 25 Hz 相敏轨道电路"替代原"25 Hz 相敏轨道电路"在全路推广使用。97 型 25 Hz 相敏轨道电路具有工作稳定可靠,维修简单和故障率低的优点,具有很高的抗干扰能力,并延长了轨道电路的极限长度(可达1 500 m),深受现场欢迎。

3.4.1　97 型 25 Hz 相敏轨道电路的优点

1. 97 型 25 Hz 相敏轨道电路的技术改进

(1)旧型的 25 Hz 相敏轨道电路的存在以下缺点:

①冲击干扰引起轨道继电器错误动作。

②绝缘破损防护失效造成轨道电路失去分路检查。

③原设计、施工标准和器材生产中存在不足:

a. JRJC - 66/345 型二元二位轨道继电器设计不合理危及行车安全。

b. 受电端不设扼流变压器影响轨道电路正常工作。

c. 设置空扼流引起电码化工作不稳定。

d. 电源屏配置不合理造成浪费。

e. 牵引电流不平衡引起轨道继电器误动。

(2)与旧型 25 Hz 相敏轨道电路的比较,97 型 25 Hz 相敏轨道电路做了如下改进:

①系统抗不平横电流冲击干扰由原来 10 A 提高到 60 A。

②轨道电路的极限长度由原来的 1 200 m 提高到 1 500 m,可适应重载发展的要求。

③轨道电路最多可设置 4 个扼流变压器。

④考虑了移频等机车信号信息传输的要求。

⑤延长了受电端至继电器室的电缆长度。

2. 适用范围

(1)适用于牵引总电流不大于 800 A,轨条不平衡牵引电流不大于 60 A 的交流电气化牵引区段的站内及预告的轨道区段。

(2)适用于非电气化牵引区段的站内及预告的轨道区段。

3. 主要特点

(1)提高绝缘破损防护性能

引接线采用焊接式,减少接触电阻,以提高绝缘破损防护性能。

(2)取消不设扼流变压器的送、受电端

在运营中发现,不设扼流变压器时,轨道继电器所受的干扰远大于设扼流变压器的区段,同时不易于轨道电路调整。为此全部增设扼流变压器。

(3)扼流变压器经等阻线与钢轨连接

将连向钢轨的一长一短引接线设计成等阻线,降低牵引电流系统的不平衡系数。

(4)电源屏的配置

每一区段的平均传输功率为 20 W,每个继电器局部线圈加并电容补偿后的功率为 6.5 W,考虑单受和多受区段的比例。一个车站的轨道区段数和轨道继电器数按 1:2 计算,这样就相当于轨道分频器和局部分频器供电给每一个轨道电路分别耗电 20 W 和 13 W,从而能计算出一个车站电源屏的型号配置。

(5)二元二位继电器

97 型 25 Hz 相敏轨道电路优化了磁路设计和提高工艺设计水平,返还系数由原来的 0.5 增至 0.55,消除了因翼片碰撞外罩而造成卡阻的可能故障。具有可靠的相位选择性和频率选择性,抗干扰性能强,便于实现电码化。

(6)增加扼流变压器的类型

由原来的仅 400 A 类型增加了 800 A 和 600 A 两种类型。他们分别供侧线、正线和靠近牵引变电所的区段。

(7)极限长度延长

将 25 Hz 分频器的输出电压允许波动范围由原来的 ±5% 减少到 ±3%。通过只有一次改进措施,最终能将极限长度由 1 200 m 提高到 1 500 m。

(8)系统抗干扰能力大大提高

采取综合治理的方式大大提高系统抗冲击干扰分能力,首先设法尽可能减少干扰电流。另外,干扰电流若能造成轨道继电器误动,则设法让其误动后果不能影响其他信号设备或电路。

3.4.2 97 型 25 Hz 相敏轨道电路的主要技术指标

(1)调整状态时,轨道继电器轨道线圈上的有效电压应≥15 V,轨道电压相位角滞后于局部电压相位角 87°±8°。

(2)用 0.06 Ω 标准分路电阻线在轨道电路送、受端轨面上任一处分路时,轨道继电器(含一送多受的其中一个分支的轨道继电器)轨道线圈上的电压应≤7.4 V。

(3)轨道电路送、受端扼流变压器至钢轨的应采用等阻线,接线电阻不大于 0.1 Ω。

(4)轨道电路送、受电端轨道变压器至扼流变压器的接线电阻不大于 0.3 Ω。

(5)轨道电路电源屏至送电端轨道变压器一次侧的电缆允许压降为 30 V。轨道继电器至轨道变压器间的电缆电阻不大于 150 Ω。

(6)轨道电路送、受电端的限流电阻器 R_X、R_S,其阻值应按通号(99)0047 图册参考调整表中给出的数值予以固定,不得调小。

(7) 25 Hz 电源屏输出轨道电压(220±6.6) V,局部电压(110±3.3) V,局部电压相位角恒超前轨道电压相位角 90°±1°;输出 JXW - 25 直流电压应为 24×(1±15%) V。

(8) 相邻轨道区段应满足 25 Hz 相敏轨道电路极性交叉要求。

(9) 适用于连续牵引总电流≤800 A,不平衡电流≤60 A 的交流电气化牵引区段的站内及预告区段的轨道电路。

(10) 确认各种器材的同名端。遇器材同名端有误时,应及时更换器材,不允许在器材外部采取人为交叉方式解决,否则将破坏全站的相位交叉。

复习思考题

1. 画出 25 Hz 相敏轨道电路一送一受原理图,并简述各元器件的作用。

2. 25 Hz 相敏轨道电路的测试内容有哪些?

3. 如何进行 25 Hz 相敏轨道电路的调整?

4. 机车升弓对信号设备有什么影响?97 型 25 Hz 相敏轨道电路采取了什么措施?

5. 97 型 25 Hz 轨道电源屏的电气特性应符合哪些要求?

6. 下面是调整表 3.6 的内容,请回答表 3.6 中各项内容代表什么? 并求出失调角?

L (m)	$Z_g=0.5\angle52°$ Ω/km		$R_d=1.0$ Ω·km		
	$R_X(Ω)$	$R_S(Ω)$	$U_B(Ω)$	$U_{jmin}(V)$	$U_{jmax}(V)$
1 500	0.9	0.0	3.5	16.4	34.7

7. 一段轨道电路测试轨道电压符合标准,但轨道继电器没有吸起,查找原因?

4　高速铁路站内电码化技术

4.1　站内电码化技术概述

4.1.1　电码化的概念

站内轨道电路是列车运行实现自动控制和远程控制的基础设备之一,它的主要功能就是反映轨道区段是否被列车或车列占用。在移频自动闭塞区段,区间采用移频轨道电路,机车信号设备能直接接收移频信息,而站内轨道电路不能发送移频信息,当列车在站内运行时机车信号将中断工作,为了保证行车安全和提高运输效率,使机车信号不间断可靠工作,需在站内原轨道电路的基础上进行电码化。铁道部颁布的《铁路车站电码化技术条件》中对电码化进行了严格定义。"电码化"即"由轨道电路转发或叠加机车信号信息技术的总称"。

4.1.2　电码化的作用

在信号系统设备中,电码化技术是一个重要的组成部分,它对于加强站内行车安全以及机车信号的发展一直起着重要作用。

1. 保证机车信号在站内正线和到发线的股道上能够连续显示地面信号信息。车站股道电码化设备根据车站内所采用的与机车信号相配合的传输信息制式,在列车进入站内正线或到发线股道后,在列车出口端按照列车接近的地面信号显示,通过轨道电路向列车发送地面信号的信息,在列车出清该区段后,恢复站内轨道电路的正常工作。

2. 电码化是防"冒进"的需要。机车信号信息是由轨道电路传输的,平时站内轨道电路不发送机车信号信息。当列车冒进车站信号时,电码设备将停止向机车发码,机车信号设备接收不到信息,这是一条必须遵守的安全原则。

4.1.3　电码化技术的发展

车站电码化技术是保证铁路运输安全的一项重要技术。主要分为:固定切换电码化、脉动切换电码化、叠加移频电码化、预叠加移频电码化、车站接发车进路电码化及闭环电码化六种类型。到目前为止,站内电码化技术已在我国铁路中广泛使用,并

取得了重大的社会效益和经济效益。

1. 叠加移频电码化

即如果要使机车信号稳定工作,则机车信号接收中断时间应小于机车信号制式允许的最大时间。叠加发码通过电气隔离设备将轨道电路与电码化并接在一起,使轨道信息的发送、接收和电码化信息的发送,且同时接向钢轨,且将完成发码所需的时间降低到最小。自1988年开始,我国铁路部分车站的正线及到发线的股道均采用这种方式。

2. 车站接发车进路电码化

即列车在进路内运行时,机车能连续不断地接收到地面发送的机车信号信息的电码化,它是车站股道电码化的延伸技术。

进路电码化技术作为解决列车冒进信号的重要措施之一,在国外已经得到广泛应用。例如,前苏联在纵列式双线插入区段实施了全站进路电码化;英、美等国为实现列车速度控制,也不得不在咽喉区的道岔区段内加装发码环线或增设道岔"跳线"。由于道岔结构复杂,发码环线不得不穿插、交插安装,为取得理想的发码效果,还要对环线进行扭绞;此外,在道岔区段为了对各列车进路进行区分、控制发码,必须增设大量继电器以构成发码控制电路。在日本,这种电路使用了上百个继电器。这足以说明,进路电码化尽管技术复杂,但确实是必不可少的。"进路电码化"和"股道电码化"的区别在于:前者对于所有接发车进路(包括直股和弯股)内的轨道区段均实施电码化;而后者仅对直股的接车进路和发车进路内的轨道区段实施电码化,弯股的接车进路仅其股道区段实施电码化。股道电码化时,除直进直出的列车进路能顺序发码外,其他列车进路的无岔区段和道岔区段均不发码,机车信号信息有中断时间,而进路电码化则无中断时间。考虑到发展列车超速防护的需要,铁道部在1991年科技发展计划中,以合同号91-X-11下达了由中国铁路通信信号总公司研究设计院研制"车站接发车进路电码化"的任务,作为技术储备。

3. 预叠加移频电码化

因列车运行速度的提高,其制动更加困难,因其要求的制动距离是与速度的平方有关,使得冒进信号的可能性加大,故提速区段对机车信号的要求更高。2000年前,我国铁路大量采用的电码化制式均是1988年研制的车站股道电码化技术,其已不能满足铁路提速的要求。随着列车速度的提高,传统的站内电码化使用脉动切换电路已不适应列车提速对机车信号正常运用的要求,站内正线区段机车信号掉码问题明显增加,尤其在短区段更为严重,对提速列车造成一定的安全隐患。为满足铁路运输

提速的要求,保证提速区段列车运行安全,铁道部以 2000X017－C 合同号下达了"站内电码化预发码技术的研究"的科研任务。2002 年通过铁道部技术鉴定,同年在我国铁路干线车站的正线推广采用。

预叠加移频电码化类型:480 轨道电路预叠加 8、18 信息移频电码化;480 轨道电路预叠加 ZPW－2000(UM)系列移频电码化(分两线和四线制);25 Hz 相敏轨道电路预叠加 8、18 信息移频电码化;25 Hz 相敏轨道电路预叠加 ZPW－2000(UM)系列移频电码化(分两线和四线制);非电气化区段 25 Hz 相敏轨道电路预叠加 ZPW－2000(UM)系列移频电码化(分两线和四线制)。

4. 闭环电码化

叠加预发码只能做到逐段闭环检查,不满足全部进路检查的需求。要实现机车信号主体化,将控制列车运行的多种信息由地面信号设备通过轨道向列车的车载信号设备发出,这就对地面信息发送设备的安全性和可靠性提出了更高的要求。对地面设备来说,首先应实现地面设备信息发送的闭环检测,即能够实时检测信息是否确实发送至轨道,若检测出信息未能发至轨道,系统将立即作出反应,向列车发出足以保证运行安全的信息,并发出设备故障报警。闭环电码化技术于 2004 年 11 月通过铁道部审查,2005 年被我国铁路干线和提速区段的车站采用。

闭环电码化包括以下几种类型:480 轨道电路叠加 ZPW－2000 闭环电码化(分两线和四线制);电气化区段 25 Hz 相敏轨道电路叠加 ZPW－2000 闭环电码化(分两线和四线制);非电气化区段 25 Hz 相敏轨道电路叠加 ZPW－2000 闭环电码化(分两线和四线制)。

鉴于高速铁路应用现状,本章主要介绍站内叠加预发码式电码化和闭环电码化两种设备的原理和简单维护。

4.2 站内轨道电路预叠加 ZPW－2000A 电码化技术

4.2.1 预叠加电码化的作用及主要特点

"叠加式"是在电码化过程中在轨条内同时发送动作轨道电路和动作机车信号两种信息的方式。高速铁路的车载设备要求能连续不间断地收到信息,故已有的脉动方案已不适应。叠加发码时分别将轨道电路的送、受电端和机车信号发送盒通过电气隔离设备并接在一起,使轨道信息的发送、接收和机车信号信息的发送,同时处在无间断情况下接向钢轨。叠加电码化的开始时机又分为"占用"和"预先"两种,占用本轨道区段便开始叠加发码称为"占用叠加发码";占用前一个区段便开始提前叠加

发码称为"预先叠加发码"。

采用"预先叠加发码"的发送盒有两路独立输出,分别通过各轨道区段的条件进行叠加。每路发送供电时机始于上一段轨道占用,止于下一段轨道占用,在任一瞬间均有相邻的两个区段同时发码,一个是本区段的,另一个是下一个区段的。分别由发送盒的两路输出通过相应条件发往轨道,对下一个区段实现了"预先叠加发码",故此方式在发码时间上能确保无中断。

为满足机车在站内能通过轨道接收到移频机车信号信息的要求,站内轨道电路必须实施电码化。高铁区段的复杂大站内股道一般采用 97 型 25 Hz 相敏轨道电路。而且要求正线电码化在列车行驶过程中,要确保连续性,即不得有瞬间中断。侧线电码化为占用发码方式的叠加电码化。

采用逐段预先发码的叠加方式,不难看出,任一瞬间均有两个区段在发码,即发送盒的输出端子接向轨道,而叠加发码时轨道电路的送、受电端与电码化发送线是并联的,这就造成相邻两个区段送、受电端也相连,即我们俗称的"相混",这当然是不允许的,必须予以克服。

发码方式为叠加发码,发码和轨道电路送、受电端是并接的,由此引起轨道电路附加支路的衰耗。由于改变了轨道电路的调整和分路性能,其极限长度能否达到 1 200 m,是必须加以确认的技术问题。电码化轨道电路在机车信号入口电流和轨道电路的调整和分路两方面均应满足各自的技术要求。

"预先叠加发码"确切地说应称为"逐段叠加预先发码",如图 4.1 所示。

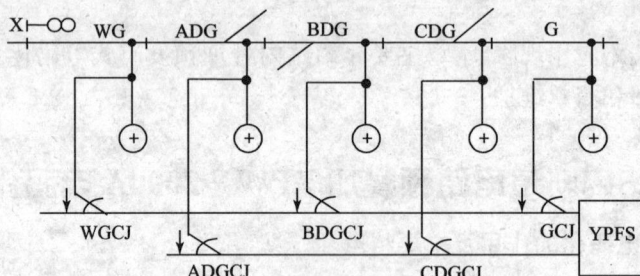

图 4.1　逐段叠加预先发码原理图

正线接车进路内共有 WG、ADG、BDG、CDG、G 五段轨道电路,发送盒的两路独立输出,分别通过各自的 CJ 条件向 G、BDG、WG 和 CDG、ADG 进行叠加。而 CJ 的供电始于上一段轨道占用,止于下一段轨道占用,在任一瞬间均有相邻的两个 CJ↑,一个是本区段的,另一个是下一个区段的。分别由发送盒的两路输出通过相应的 CJ

发往轨道,对于下一个区段实现了"预先叠加发码"。这种电码化方式的电码中断时间只存在钢轨绝缘处,在列车速度为 120 km/h 时约为 0.1 s 左右,是目前各种电码化中电码中断时间最短的电路制式,此 0.1 s 为"空间中断",如绝缘特殊处理后可消减"空间中断"。

4.2.2 电码化设备构成

1. 发送器(FSQ)

ZPW·F 发送器适用于电气化区段 25 Hz 相敏轨道电路或交流连续式轨道电路电码化。正线、侧线电码化通用。发送器的作用:(1)产生 18 种低频信号 8 种载频(上下行各四种)的高精度、高稳定的移频信号。(2)产生足够功率的输出信号。(3)调整轨道电路。(4)对移频信号特征的自检测,故障时给出报警及 N+1 冗余运用的转换条件。

2. 发送检测器(JF)

用于对发送器进行检测、故障报警及工作状态的显示。面板上共有 6 个塞孔用于上下两路发送器的电源电压、功出电压和继电器电压的测试。

3. 道岔发送调整器(TFD)

用于电码化发送设备的雷电防护和机车信号入口电流的调整。道岔发送调整器一路输入,共 7 路输出,供 7 个区段发码。电压可调,范围在 140～60 V 之间。

4. 股道发送调整器(TFD)

用于电码化发送设备的雷电防护和机车信号入口电流的调整。股道发送调整器一路输入,共 2 路输出,供 2 个股道发码。电压可调,范围在 20～140 V 之间。

5. 电码化发送匹配防雷单元(FT1-U)

匹配防雷调整组合两个 100 Ω 调整电阻 R1 出厂时一般调整在中间位置,现场一般不需要调整,当发现 ZPW-20000A 电码化发送盒输出电流超过规定值时,可适当调整,使其满足要求。

匹配防雷单元的使用,出厂时设置在 100 V 端子上,当入口电流过大或过小时,调整 FT1-U 的输出电压端子,使入口电流满足要求。FT1-U 型防雷单元使用端子见表 4.1。

表 4.1　FT1-U 型防雷单元端端子使用说明

电压(V)	20	40	60	80	100	120	140
端子连接	1-2 7-3	1-3 7-4	1-4 7-5	1-4 7-6	1-3 7-5	1-3 7-6	1-2 7-6

6. 送电端调整电阻盒(RT - F)

送电隔离电阻组装包括五个固定抽头分段调整电阻 RX20T - 100[(0～300)±10%] Ω,电阻值根据表 4.2 进行电阻调整。现场一般将电阻调整至 150 Ω。

表4.2   送电端调整电阻调整表

电阻(Ω)	连接端子	电阻(Ω)	连接端子	电阻(Ω)	连接端子	电阻(Ω)	连接端子
0	1 - 5	100	2 - 5	200	2 - 4	300	不接线
50	1 - 2,3 - 5	150	3 - 5	250	3 - 4		

7. 受电端调整电阻盒(RT - R)

受电隔离电阻组装包括五个固定抽头分段调整电阻 RX20T - 100[(0～300)±10%] Ω,电阻值根据 RT - F 调整。一般现场开通将电阻调整至 150 Ω。受电端调整电阻盒电阻调整与送电端相同,见表 4.2。

8. 室内隔离盒

用来实现轨道信号与移频信号共用传输通道而互不干扰。隔离盒面板有三个测试塞孔,分别用来测量移频信号、轨道电源及其合成电压。注意只能作为测试用,不能作为电源输入塞孔用,否则将造成设备故障。隔离盒一般有 NGL - T 型、FNGL - T型等。

NGL - T 型室内隔离盒使用于电气化区段和非电话区段 25 Hz 相敏轨道电路叠加 ZPW - 2000A 系列,室内送电端和受电端隔离设备通用的隔离盒,可代替原 NGL - U 型和 NGL1 - U 型室内隔离盒。

NGL - T 型室内隔离盒可用于四种频率,对于不同频率按表 4.3 在外插头上焊接(若不接跨线,则隔离盒无法使用)。

NGL - T 型隔离盒送受点端端子使用说明见表 4.4。

表4.3   NGL - T 型室内隔离盒连接跨线使用表

移频频率(Hz)	外连接方式	移频频率(Hz)	外连接方式
1 700	AT13 - AT17	2 300	AT13 - AT7
2 000	AT13 - AT16	2 600	AT13 - AT6

表4.4   NGL - T 型室内隔离盒送受电端端子使用说明

端子	使用说明	端子	使用说明
AT2、AT12	接 25 Hz 轨道电源	AT5、AT15	接电缆(钢轨侧)
AT8、AT18	移频信号输入		

9. 室外隔离盒

为室外送电端和受电端通用的隔离设备。用来实现轨道电源与移频信号共用传输通道而互不干扰。WGL－T型室外隔离盒(含防雷)用于电气化区段和非电气化区段25 Hz相敏轨道电路二线制叠加ZPW－2000A系列通用接口设备,为室外送电端和受电端隔离设备通用的隔离盒。室外隔离盒端子使用见表4.5。

表4.5 室外隔离盒端子使用说明

端子	使用说明	端子	使用说明
Ⅰ1、Ⅰ2	接电缆	Ⅱ1、Ⅱ2	接钢轨侧
Ⅰ3、Ⅰ4	接轨道变压器	Ⅱ3、Ⅱ4	接轨道变压器

10. WGFH室外隔离防护盒

用于电气化、非电气化区段25 Hz相敏轨道电路和交流连续式轨道电路不发码端防护使用,防止移频信号干扰轨道电路接受设备。送、受电端通用,端子使用说明见表4.6。

表4.6 室外隔离防护盒端子使用说明

端子	使用说明	端子	使用说明
Ⅰ1、Ⅰ2	(1)送电端用时接轨道电源 (2)受电端用时接继电器	Ⅱ1、Ⅱ2	(1)送电端用时接轨道变压器Ⅰ1、Ⅰ4 (2)受电端用时接轨道

11. 室内调整变压器

BMT－5型室内调整变压器用于电气化区段25 Hz相敏轨道电路叠加ZPW－2000系列(或UM71系列)电码化接口设备中,放置在送电端室内隔离设备的托盘上,为25 Hz轨道电路提供电源,并可在室内调整轨道电路。BMT－25型室内调整变压器Ⅰ1-Ⅰ2输入:25 Hz、220 V,Ⅱ1-Ⅱ2输出:5～180 V。输出电压调整,每5 V一挡可调,具体见4.7。

表4.7 BTM－25型室内调整变压器电压调整表

输入电压:Ⅰ1-Ⅰ2 25 Hz 220 V;输出端子固定使用:Ⅱ1、Ⅱ2					
输出(V)	连接端子	输出(V)	连接端子	输出(V)	连接端子
5	1-5、6-9	65	1-2、7-9、3-6	125	1-3、8-9、4-6
10	1-7、8-9	70	1-2、7-9、3-5	130	1-3、8-9、4-5
15	1-6、7-9	75	1-2、8-9、3-6	135	1-2、6-9、4-7

161

高速铁路系列

输入电压：Ⅰ1－Ⅰ2 25 Hz 220 V；输出端子固定使用：Ⅱ1、Ⅱ2					
输出(V)	连接端子	输出(V)	连接端子	输出(V)	连接端子
20	1－5、7－9	80	1－2、8－9、3－5	140	1－2、7－9、4－8
25	1－6、8－9	85	1－3、6－9、4－7	145	1－2、5－9、4－6
30	1－5、8－9	90	1－3、7－9、4－8	150	1－2、4－9
35	1－2、6－9、3－7	95	1－3、5－9、4－6	155	1－2、6－9、4－5
40	1－2、7－9、3－8	100	1－3、4－9	160	1－2、8－9、4－7
45	1－2、5－9、3－6	105	1－3、6－9、4－5	165	1－2、7－9、4－6
50	1－2、3－9	110	1－3、8－9、4－7	170	1－2、7－9、4－6
55	1－2、6－9、3－5	115	1－3、7－9、4－6	175	1－2、8－9、4－6
60	1－2、8－9、3－7	120	1－3、7－9、4－5	180	1－2、8－9、4－5

12. HF3－25 型 25 Hz 防护盒

HF3－25 型 25 Hz 防护盒主要用于铁路 25 Hz 相敏轨道电路中，防护 JRJC 型轨道继电器，使其不受 50 Hz 牵引电流干扰；对 25 Hz 信号频率的无功分量进行补偿；减少 25 Hz 信号在传输中的衰耗和相移；保证 JRJC 型轨道继电器的正常工作，是站内电码化配套产品。

HF3－25 型防护盒是 HF2－25 更新换代产品，在 HF2－25 型的基础上进行改进的，增加可调端子，提高了性能，可通过调整三种谐振槽路获得更佳的防护性能和 25 Hz 信号相位角的改善。

13. BCQ－U 空扼流补偿器

轨道电路分支为满足回流需要安装了空扼流设备，但空扼流的安装破坏了轨道电路的传输特征，给轨道电路的调整带来了困难（相角调整有难度），为解决这一问题，安装了空扼流补偿器，实现了带分支空扼流轨道电路的相位精细调整。凡装设的空扼流变压器均应补偿，其补偿原则既要考虑 25 Hz 相敏轨道电路信息的传输，又要兼顾机车信号信息的传输。因此，在不同制式的自动闭塞区段，对站内 25 Hz 相敏轨道电路的空扼流变压器的补偿所需的补偿器应随不同的机车信号制式而异。空扼流变压器 BE1－25 经加防护盒补偿后，BG2－130/25（或 BG3－130/25）型轨道变压器采用 110/17.6 的匝比，即Ⅰ1－Ⅰ2、Ⅰ3－Ⅰ4 连接，110 V 端子并联使用接补偿器，Ⅱ3～Ⅲ1 连接Ⅱ1、Ⅲ3 接扼流信号侧。

14. 补偿电容

根据通道参数并兼顾低道床电阻道床传输,选择补偿电容器的容量,使 ZPW-2000 电码化传输通道趋于阻性,保证 ZPW-2000 电码化具有良好传输性能,同时尽可能降低对原有站内轨道电路的影响。

(1)设置原则:当电码化轨道电路长度超过 300 m 时,须设置电容补偿。

(2)载频选择

①限于 1 700 Hz、2 000 Hz,电容容量为 80 μF。

②限于 2 300 Hz、2 600 Hz,电容容量为 60 μF。

(3)设置方法

补偿电容的设置方法,是按照等间距设置补偿电容的方法,其具体方法如图 4.2 所示。

$$等间距(\Delta)=L(轨道电路长度)/N(电容个数)$$

例如:$L=900$ m,$N=9$,则 $\Delta=100$。

图 4.2 补偿电容布置示意

4.2.3 电码化电路工作原理

正线区段包括直进的接车进路和直出的发车进路内各区段(正线股道除外)。按铁标《铁路车站电码化技术条件》规定,当列车冒进信号时,内方区段不得发码的要求,每一进路需设置一个允许发码的控制继电器(JMJ 或 FMJ),只有开放相应信号(排除了冒进信号)时才具备发码的条件,它的工作直接区分列车进入内方后能否发码,涉及安全,借助超速防护装置确保防止冒进信号,故该发码的控制继电器应采用"肯定"的逻辑关系,即它吸起时才发码。

继电器的供电电路应按"故障—安全"原则设计,即构成供电的必备条件也均采用"肯定"的逻辑关系,即前接点接通。而继电器开通的时机条件(非安全性)可做成与必备条件相同,也可做成"列车接近时"两种方式。

控制继电器的恢复条件或时机,即它供电电路的切断,按接点电路设计的一般原则知,"当它的任务完成时即为它的恢复时机"。不难看出,当列车进入不由它控制发码的区段时,如接车进路驶入股道或发车进路驶入区间时,即可切断它的供电电路。

另外要保证区段瞬间分路后，由于信号已关闭，为保证不使以后的列车冒进后能错误收到码，此时也应使 MJ 恢复到落下位置。

现以图 4.3 为例。

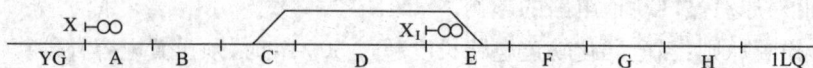

图 4.3　进路示意图

由于电码化继电器 MJ 的"开放信号"的必备条件当列车进入内方后将自动关闭，故 MJ 吸起的必备条件应是"曾开放信号"，同时应有自闭电路。

控制继电器 JMJ 和 FMJ 的供电电路接通公式分别为：

$$F(JMJ) = [XLXJ \cdot XZLBJ + JMJ(\sum \overline{JDGJ})] \cdot GJ$$

$$F(FMJ) = [X_1ZXJ \cdot X_1ZLBJ + FMJ(\sum \overline{FDGJ})] \cdot 1LQJ$$

上式中的 XLXJ、XZLBJ、X1ZXJ、X1ZLBJ 分别表示下行进站信号开放、开通下行正线进路，1 道下行出站信号开放、开通下行 1 道直股发车进路，$\sum \overline{JDGJ}$ 代表接车进路内所有道岔区段和无岔区段的轨道继电器落下（AGJ、BGJ、CGJ）接通并联条件，GJ 为 DGJ，$\sum \overline{FDGJ}$ 代表发车进路内所有道岔区段和无岔区段的轨道继电器落下（EGJ、FGJ、GGJ、HGJ）接通并联条件。

由于采用逐段预先发码方式，虽然直进的接车进路或直出的发车进路已具备发码的条件，JMJ↑ 或 FMJ↑，但发送盒能适时地并接到轨道区段，是由每个区段的传输继电器 CJ 的动作来实现的。

正线进路内除股道外的所有轨道区段的 CJ 接通公式为：

$$F(nCJ) = JMJ \cdot ZGJ \cdot [\overline{GJ(n-1)} \cdot GJ(n) + \overline{GJ(n)}]$$
$$\cdot GJ(n+1) \cdot GJ(n+2) \cdots$$

$$F(nCJ) = FMJ \cdot ZGJ \cdot [\overline{GJ(n-1)} \cdot GJ(n) + \overline{GJ(n)}]$$
$$\cdot GJ(n+1) \cdot GJ(n+2) \cdots$$

对应本例，ZGJ 接车时为 DGJ，发车时为 1LQJ。如 n 为 AG 时，则

$$F(ACJ) = JMJ \cdot DGJ \cdot [\overline{YGJ} \cdot AGJ + \overline{AGJ}] \cdot BGJ \cdot CGJ$$

为了防止电路相混，供电路的并联条件（$\overline{YGJ} \cdot AGJ + \overline{AGJ}$）分别接通传输继电器 CJ 的两个线圈，构成独立的供电支路，如图 4.4 所示。

由接通公式可知，任一瞬间只有相邻的两个 CJ 吸起，例如列车驶入 BG，此时 BCJ 的 $\overline{BGJ}$ 和 CCJ 的 $\overline{BGJ}$ 条件具备从而使 BCJ 和 CCJ 均吸起。而 ACJ 由于 $\overline{BGJ}$ 而切断供电电路落下。如使相邻的两个区段分别由不同的发送盒发送，则既能保证相邻

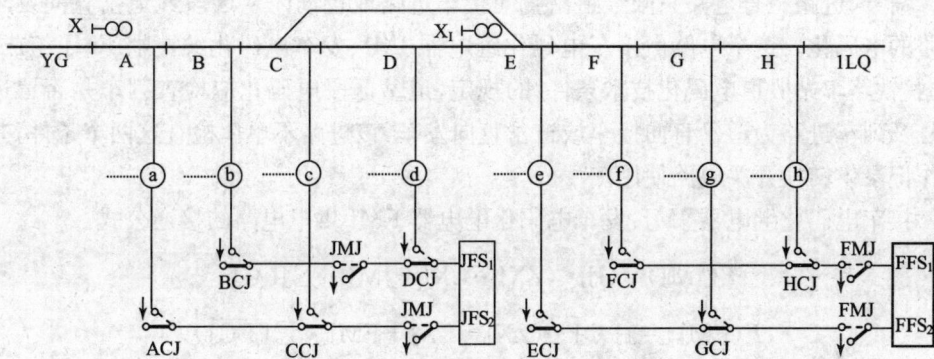

图 4.4 预叠加电码化示意图

的轨道电路的送、受电端不相混,又能保证发送盒任一瞬间只向一个区段发送,从而保证了入口电流和能正确选定发送盒应有的最小发送功率要求。

由于正线股道和到发线股道区段的发码不需必备条件,只需控制发码时机,故不设 MJ 仅设 CJ,它们的接通公式为:

$$F(CJ) = \overline{GJ}$$

正线股道由于考虑预先发码,故稍有变化,本例为 DCJ,其接通公式为:

$$F(DCJ) = \overline{DGJ} + JMJ \cdot \overline{CGJ}$$

正线股道及到发线股道叠加电码化示意图如图 4.5 所示。

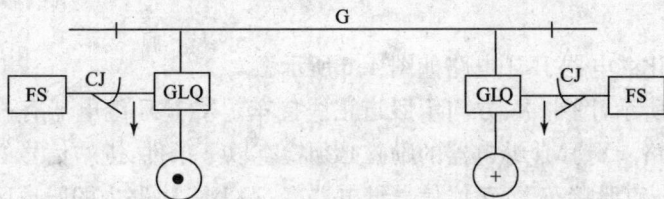

图 4.5 正线股道及到发线股道叠加电码化示意图

FS—电码化发送设备;GLQ—电码化隔离器;CJ—电码化传输继电器

4.2.4 预叠加电码化电路分析

预叠加电码化电路,一般由三大部分组成:信号、进路检查电路(控制电路);转换开关电路;发码电路。下面对这三部分电路进行举例分析。

1. 控制电路

信号、进路检查电路只限经道岔直向接车进路或自动闭塞区段经道岔直向发车进路的电码化。这个电路由接车电码化继电器 JMJ、发车电码化继电器 FMJ 组成。根据《铁路车站股道电码化技术条件》的规定，道岔区段电码化应检查列车是否冒进信号及列车进路为道岔直向接车或道岔直向发车，该进路不单单检查这两个条件，并要作记录供转换开关电路使用。

接车电码化继电器 JMJ、发车电码化继电器 FMJ 供电电路的接通公式：

$$F(\text{JMJ}) = \text{GJ} \cdot (\text{ZXJ} \cdot \text{LXJ} + \text{JMJ} \cdot \Sigma\overline{\text{JDGJ}})$$

$$F(\text{FMJ}) = 1\text{LQJ} \cdot (\text{ZXJ} \cdot \text{LXJ} + \text{FMJ} \cdot \Sigma\overline{\text{FDGJ}})$$

式中， ΣJDGJ——代表接车进路内所有道岔区段和无岔区段的轨道继电器落下接
通的并联条件；

ΣFDGJ——代表发车进路内所有道岔区段和无岔区段的轨道继电器落下接
通的并联条件；

ZXJ——正线继电器，代表经道岔直向接车进路条件；

LXJ——列车信号继电器，代表经道岔直向发车进路条件；

GJ——股道区段轨道继电器；

1LQJ——1 离去区段轨道继电器。

（1）接车电码化继电器 JMJ

作用：为控制发码时机而设置，在电气集中车站站内正线接车进路电码化时设计。它在进站信号机开放后、列车压入接车进路内方第一段轨道区段后励磁吸起。

接车电码化继电器 JMJ 电路如图 4.6 所示。

如图 4.6 所示，图中 X_A 方向 I 股道正线接车。X_AJMJ 继电器有一条励磁电路和一条自闭电路。X_AJMJ 继电器的励磁必须检查以下条件：进站信号必须处于开放状态 X_ALXJ↑；直股接车 X_A正线信号继电器 X_AZXJ↑；进路内的股道区段无车占用 I GJF↑；那么，X_AJMJ 继电器励磁吸起并经过其本身第一组前接点和进路内所有道岔区段其中之一被占用，即 3DGJF、5DGJF、11DGJF 之中有一个在落下状态；将 X_ALXJF↑、X_AZXJ↑条件短路后自闭。

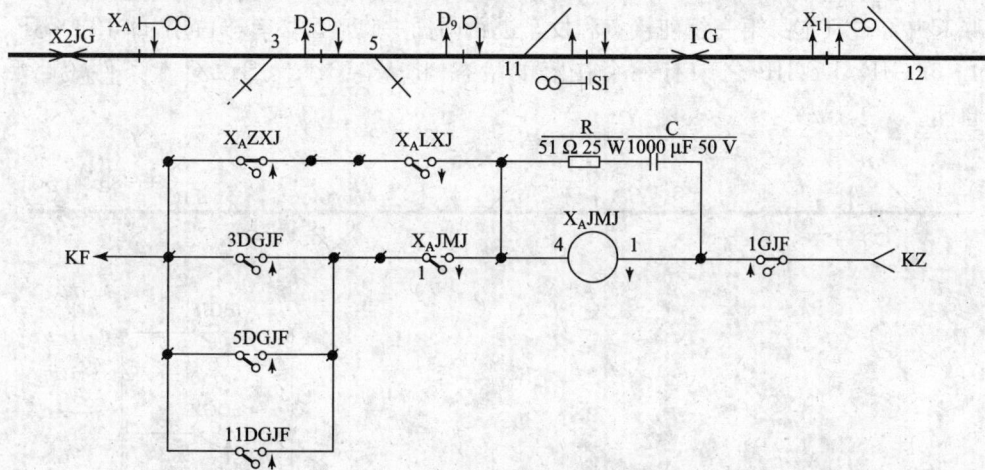

图 4.6 接车电码化继电器 JMJ 电路

用逻辑关系式表示如下：

$$F(X_AJMJ) = IGJF(X_AZXJ \cdot X_ALXJF + X_AJMJ)$$
$$(3DGJF + \overline{5DGJF} + \overline{11DGJF})$$

在 X_AJMJ 继电器的线圈两端并接电阻 R、电容 C 的作用是增加该继电器的缓放时间，防止因小车跳动导致轨道电路瞬间失去分路，而使 X_AJMJ 失磁错误落下，中止电码化。

当列车进入股道，$IGJF$ 失磁落下切断 X_AJMJ 的 KZ 电源，则 $X_AJMJ \downarrow$ 失磁落下复原，结束接车进路电码化。

接车电码化继电器 $X_AJMJ \uparrow$，证明通向 I 股道直股接车进路的电码化条件已经具备，$X_AJMJ \downarrow$，证明不具备电码化条件。

(2)发车电码化继电器 FMJ

作用：为控制发码时机而设置，在自动闭塞区段的电气集中车站内，经道岔直向的发车进路实施电码化时设计。它在出站信号机开放、列车接近压入发车进路内方第一段轨道区段后励磁吸起。

发车电码化继电器 FMJ 电路如图 4.7 所示，$X_I FMJ$ 继电器同样由一条励磁电路和一条自闭电路组成。$X_I FMJ$ 继电器的励磁必须检查以下条件：X_I 出站信号必须处于开放状态 $X_I LXJF \uparrow$；建立经道岔直向的发车进路，上行正线信号继电器

$S_B ZXJ$ 在励磁吸起状态；下行一离去区段空闲 $X_I LQ\uparrow$ ；那么，$X_I SFMJ$ 继电器励磁吸起并经过其本身第一组前接点和发车进路内任一轨道区段有车占用，即 12 DGJF、4-6DGJF、Ⅰ BGJF 之中有一个在落下状态；将 $X_I LXJ\uparrow$、$S_B ZXJ\uparrow$ 条件短路后自闭。

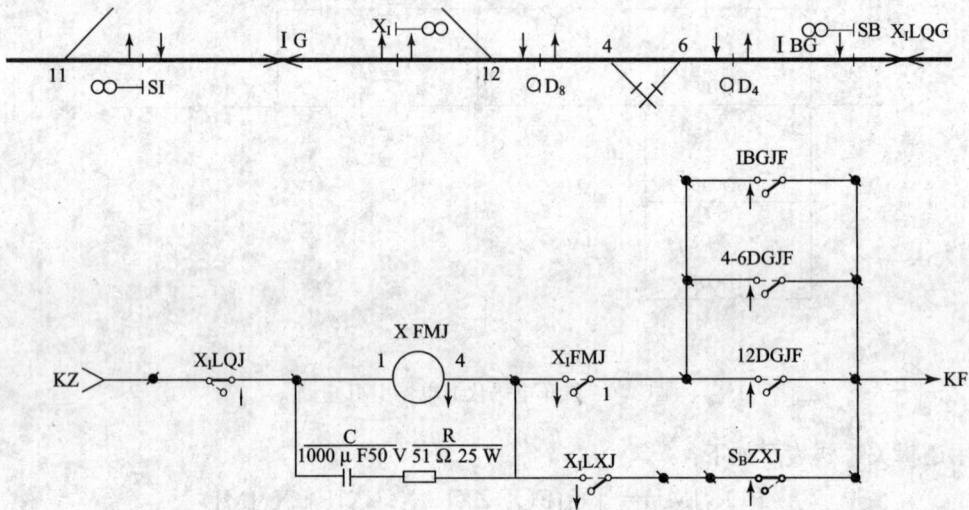

图 4.7　发车电码化继电器 FMJ 电路

用逻辑关系式表示如下：

$$F(X_I FMJ)=X_I LQJ(X_I ZXJ \cdot S_B ZXJ+X_I FMJ)$$
$$(\overline{12DGJF}+\overline{4-6DGJF}+\overline{Ⅰ BGJF})$$

在 $X_I FMJ$ 继电器的线圈两端并接电阻 R、电容 C 的作用也是增加该继电器的缓放时间，防止因小车跳动导致轨道电路瞬间失去分路，使 $X_I FMJ$ 失磁错误落下，中止电码化。

当列车占用上行一离去区段时，$X_I LQJ$ 失磁落下，切断继电器的 KZ 电源，使 $X_I FMJ$ 失磁落下复原，结束发车进路电码化。

发车电码化继电器 $X_I FMJ$ 励磁吸起，证明Ⅰ股道经道岔直向的发车进路的电码化条件已经具备，$X_I FMJ\downarrow$，证明不具备电码化条件。

2. 转换开关电路

转换开关电路由传输继电器 GCJ 和电码化继电器（JMJ 或 FMJ）组成。该电路负责验证轨道电路转发机车信号信息的条件，并控制向钢轨发码及轨道电路恢复的时机。

（1）经道岔直向接车进路的传输继电器 GCJ 电路

接车进路的传输继电器 GCJ 电路如图 4.8 所示。正线的 GCJ 电路由两条励磁电路构成，它没有自闭电路。Ⅰ股道正线接车进路内实施电码化的每一段轨道电路，迎着列车运行方向发码时，设置一个 GCJ。

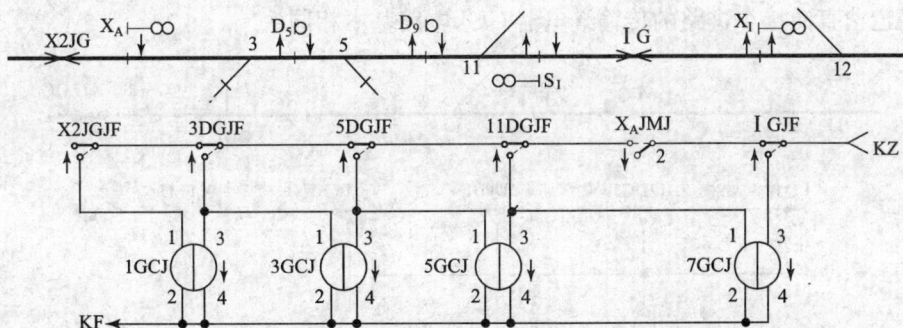

图 4.8　接车进路的传输继电器 GCJ 电路

这些传输继电器工作时，负责将电码化的发送设备接通至室外轨道传输网络。

用逻辑关系式表示如下：

$$F(1GCJ) = X_AJMJ \cdot 11DGJF \cdot 5DGJF \cdot [3DGJF \cdot \overline{X2JGJF} + \overline{3DGJF}] \cdot ⅠGJF$$

$$F(3GCJ) = X_AJMJ \cdot 11DGJF \cdot [5DGJF \cdot 3DGJF + \overline{5DGJF}] \cdot ⅠGJF$$

$$F(5GCJ) = X_AJMJ \cdot [11DGJF \cdot \overline{5DGF} \cdot \overline{11DGJF}] \cdot ⅠGJF$$

$$F(7GCJ) = X_AJMJ \cdot \overline{11DGJF} \cdot ⅠGJF + \overline{ⅠGJF}$$

X_AJMJ 吸起，证明该进路已经具备实施电码化条件；X_AJGJF 落下，证明列车已占用接近区段，此时 3DG 区段实施电码化的时机已到，代表本区段的传输继电器 1GCJ 励磁吸起，当列车压入本轨道区段 3DGJ 落下后，3DG 轨道区段的 1GCJ 的第一条励磁电路被切断，第二条励磁电路接通，同时建立下一个区段的 3GCJ 第一条励磁电路，当列车压入下一个轨道区段 5DGJ 落下后，3DG 轨道区段的 1GCJ 的第二条励磁电路被切断复原，该区段的电码化结束。5DGJ 落下重复上面 3DG 区段的电码化过程。当列车进入股道后，ⅠGJF 失磁落下，进路内道岔区段（或无岔区段）的电码化结束，电路全部复原。

(2)经道岔直向发车进路的传输继电器 GCJ 电路

发车进路的传输继电器 GCJ 电路如图 4.9 所示,正线发车的传输继电器 GCJ 电路同样由两条励磁电路构成,它也没有自闭电路。下行方向 I 股道正线发车进路内实施电码化的每一段轨道电路,迎着列车方向发码时,设置一个 GCJ。它的工作原理与经道岔直向接车进路的传输继电器 GCJ 电路基本相同。

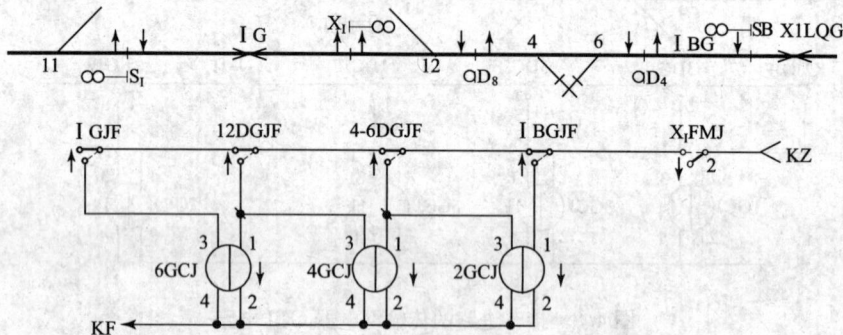

图 4.9 发车进路的传输继电器 GCJ 电路

用逻辑关系式表示如下:

$$F(6GCJ) = X_I FMJ \cdot I\,BGJF \cdot (4-6DGJF)$$
$$\cdot \left[12DGJF \cdot \overline{I\,GJF + 12DGJF}\right]$$
$$F(4GCJ) = X_I FMJ \cdot I\,BGJF \cdot \left[4-6DGJF \cdot \overline{12DGJF + 4-6DGJF}\right]$$
$$F(2GCJ) = X_I FMJ \cdot \left(I\,BGJF \cdot \overline{4-6DGJF + I\,BGJF}\right)$$

$X_I FMJ$ 吸起,证明该进路已经具备实施电码化条件;$I\,GJF$ 落下,证明列车已占用接近区段,此时 12DG 区段实施电码化的时机已到。代表本区段的传输继电器 6GCJ 励磁吸起,当列车压入本轨道区段 12DGJF 落下后,12DG 轨道区段的 6GCJ 的第一条励磁电路被切断,第二条励磁电路接通,同时建立下一个区段的 4GCJ 第一条励磁电路,当列车压入下一个轨道区段,4-6DGJF 落下后,12DG 轨道区段的 6GCJ 的第二条励磁电路被切断复原,该区段的电码化结束。$I\,BGJF$ 落下重复上面 12DG 区段的电码化过程。当列车进入 $X_I LQ$ 下行一离去区段后,$X_I LQ$ 失磁落下,$X_I FMJ$ 落下,进路内道岔区段(或无岔区段)的电码化结束,电路全部复原。

(3)股道有中间出岔时的传输继电器 GCJ 电路

股道有中间出岔时的传输继电器 GCJ 电路如图 4.10 所示,股道有中间 1GCJ、2GCJ、3GCJ 平时均在落下状态,当列车压入中间出岔的三个轨道区段时,GCJ 分别

励磁吸起,各轨道电路进入电码化状态,当列车出清本区段后,各自 GJ 励磁吸起,GCJ 失磁落下,电码化结束,电路复原。

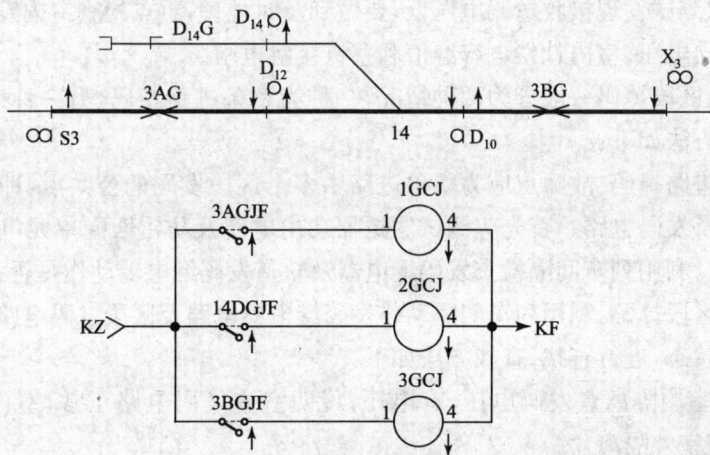

图 4.10 股道有中间出岔时的传输继电器 GCJ 电路

3. 发码电路

由编码条件和码源(移频电源盒、发送盒、防雷单元等)组成。这一部分电路的作用是根据编码条件,通过移频发送设备发出不同的机车信号信息。

《铁路信号设计规范》规定,机车信号的显示,应与列车接近地面信号机的显示含义相符。车站实施电码化时应同样遵守。

所谓编码电路即电码化移频发送盒的低频信息控制电路。低频信息控制电路由进、出站信号电路有关继电器接点构成。

4.2.5 站内叠加预发码式电码化设备的测试与维护

1. 日常测试与检查

由于预发码与闭环电码化相比,减少了室内的接受监督检查功能,在提前预防掉码及入口电流的监督上给维护人员增加了一定的难度,所以维护人员应充分利用天窗时间加强对入口电流的测试、设备的检测,以提前预防故障的发生。日常维护人员除按闭环电码化所要求的各项测试外,还应增加以下项目:

(1)由于区段发码时机的局限性,维护人员应抓住区段发码时机(进路形成后,车压入前一区段本区段发码)对本区段的室内电码化受电端隔离盒进行测试,并于基础数据进行比较,发生变化及时查找,防止机车掉码。

（2）对安装电容的区段加强电容值的测试，提前发现不良电容，做到提前更换。

2. 故障应急处理

（1）日常测试发现接收电码电压低，要做到及时处理，重点检查室内发送器，防雷匹配单元输出电压、室内补偿电容容值和塞钉接触电阻。

（2）发生区段掉码一般分为两种情况，一种为整条进路掉码，另一种为单个区段掉码。处理方法如下：

①整条进路掉码：故障点应为整条进路中多个区段发码的公共点，即发送器、防雷匹配单元及发码电路。首先应测试发送器功出电压及防雷匹配单元电压，判断器材是否良好。利用列车间隔检查发码继电器及轨道发码继电器动作是否正常。

②单个区段掉码：利用列车间隔动作发码继电器电路及区段发码电路，保证该区段处在发码状态，进行查找，查找方法如下：

a. 测试室内隔离盒发码电压，有电压，说明室内发码电路正常，室内隔离盒正常，重点检查室外隔离盒。

b. 测试室内隔离盒发码电压，没有电压，测试隔离盒电压，判断室内隔离盒工作是否正常，如电压正常，说明故障在发码继电器电路中，进一步再判断进路发码继电器的自闭电路、轨道发码继电器电路。

4.3 ZPW-2000 闭环电码化系统

4.3.1 闭环电码化的概述

现有的站内电码化由于是两个技术叠加合成，存在"两层皮"问题，系统发出的机车信号信息仅仅是叠加在轨道电路上，而其信息是否确实发送到了轨道上，并未得到有效的检测（现有的检测报警电路只是检测发送设备本身是否正常工作，而不能检测整个系统的工作是否完好）。随着列车运行速度进一步提高，靠地面信号机的显示已不足以保证行车安全，装备主体机车信号势在必行，现有车站电码化技术将不能保证列车在站内的行车安全。

要实现机车信号主体化，控制列车运行的多种信息由地面信号设备通过轨道向列车的车载信号设备发出，这就对地面信息发送设备的安全性和可靠性提出了更高的要求，对地面设备来说，首先应实现地面设备信息发送的闭环检测，即能够实时检测信息是否确实发送至轨道，若检测出信息未能发至轨道，系统将立即作出反应，向列车发出足以保证运行安全的信息，并发出设备故障报警。

具有闭环检查的电码化是由电码化发送设备、传输通道、电码化闭环检查设备等设备构成,用于给机车信号提供可靠的地面信息,保证行车安全和提高运输能力的系统。结合中国铁路实际,考虑到未来的发展,本着叠加配置、系统升级、兼容的原则。针对我国主要干线设备装备现状,在现有模式下采取强化改造措施,实现主体化机车信号。

1. 系统功能描述

(1)为主体化机车信号提供安全信息传输设备。

(2)地对车安全信息传输设备是实现主体化机车信号的关键设备,设备除满足信息传输的功能需求外,还必须符合信号"故障-安全"的设计原则,达到可靠性、可用性和稳定性。

(3)实现监测、故障报警的功能。

(4)系统设置维护终端,可实现对系统设备状态的监测、故障报警功能。根据需要,还可为集中监测系统提供必要的监测信息。

2. 主要工作原理

采用冗余的电码化控制系统,实时监测电码化的完好,不影响站内轨道电路正常工作。为机车信号设备提供安全可靠的地面信息。

集中检测维护机:监测各模块或单元板的故障,故障记录,站内报警,构成局域网,向远端维护站工区、段站传送数据。

3. 地—车安全信息传输方案的选择

根据轨道电路设备的连接方式,地—车信息传输有三种方式可供选择;并联方式、串联方式和一体化方式。

(1)并联方式

并联式闭环检测电码化系统框图如图 4.11 所示。钢轨绝缘处钢丝绳的处理示意图如图 4.12 所示。

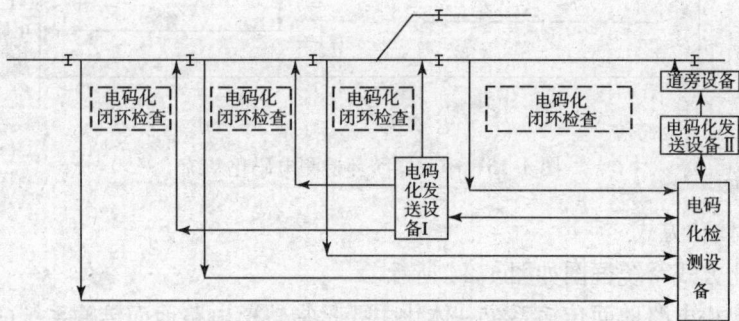

图 4.11 并联式闭环检测电码化系统框图

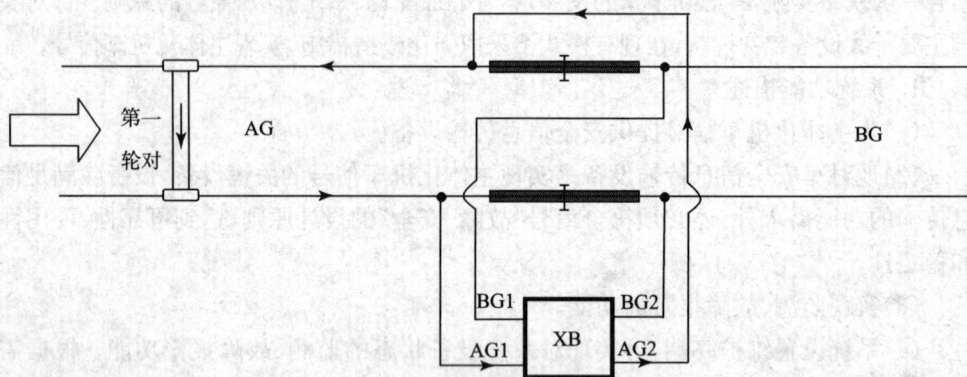

图 4.12 钢轨绝缘处钢丝绳的处理示意图

(2)串联方式

串联式闭环检测电码化系统框图如图 4.13 所示。

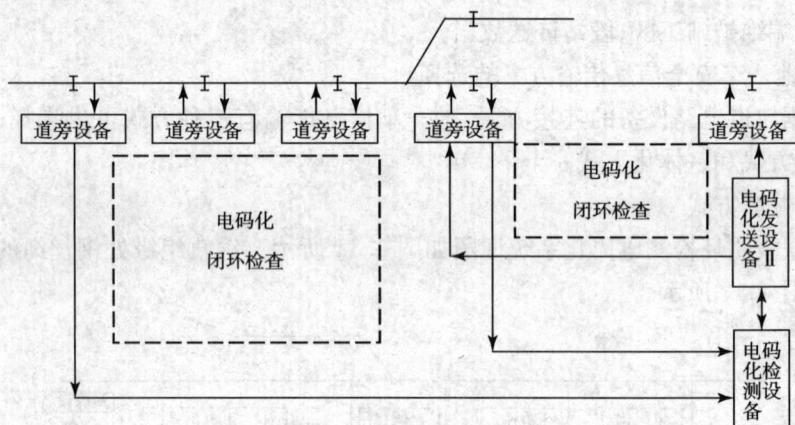

图 4.13 串联式闭环检测电码化系统

(3)一体化方式

一体化方式系统框图如图 4.14 所示。

车站轨道电路地面传输系统一体化主要是指轨道电路地面传输系统的设备一体化。该设备是集轨道电路信息和列车的车载信息于一体,在任意时刻向钢轨同时传送轨道电路信息和列车的车载信息。

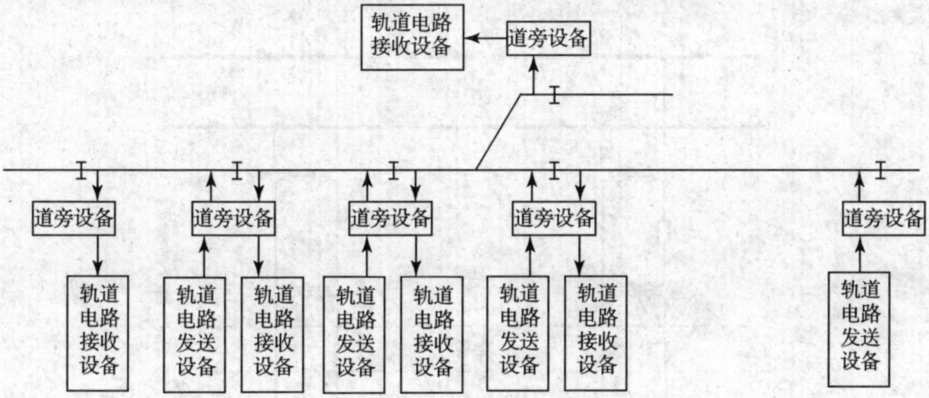

图 4.14 一体化方式系统框图

从车站轨道电路地面传输系统一体化的含义我们可以看出：车站轨道电路地面传输系统一体化的发送设备必须具备编码功能，以便将轨道电路信息和列车的车载信息集于一体，经调制、放大后，通过轨道电路传输系统的传输通道，将经过调制的信号送至钢轨，经钢轨传输网络向轨道电路传输系统的接收设备和列车的车载设备提供信息。

高速铁路的列车控制系统要求地面车载信息的发送实时、连续和可靠，而且应该是闭环的。只有这样，才能及时地发现轨道电路的钢轨内无列车车载信息，尽可能地减少由于没能及时发现而引起的列车强制制动的次数，最大限度的减少由此引起的行车事故。要实现地面车载信息传输的闭环检查，应采用集轨道电路信息和列车的车载信息于同一设备的轨道电路地面传输系统一体化设备。同时，采用轨道电路地面传输系统一体化设备可避免轨道电路地面传输通道兼顾轨道电路信息和列车的车载信息两种不同信息而带来的一系列相关技术问题。

根据前述轨道电路地面传输系统一体化的含义，我们可知：轨道电路发送设备所发送的信息是将用于检查轨道区段是否空闲与完整的轨道电路信息和用于指示和监督司机的操作或控制列车运行的车载信息集成于一个报文；轨道电路接收设备既要接收轨道电路信息，同时也要接收列车的车载信息，并与发送设备所发送的信息进行校核，实现地面车载信息传输的闭环检查。从而，尽可能地减少由于不能及时地发现轨道电路的钢轨内无列车车载信息而引起的列车强制制动的次数，最大限度的减少由此引起的行车事故。

轨道电路地面传输系统一体化原理如图 4.15 所示。

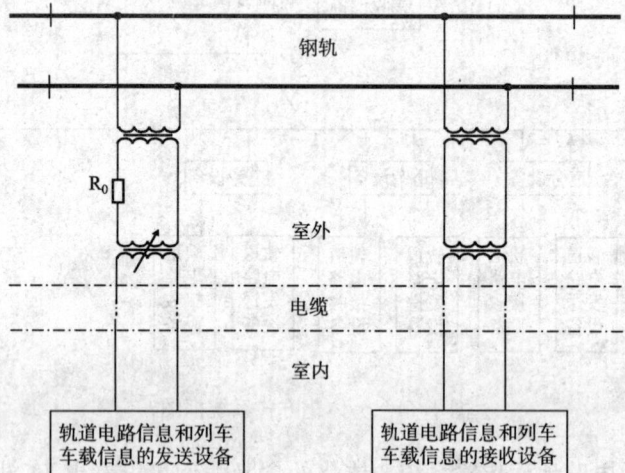

图 4.15　轨道电路地面传输系统一体化原理示意图

(4)结论

方案比选结果,见表 4.8。

表 4.8　方案比选结果表

	安全性	可靠性	可行性	电路设计	工程造价	备　注
①并联方式	好	好	一般	复杂	一般	可利用部分既有设备
②串联方式	好	好	易	简单	一般	可利用既有设备
③一体化方式	好	好	差	简单	差	全新设计

从上面的分析可看出:

在安全性方面三种类型不分彼此,均有很好的故障导向安全保证。

在可靠性方面一体化优于串联方式和并联方式,因为并联方式发送和检测设备较多,绝缘节处需特殊处理,控制电路复杂,故障点多;串联方式室外增加设备,维护不便。

在可行性方面一体化最差,因为目前国内尚没有可用的技术可供选择。

电路设计方面串联方式设计简单,优于并联方式。

工程造价方面一体化全新设计成本高,串联方式需在每个绝缘节处增设轨旁设

备,不需另设电缆。而并联方式需每个轨道电路另设两芯电缆,检测设备较多,控制电路需增施大量继电器,并重新设计发送盒匹配防雷。

由于串联方式需在室外增设轨旁设备,一体化目前不易实现,所以决定采用并联方式。

4.3.2　电码化闭环检测系统

闭环检测系统设备有设备柜、移频柜、检测柜。设备柜包括站内移频柜、检测柜、综合柜。发送器、发送检测器安装在移频柜内,道岔发送调整器、股道发送调整器、室内隔离盒、送端电阻盒、受端电阻盒安装在综合柜内,检测调整器(单、双频)以及检测盘(正线、侧线)安装在检测柜内。站内电码化的发码主要由发送器来完成,经过调整器(道岔发送调整器、股道发送调整器)、电阻盒(送端电阻盒、受端电阻盒)、室内隔离盒,利用轨道区段电缆送至室外隔离盒至轨面。无车占用时,接码端接收移频信号,经过室外隔离盒利用轨道区段电缆送至室外隔离盒、电阻盒至检测调整器,经检测调整器调整电压后送至检测盘,检查信号接收是否正常,判断电码化检测是否完整,如不完整给出闭环检测报警。

1. 电码化闭环检测设备

发送器、发送检测器、道岔发送调整器、股道发送调整器、送端调整电阻盒、受端调整电阻盒、室内隔离盒、室外隔离盒及室外隔离防护盒与4.2节所讲的预发码设备相同,另外还需正线接、发车进路检测板、股道检测板、正线检测盘、侧线检测盘、检测调整器等设备。

(1)正线接、发车进路检测板原理框图及说明

①各站设有接发车进路检测板8块(每两块形成双机热备)。

②各检测板可检测8个区段以内的对象。

③用 DSP 技术对 8 组信号进行实时解调处理,以提高系统的抗干扰能力。

④"载频选择"用于对8组信号分别进行载频型号选择。

⑤"检测控制"用于控制闭环检测的时机,只有在允许检测的时间内才对各区段进行检测。

⑥"CAN 总线"用于与微机监测等设备进行信息交换。

原理框图如图 4.16 所示。

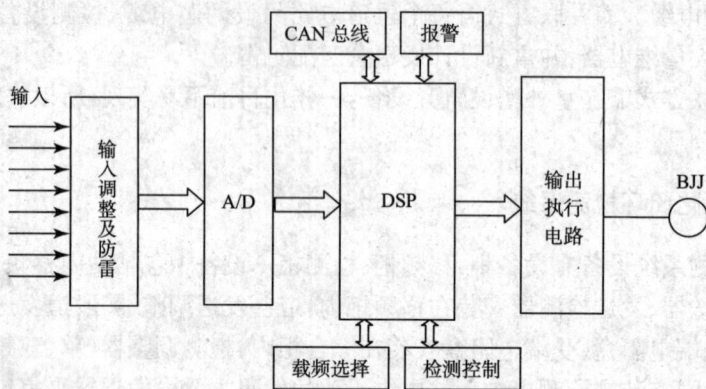

图 4.16　正线检测板原理框图

（2）股道检测板原理框图及说明

①每个站设有股道检测板两块（双机热备）。

②该板可检测 8 个区段以内对象。

③股道两端可通过报警切换继电器（BQJ）接点条件构成分时发送。

④其他部分与正线检测板类同。

原理框图如图 4.17 所示。

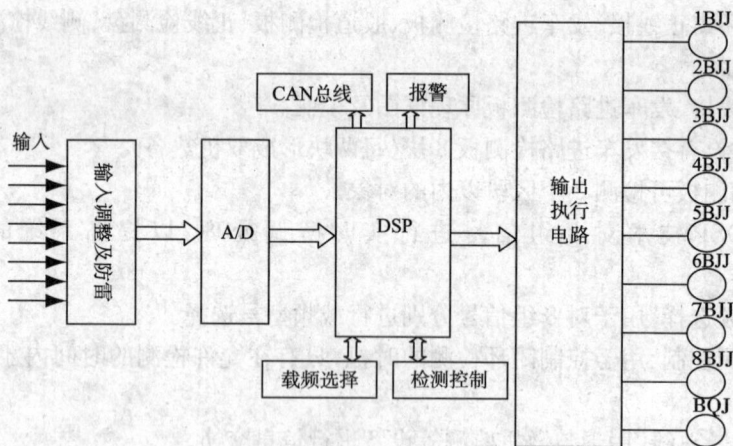

图 4.17　股道检测板原理框图

（3）正线检测盘

正线检测盘底座为 96 芯端子，其端子定义见表 4.9。

表 4.9 正线检测盘端子定义

端子号	端子名称	说　明
A1	＋24	＋24 V 电源输入
A2	024	024 V 电源输入
A31	＋24C	＋24 V 电源输出
A32	024C	024 V 电源输出
A3～A10	F1～F8	载频选择条件输出；F1 为 1700－1，F2 为 1700－2，F3 为 2000－1，F4 为 2000－2，F5 为 2300－1，F6 为 2300－2，F7 为 2600－1，F8 为 2600－2
A11～A18	FCIN1～FCIN8	载频输入；FCIN1～FCIN8 为轨道区段 1～8 载频输入
A21～A22	ZJ2～FJ2	表示区段 8 的方向，A21 接 24 V 时，接收载频同载频输入，A22 接 24 V 时，接收载频与载频输入相反。载频输入为 1700－x 时，相反载频为 2000－x；载频输入为 2000－x 时，相反载频为 1700－x；载频输入为 2300－x 时，相反载频为 2600－x；载频输入为 2600－x 时，相反载频为 2300－x。
A25	JBJ＋	检测故障报警条件＋
A26	JBJ－	检测故障报警条件－
A29	YBJ＋	闭环报警检测电源
A30	YBJ	闭环检测报警继电器，与＋24 间可接 1 700 设备报警继电器
A27	1CANH	1CAN 总线高位输出
A28	1CANL	1CAN 总线低位输出
B1、 B2 ～ B15、B16	SIG1、GND ～ SIG8、GND	检测信号输入 SIG1～SIG8 为轨道区段 1～8 信号输入，GND 为信号输入回线
B17～B24	G1～G8	检测允许控制条件；G1～G8 为轨道区段 1～8 检测允许控制条件
B25～B31	ADR1～ADR7	CAN 地址选择
B32	VCC	5 V 电源,用于 CAN 地址选择
C1、C2	1G 1GH	轨道区段 1 闭环检查继电器输出线； 轨道区段 1 闭环检查继电器输出回线
C5、C6	2G 2GH	轨道区段 2 闭环检查继电器输出线； 轨道区段 2 闭环检查继电器输出回线
C9、C10	3G 3GH	轨道区段 3 闭环检查继电器输出线； 轨道区段 3 闭环检查继电器输出回线
C13、C14	4G 4GH	轨道区段 4 闭环检查继电器输出线； 轨道区段 4 闭环检查继电器输出回线
C17、C18	5G 5GH	轨道区段 5 闭环检查继电器输出线； 轨道区段 5 闭环检查继电器输出回线
C21、C22	6G 6GH	轨道区段 4 闭环检查继电器输出线； 轨道区段 4 闭环检查继电器输出回线

端子号	端子名称	说　　明
C25、C26	7G 7GH	轨道区段 4 闭环检查继电器输出线； 轨道区段 4 闭环检查继电器输出回线
C29、C30	8G 8GH	轨道区段 8 闭环检查继电器输出线； 轨道区段 8 闭环检查继电器输出回线
C3、C4	2J、2JH	轨道区段 2 检查输入；轨道区段 2 检查输入回线
C7、C8	3J、3JH	轨道区段 3 检查输入；轨道区段 3 检查输入回线
C11、C12	4J、4JH	轨道区段 4 检查输入；轨道区段 4 检查输入回线
C15、C16	5J、5JH	轨道区段 5 检查输入；轨道区段 5 检查输入回线
C19、C20	6J、6JH	轨道区段 6 检查输入；轨道区段 6 检查输入回线
C23、C24	7J、7JH	轨道区段 7 检查输入；轨道区段 7 检查输入回线
C27、C28	8J、8JH	轨道区段 8 检查输入；轨道区段 8 检查输入回线
C31	+24	+24 V 电源输出
C32	024	024 V 电源输出

180

使用说明：

①载频选择

F1~F8 为由检测设备输出的八种载频，轨道区段 1~轨道区段 8 的载频选择使用 FCIN1~FCIN8，将各个轨道区段载频输入端子直接连接到相应的载频输出端子上。

②检测允许条件控制

G1~G8 为 8 个区段的检测允许控制条件，由工程配线通过接点引入+24 V 条件来控制检测允许时机，检测允许时机的定义如下：当+24 V 条件断开时，为允许检测；当+24 V 条件接通时为不允许检测。

JBJ+、JBJ- 为检测板报警条件，根据实际应用可将多块检测板的报警条件串接起来接入检测总报警。

③轨道区段闭环检测输出

2J、2JH~8J、8JH 为咽喉区段输入检查条件，可根据需要将几路输出串接起来，给出总的闭环检测继电器条件，例如：当正线接车进路只有 4 个区段，给出总的闭环检测继电器条件，需将 1G—2J、1GH—2JH、2G—3J、2GH—3JH、3G、3GH 输出闭环检测继电器条件，正线股道单独给出一路 BJJ。

（4）侧线检测盘

侧线检测盘底座为 96 芯端子，其端子定义见表 4.10。

表 4.10 侧线检测盘端子定义

端子号	端子名称	说　明
A1	+24	+24 V电源输入
A2	024	024 V电源输入
A31	+24C	+24 V电源输出
A32	024C	024 V电源输出
A3~A10	F1~F8	载频选择条件输出;F1为1700-1,F2为1700-2,F3为2000-1,F4为2000-2,F5为2300-1,F6为2300-2,F7为2600-1,F8为2600-2
A11~A18	FCIN1~FCIN8	载频输入;FCIN1~FCIN8为轨道区段1~8载频输入
A19	(+24)	检测板+24 V直流电源
A20	BQJ	闭环切换继电器条件
A21	MASKZ	屏蔽备机BQJ输出
A22	MASKF	屏蔽备机BQJ输出回线
A23	MASKIN	屏蔽备机BQJ输入
A24	(024)	检测板024 V直流电源
A25	JBJ+	检测故障报警条件+
A26	JBJ-	检测故障报警条件-
A27	1CANH	1CAN总线高位输出
A28	1CANL	1CAN总线低位输出
B1、B2~B15、B16	SIG1、GND~SIG8、GND	检测信号输入;SIG1~SIG8为轨道区段1~8信号输入,GND为信号输入回线
B17~B24	G1~G8	检测允许控制条件;G1~G8为轨道区段1~8检测允许控制条件
B25	G9	侧线股道发码方式选择条件,当G9接通+24 V条件时,侧线股道为单端发码方式,当G9断开+24 V条件时,侧线股道为双端发码方式
B26~B31	ADR1~ADR6	CAN地址选择
B32	VCC	5 V电源,用于CAN地址选择
C1、C2	1G 1GH	轨道区段1闭环检查继电器输出线;轨道区段1闭环检查继电器输出回线
C3、C4	2G 2GH	轨道区段2闭环检查继电器输出线;轨道区段2闭环检查继电器输出回线
C5、C6	3G 3GH	轨道区段3闭环检查继电器输出线;轨道区段3闭环检查继电器输出回线
C7、C8	4G 4GH	轨道区段4闭环检查继电器输出线;轨道区段4闭环检查继电器输出回线

续上表

端子号	端子名称	说　明
C9、C10	5G 5GH	轨道区段5闭环检查继电器输出线； 轨道区段5闭环检查继电器输出回线
C11、C12	6G 6GH	轨道区段6闭环检查继电器输出线； 轨道区段6闭环检查继电器输出回线
C13、C14	7G 7GH	轨道区段7闭环检查继电器输出线； 轨道区段7闭环检查继电器输出回线
C15、C16	8G 8GH	轨道区段8闭环检查继电器输出线； 轨道区段8闭环检查继电器输出回线
C17 C18	1ZJ 1FJ	侧线股道1正向输入控制条件 侧线股道1反向输入控制条件
C19 C20	2ZJ 2FJ	侧线股道2正向输入控制条件 侧线股道2反向输入控制条件
C21 C22	3ZJ 3FJ	侧线股道3正向输入控制条件 侧线股道3反向输入控制条件
C23 C24	4ZJ 4FJ	侧线股道4正向输入控制条件 侧线股道4反向输入控制条件
C25 C26	5ZJ 5FJ	侧线股道5正向输入控制条件 侧线股道5反向输入控制条件
C27 C28	6ZJ 6FJ	侧线股道6正向输入控制条件 侧线股道6反向输入控制条件
C29 C30	7ZJ 7FJ	侧线股道7正向输入控制条件 侧线股道7反向输入控制条件
C31 C32	8ZJ 8FJ	侧线股道8正向输入控制条件 侧线股道8反向输入控制条件

使用说明：

①载频选择

F1～F8为由检测设备输出的八种载频,轨道区段1～轨道区段8的载频选择使用 FCIN1～FCIN8,将各个轨道区段载频输入端子直接连接到相应的载频输出端子上。

②检测允许条件控制

G1～G8为8个区段的检测允许控制条件,由工程配线通过接点引入＋24 V条件来控制检测允许时机,检测允许时机的定义如下:当＋24 V条件断开时,为允许检测;当＋24 V条件接通时,为不允许检测。

③轨道区段闭环检测输出

1G、1GH～8G、8GH分别输出8路闭环检测继电器条件,来驱动各股道对应的闭环检测继电器(BJJ)。

④JBJ＋、JBJ－为检测板报警条件,根据实际应用可将多块检测板的报警条件串接起来接入检测总报警。

⑤1ZJ、1FJ～8ZJ、8FJ 为侧线股道方向控制条件,当侧线股道为单端发码时,通过 1ZJ、1FJ～8ZJ、8FJ 来改变检测信号的频率,例如当端子 1ZJ 有＋24 V 时,固定股道 1 检测信号的频率为 1700－1,当端子 1ZJ 断开＋24 V,端子 1FJ 有＋24 V 时,股道 1 检测信号的频率为 2000－1。

⑥BQJ、(＋24)作为 BQJ 的励磁电源,BQJ 继电器线圈并联使用。

⑦MASKZ、MASKF 为主备机切换条件输出端子,即:当检测板作为主机时使用 MASKZ、MASKF 两个端子,通过 MASKZ、MASKF 来控制 QHJ 继电器,当 QHJ 吸起时由主机来控制 BQJ,当 QHJ 落下时由备机来控制 BQJ。

(5)检测调整器

调整器用于站内闭环检测设备输入信号的防雷、移频轨道电路调整,每块调整器包括四路信号输入的调整,调整器分单频检测调整器和双频检测调整器。

双频检测调整盒底座端子定义见表 4.11。

183

表 4.11 双频检测调整盒端子定义

端子号	端子名称	说 明	端子号	端子名称	说 明
J3 1～12	1R1～1R12	轨道区段 1 正向输入调整	A5、A13	＋24(Z)	主机＋24 电源
J4 1～12	2R1～2R12	轨道区段 1 反向输入调整	A6、A14	＋24(B)	备机＋24 电源
J5 1～12	3R1～3R12	轨道区段 2 正向输入调整	A7	＋24C	引出的＋24 电源
J6 1～12	4R1～4R12	轨道区段 2 反向输入调整	A1、A2	1SR1 1SR2	轨道区段 1 信号输入; 轨道区段 1 信号输入回线
A21	ZFJ1＋	正方向控制条件 1	B1、B2	2SR1 2SR2	轨道区段 2 信号输入; 轨道区段 2 信号输入回线
A22	FFJ1＋	反方向控制条件 1	A9、A10	FLD	防雷地线
A8、A15	024	方向回线	A17、A18	1R13 1R14	轨道区段 1 信号输出; 轨道区段 1 信号输出回线
A29	ZFJ2＋	正方向控制条件 2	A25、A26	3R13 3R14	轨道区段 2 信号输出; 轨道区段 2 信号输出回线
A30	FFJ2＋	反方向控制条件 2			

注:J3、J4、J5、J6、J7、J8、J9 为万可接线端子排。

单频检测调整盒底座端子定义见表 4.12 所示。

表 4.12　单频检测调整盒定义

端子号	端子名称	说　　明	端子号	端子名称	说　　明
J3　1～12	1R1～1R12	轨道区段 1 输入调整	B1、B2	2SR1 2SR2	轨道区段 2 信号输入； 轨道区段 2 信号输入 回线
J4　1～12	2R1～2R12	轨道区段 2 输入调整	C1、C2	3SR1 3SR2	轨道区段 3 信号输入； 轨道区段 3 信号输入 回线
J5　1～12	3R1～3R12	轨道区段 3 输入调整	A3、A4	4SR1 4SR2	轨道区段 4 信号输入； 轨道区段 4 信号输入 回线
J6　1～12	4R1～4R12	轨道区段 4 输入调整	A9	FLD	防雷地线
A5、A13	+24(Z)	主机+24 电源	A17、A18	1R13 1R14	轨道区段 1 信号输出 轨道区段 1 信号输出 回线
A6、A14	+24(B)	备机+24 电源	A21、A22	2R13 2R14	轨道区段 2 信号输出 轨道区段 2 信号输出 回线
A7	+24C	引出的+24 电源	A25、A26	3R13 3R14	轨道区段 3 信号输出 轨道区段 3 信号输出 回线
A1、A2	1SR1 1SR2	轨道区段 1 信号输入； 轨道区段 1 信号输入回线	A29、A30	4R13 4R14	轨道区段 4 信号输出 轨道区段 4 信号输出 回线

注：J3、J4、J5、J6、J7、J8、J9 为万可接线端子排。

(6)闭环检测报警连接图

闭环检测报警系统连接如图 4.18 所示。

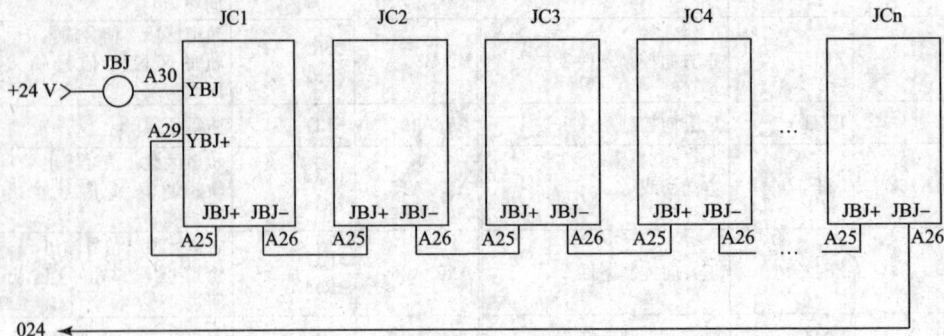

图 4.18　闭环检测报警连接图

2. 正线电码化的闭环检测

(1)发码和检测

以车站下行正线为例加以说明:将正线分为三个发码区:咽喉区接车进路、股道和发车进路,分别由三个 ZPW - 2000 发送盒 FS 发送信息,如图 4.19(a)所示。

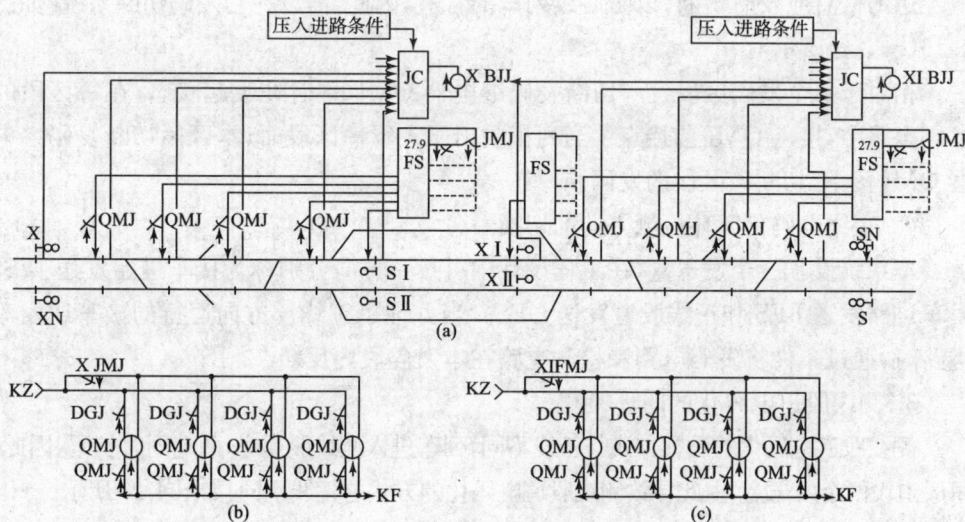

图 4.19　正线闭环电码化原理图

发送盒 FS 对本发码区内各区段同时发码,当防护该进路的信号机[图 4.19(a)中为 X 或 X_1]开放后,由发送盒 FS 向其各区段同时发码(图例中为轨道电路受电端发码)。

在发码的同时,新设的车站正线电码化检测盒 JC 在各轨道电路区段的送电端的室内隔离器处检测电码化信息,若某区段未收到发码信息时,检测盒所控制的检测报警继电器 JBJ 落下,向故障检测系统报警,必要时可关闭防护该进路的信号机。

发送装置不断向各区段发码,不过在该信号机关闭接车进路未建立时,发送与机车信号无关的检测信息 27.9 Hz,用以实时检测电码化系统的完整性。

发送盒 FS 可通过防雷调整变压器同时向 7 个轨道电路区段发码,若车站接车或发车进路多于 7 个区段时,可通过增加功放和匹配变压器来解决。

检测盒 JC 有 8 路输入,可检测 8 个轨道区段。

当列车进入正线接车进路或发车进路时,通过条件将检测盒 JC 的报警切断,当

进路解锁后,发送盒 FS 恢复向各区段发送 27.9 Hz 的检测信息并由检测盒 JC 进行检测。

(2)发码的切断

由于闭环检测系统采用了各区断同时发码的方式,列车出清以后的区段,向轨道上发送的信息应及时切断,以防后续列车的冒进,因此,需设一套发码切断系统[如图4.19(b)、(c)所示]。

相对于每个发码区段设一切断发码继电器 QMJ,平时在吸起状态,在每区段的发码电路中,接入 QMJ 前接点。当列车驶出压入下一区段时,本区段切断发码继电器 QMJ 落下,切断该区段的发码。

(3)正线电码化闭环检测方向的切换

本系统设了三个发送盒,在工程设计中可按正方向分别称为接车进路发送 JFS,发车进路发送 FFS 和正线股道发送 GFS。当办理了正线反方向运行的接车或发车进路时,通过条件将发码电路和检测电路在本发码段内反转。

3. 侧线股道电码化的闭环检测

侧线股道电码化的设置方式与正线不同,列车进入侧线股道时,两端同时发码,因此,每股道设两个发送盒,由此导致侧线股道电码化的方式与正线不同,如图 4.20 所示。

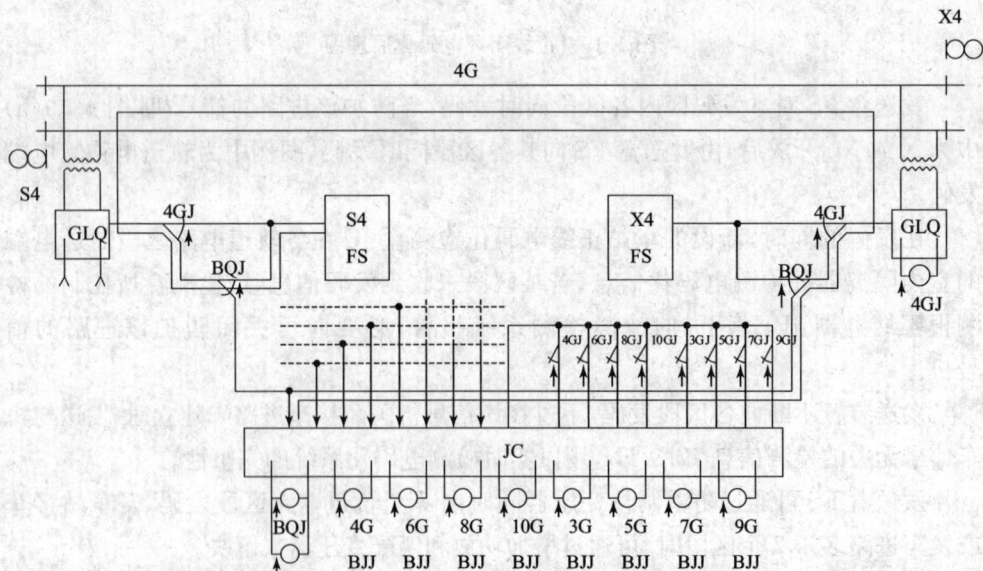

图 4.20 侧线股道双套闭合电码化原理图

侧线股道电码化采用分时检测方式。由侧线检测盒 JC 驱动一个报警切换继电器 BQJ,将其两组接点分别接入股道两端的发码电路,但两组接点接法不同,一组为前接点(如图 4.20 中 S_4FS 处),另一组为后接点(如图 4.20 中 X_4FS 处),BQJ 由 JC 驱动循环吸起落下(间隔时间可定为 1 min),在列车压入该股道之前,可实现电码化的分时检测。

侧线股道检测时,可不发 27.9 Hz 的码,而直接发送正常码(如 HU 码)。针对该股道(图 4.20 中为 4G),检测盒设驱动一个检测报警继电器如 4GJBJ,当检测盒 JC 收不到码时,4GJBJ 落下发出报警,必要时可关闭向该股道接车的进站信号机。

侧线检测盒也有 8 路输入,可检测 8 个侧线股道。对应每一股道设一个检测报警继电器 JBJ,由于每股道需两组报警切换继电器 BQJ 接点,8 股道需 16 组 BQJ 接点,因此,检测盒亦需驱动两台报警切换继电器具 BQJ、2BQJ。

当列车压入某一股道时,由该股道的轨道继电器 GJ 条件切断该股道的报警检测。

综上所述,该电码化系统形成了一种具有闭环检测功能的车站电码化系统,由于总的发码区为数个轨道区段之和,其长度取决于车站正线咽喉区的长度,将能满足各种速度下车载设备的反应时间。

4.3.3   闭环电码化设备的测试与维护

闭环电码化电路通过电码化隔离器将移频信号分离出来供检测盘接收,使机车信号的传输通道在轨道电路调整状态下能得到检查,保证了传输回路的完整性,使得电码化电路的检查方式由事后查找方式变为预先检测方式。

1. 日常测试

(1)电源电压。

(2)送电、受电变压器Ⅰ、Ⅱ次侧电压。

(3)限流器电压降。

(4)送电、受电端钢轨电压。

(5)分路残压。

(6)入口电流。

(7)出口电流。

(8)极性交叉和绝缘破损测试。

(9)补偿电容容量。

(10)闭环检测盘输入电压。

(11)室内送受电端隔离盒电压。

2. 入口电流的测试与调整

(1)入口电流的测试：ZPW－2000A 电码化入口电流的测试应顺着列车运行方向，在列车最先进入该区段的一端，用标准分路线短路钢轨，分路线卡在 CD96－3S 型测试表的电流钳内，所显示电流值既为入口电流。入口电流：1 700 Hz、2 000 Hz、2 300 Hz，不小于 500 mA；2 600Hz，不小于 450 mA。

(2)入口电流的调整：应本着减少邻线干扰，确保满足本线机车入口电流的标准进行调整。调整位置一般调整道岔发送调整器或股道发送调整器的输出电压，不宜调整电阻盒，防止对发送器工作造成影响。

3. 日常维护注意事项

(1)发送器是否过热，发送器热度是否平均。

(2)控制台有无站内移频报警。站内移频报警是指站内移频柜器材发生故障(有的站内 N＋1 安装在检测柜内，若发生故障按站内移频报警处理)。

(3)控制台有无检测报警和闭环检测报警。

检测报警是指检测柜内主备检测盘有一台发生故障，根据工作指示灯判断更换。

闭环检测报警是无车占用时区段掉码或主备检测盘均故障产生的报警。

(4)防雷元件劣化窗口是否正常。

(5)测试检测盘输入电压变化是否超标，输出电压是否正常。

(6)检测发码电阻是否过热。

(7)站内移频柜内零层万可端子接触是否良好。

4. 设备的检查

(1)移频柜内发送器各种低频编码是否正常。

(2)发送器 N＋1 转换是否正常(指载频、类型及低频)。

(3)有无邻线干扰。

(4)重点检查每条股道及发车口设备的 ZPJ 工作是否正常。

5. 故障应急处理

(1)控制台闭环检测报警

发生闭环检测报警后马上到检测柜观察检测盘内所有区段的工作指示灯，灭灯区段既为掉码区段。处理方法如下：

复位该区段主备检测盘后，该区段检测盘指示灯正常，则说明该区段曾发生掉码现象，但现已恢复需认真查找。查找方法如下：

（以下所指隔离盒为电码化送、受电端隔离盒而非轨道电路的送、受电端）

按照该区段闭环检测电码化路径进行查找，首先在电码化送电端隔离盒和电码化受电端隔离盒测试电码化电压，区分室内外设备故障：

①电码化送电端室内隔离盒电压正常，电码化受电端室内隔离盒电压正常，故障点在室内受电端隔离盒至检测盘处，依次测试电隔离盒电压、电阻电压、检测调整器电压及检测盘输入、输出电压，不正常处为故障点。

②电码化送电端室内隔离盒电压不正常，故障点在室内发送器至送电端室内隔离盒，测试发送器功出电压、道岔发送调整器电压、电阻电压及隔离盒电压，确认故障点，在测试过程中应重点检查发码电路的继电器接点。

③电码化送电端室内隔离盒电压正常，电码化受电端室内隔离盒电压不正常，则应为室外由发送至接收不良，由于轨道电路正常工作，所以重点应检查室外的送/受电端隔离盒及隔离盒的连线。

（2）处理电码化轨道电路故障注意事项

①使用专用仪表选频，防止其他信号混入，造成测试数据不准。

②关掉电码化设备，即关掉该区段的发送器 N+1 设备。

189

复习思考题

1. 什么是机车信号入口电流？

2. 站内叠加预发码式电码化的特点是什么？

3. ZPW-2000A 电码化中发送器的作用是什么？发送电平调至几级？

4. NGL-T 型室内隔离盒在使用中注意哪些事项？

5. WGL-T 型室外隔离盒在连接设备端子是怎样使用的？

6. BCQ-U 空扼流补偿器哪些作用？

7. 预发码式电码化的接车进路发码继电器是怎样动作的？

8. 闭环电码化的主要功能有哪些？

9. 闭环电码化检测调整器有哪些主要功能？

10. 在闭环电码化中侧线股道设置双套发送器是怎样进行检测的？

高速铁路系列

参 考 文 献

[1] 中华人民共和国铁道部. 铁路技术管理规程. 北京：中国铁道出版社，2006.

[2] 中华人民共和国铁道部. 铁路信号设计规范. 北京：中国铁道出版社，2006.

[3] 中华人民共和国铁道部. 信号维护规则业务管理. 北京：中国铁道出版社，2006.

[4] 中华人民共和国铁道部. 信号维护规则技术标准. 北京：中国铁道出版社，2006.

[5] 当代中国铁路信号(1996～2000)编辑委员会. 当代中国铁路信号(1996～2000). 北京：中国铁道出版社，2006.

[6] 林瑜筠. 铁路信号基础. 北京：中国铁道出版社，2006.

[7] 李映红. 高速铁路信号系统. 成都：西南交通大学出版社，2009.

[8] 刘朝英. 京津城际高速铁路信号系统集成. 北京：中国铁道出版社，2010.

[9] 李文海. ZPW-2000 移频自动闭塞系统原理、维护和故障处理. 北京：中国铁道出版社，2010.

[10] 安海君. 25 Hz 相敏轨道电路. 北京：中国铁道出版社，2001.

[11] 陈习莲，董玉玺. 站内轨道电路叠加 ZPW-2000(UM)系列四线制电码化. 北京：中国铁道出版社，2001.

[12] 中华人民共和国铁道部. 中国列车控制系统(CTCS)技术规范总则(暂行). 北京：中国铁道出版社，2009.